감사하며
사랑하고
치유하다

새벽의 옹달샘

曉泉 김철수

새벽의 옹달샘

감사하며, 사랑하고, 치유하다

목 차

제3부 | 구호의 현장에서

제4부 | 인도주의 실천의 참모습, 적십자

감사와 봉사의 삶은
언제나 행복합니다

포탄이 떨어지는 우크라이나 전쟁터, 지진으로 무너진 튀르키예의 참사 현장, 그리고 수많은 생명이 오가는 병원… 제 삶은 언제나 가장 절박한 '현장'에 있었습니다.

사랑하는 독자 여러분.

이 책 〈새벽의 옹달샘〉의 머리말을 통해 여러분과 만나게 되어 깊은 감사와 설렘을 느낍니다. 저는 평생 의사이자 병원 경영자로, 그리고 인도주의를 실천하는 사람으로서 봉사의 삶을 이어가고 있습니다. 이 책은 바로 그 현장에서 깨달은 삶의 무게와 그 무게를 버티게 해준 '감사'와 '봉사'라는 두 기둥에 대한 이야기입니다.

저는 오늘도 '현역'으로서 숨가쁘게 현장을 누비고 있습니다. 황혼기에 접어들었지만 일에 대한 저의 열정은 그 어느 때보다 뜨겁고 자신감으로 충만합니다. 우리가 사는 시대는 나이와 경력을 내세워 권위적으로 행동하는 이들을 '꼰대'라 부르며 지적합니다. 이 단어에는 자기 생각만이 옳다고 고집하며, 타인의 가치관을 무시하고 과거의 경험만을 되풀이하는 기성세대의 구태의연한 모습에 대한 날카로운 비판이 담겨 있습니다. "나이 들었다고 다 어른은 아니다"라는 준엄한 외침이 우리 사회에 가득합니다.

하지만 나이는 숫자에 불과합니다. 사무엘 울만은 그의 시 「청춘」에서 "청춘이란 인생의 어떤 한 시기가 아니라 마음가짐을 뜻하나니, 세월은 피부에 주름을 늘리지만 열정을 가진 마음을 시들게 하진 못한다"라고 노래했습니다. "영감이 끊기고 비탄의 얼음에 갇힐 때 스무 살이라도 늙은이가 되지만, 머리를 높이 들고 희망의 물결을 붙잡는 한 늘 푸른 청춘"이라고 했습니다. 그 말처럼 저 또한 지금 이 순간, 청춘의 마음으로 내일을 꿈꾸는 '영원한 현역'입니다.

삼성 고(故) 이건희 회장은 "마누라와 자식 빼고 다 바꾸라"는 처절한 혁신을 주문하며, 자긍심과 열정만 있다면 그 어떤 척박한 곳에서도 세계를 도모할 수 있다는 자신감을 심어주었습니다. 저 역시 그 정신을 본받아, 비록 시작은 작고 초라한 현장일지라도 늘 세계를 바라보는 담대한 도전을 멈추지 않겠노라 스스로 채찍질해 왔습니다.

이 책은 제가 '꼰대'라는 굴레를 벗어던지고, 다음 세대에게 지혜를 건네는 진정한 어른이자 멘토로 남기 위해 치열하게 살아온 자기성찰의 기록입니다. 진정한 어른은 자신의 경험을 문제 해결의 유일한 답이 아닌 하나의 참고방법으로 제시하며 미래와 성장을 이야기합니다. 그들은 항상 배우려는 겸손한 태도를 취하고, 상대의 말을 경청하며 권위주의적 태도 대신 존경과 칭찬으로 소통하고 매일매일 배우며 살아갑니다.

이러한 어른의 자질이야말로 제가 오랜 기간 몸담았던 봉사의 현장에서 가장 절실하게 깨달은 리더의 책무입니다. 구호의 현장에서부터 적십자사의 인도주의 실천에 이르기까지 모든 활동은 나이와 지위를 내려놓고 오직 도움이 필요한 사람에게 베풀고 봉사하는 자세를 요구했으며, 이는 곧 저의 평생 신념이 되었습니다. 그 신념에 따라 '현장에 답이 있다'는 믿음으로, 오늘도 현장을 누비고 있습니다.

저의 삶은 단순히 의술을 펼치거나 조직을 이끄는 일로만 채워지지 않았습니다. 저의 봉사는 아버지와 어머니에게서 물려받은 조국 수호의 정신과 위대한 모정에서 출발한 '사람을 살리는 일'의 연속이었습니다. 제가 평생 의사의 책무를 다하며 얻은 깨달음은 단순합니다. "사람은 평등하다. 다만 위급한 사람이 있을 뿐이다." 이 말은 제 삶의 모든 순간을 관통하는 인도주의의 핵심입니다. 또한 저는 모든 일을 "천천히 가더라도 바르게 가야 한다"는 마음으로 일생을 살아가고 있습니다.

이 책은 제가 걸어온 굴곡진 여정 속에서 터득한 깊은 감사와 깨달음을 담고 있습니다. 휴지 한 장도 세 번 사용하는 절약정신부터 넬슨 만델라의 화해와 용서의 정신, 링컨과 레이건 등 진정한 리더들에게서 배운 통찰까지…. 무엇보다 50년 넘게 저와 인연을 맺어온 환우들과 주변의 소중한 사람들, 그리고 내 곁에서 비익연리(比翼連理)의 삶을 함께한 사랑하는 아내에게 전하는 깊은 감사의 마음이 깃들어 있습니다.

감사의 기도문

어린 날 부모의 손을 놓칠 수밖에 없던 두려운 그 길 위에서

기댈 어깨 없이도 쓰러지지 않게 하시고

끝없는 울음을 묵묵히 붙들어주셨던

하나님께 먼저 고개 숙여 감사 드립니다.

의사의 길을 걷게 하시고

생명을 마주하는 두려움 속에서도 생명의 귀중함을 깊이 깨닫게 하여

많은 환자의 삶을 책임지는 자리까지 이끄시고,

대한적십자사 회장으로서 어려운 이웃과 고통 받는 이재민에게

희망의 등불을 비추며 인도주의를 실천하는

책임을 지게 해주신 것 또한 큰 은혜의 경험이었습니다.

그리고 부모님을 대신해 길러주시고 가르쳐주신 두 형님, 형수님과

어려울 때 집안살림을 맡아주신 누님,

항상 내 곁에서 많은 어려움 속에서도 밤낮으로 일하면서도

밀착된 내조를 묵묵히 해준 아내에게 또한 감사 드립니다.

여든을 넘기며 많은 시련과 기쁨을 넘나들고

이제 나는 한 권의 책을 덮듯 긴 시간을 조용히 내려 놓습니다.

수많은 이름 없는 날들, 웃음보다 눈물이 먼저였던 밤들,

그 모든 순간이 이제는 한 줄의 문장이 되어

내 삶의 책장에 머무릅니다.

이 길을 혼자 걸었다 말할 수 없기에

나는 늘 감사 드립니다.

손을 내밀어준 선후배분들, 환우분들 말없이 곁을 지켜준 시간들,

나보다 먼저 나를 믿어준 수많은 이들의 마음에 -

성공보다 배움을, 결과보다 과정을 귀히 여기게 한 삶이었기에

지금 이 책은 자랑이 아니라 고백이며, 기록이 아니라 감사입니다.

부족한 나를 끝까지 품어준 세상과

오늘의 나를 있게 한 모든 인연에

이 한 권을 조심스럽게 올려놓습니다.

또한, 삶이란 것은 남기는 것이 아니란 것도

이제야 알게 되었습니다.

함께 일했던 분들에게 감사하다는 마음을 나누는 것임을.

이 책이 그 인사의 시작이 되기를

조용히, 그러나 진심으로 기도합니다.

저는 나이 듦을 탓하거나 변명하지 않고 사회의 변화에 끝까지 적응하며 더욱 겸손하게 배우고 봉사하는 삶을 살고자 계속 노력할 것입니다. 이 책이 독자 여러분에게도 삶의 여정에서 꼰대가 아닌, 다음 세대에 지혜와 영감을 주는 진정한 어른으로 우뚝 서는 데 작은 길잡이가 되기를 소망합니다.

감사합니다.

2026년 봄의 한가운데에서

효천(曉泉) 김철수 올림

우리 시대 군자의 모습

김 홍 신 (소설가)

어려서부터 습관이 되어 거의 빼놓지 않고 아침마다 기도를 합니다. 코로나19로 사경을 헤맨 뒤부터 아침 기도 중에 어김없이 김철수 이사장님을 위한 기도를 하게 됩니다. 저를 보살펴준 뜻을 잊을 수 없기 때문입니다.

정전이 되면 전기가 얼마나 소중한지 알게 되고, 단수가 되면 물이 생명수라는 걸 알게 됩니다. 환자가 되어 병원에 가면 의사 선생님이 천사라는 걸 실감하게 됩니다. 만약 병원이 없다고 가정해 보면 아찔할 수밖에 없습니다.

과거에는 IQ(지능지수)가 개인의 우열을 판단하는 기준이었고, 근래에는 EQ(감성지수)가 리더십에 중요하다고 합니다. 그러나 지금은 HQ(건강지수)가 삶의 질을 결정짓는 척도로 인식되기 시작했습니다.

평균수명이 길어지고 과학이 놀랍게 발전하고 삶의 모양이 다양해지면서 HQ 시대가 되었습니다. HQ는 단순한 건강지수가 아니라 삶의 질을 높이고 더 많은 연구를 하여 풍부한 영향력을 전파하는 따뜻한 인류애의 지표가 됩니다. HQ 정신을 가꾼 인물은 시대와 분야를 막론하고, 공동체의 긍정적 변화를 이끈 리더로 평가받게 됩니다.

한국 현대사에서 HQ 정신을 가꾼 인물을 지목하자면 양지병원을 일구고 대한적십자사의 존엄성을 가꾼 김철수 회장님을 떠올리지 않을 수 있겠습니까?

역경과 좌절과 시련을 넘지 않고 절로 위대해지는 인생은 없습니다. 김철수 회장님이 수많은 역경을 관통했다는 건 그의 자서전에서 일부 밝혔습니다. 어찌 정신적 상처와 스트레스, 고통을 다 열거할 수 있겠습니까? 재능과 인품을 평가할 때 흔히 3개의 액체인 피, 땀, 눈물의 양으로 판단합니다. 김철수 회장님이 흘린 세 가지 액체는 우리에게 귀감이 되고 우리 시대

군자의 모습을 보여준 것 같습니다.

독일 철학자 피히테는 목숨을 건 연설 '독일 국민에게 고함'에서 시와 언어와 역사가 일치하는 민족은 멸망하지 않는다고 했습니다. 김철수 회장님은 의술(시), 자기 철학(언어), 바른 걸음(역사)을 잃지 않았기에 우리 시대의 표상이 되었습니다.

다산 정약용 선생은 백련사 주지 혜장 스님에게 남긴 글에서 "이름이 높은 선비를 살펴보면 틀림없이 무리의 미움을 받네. 이름이 한 단계 나아갈수록 비방은 열 곱이나 높아만 가지. 높은 명성에 필연적 대가는 비방과 구설수다. 이름을 이루기가 참 어렵지만 그 이름을 잘 간수하기는 더욱 어렵다"라고 했습니다.

김철수 회장님에 대해 칭송을 하자면 책 한 권을 채워도 모자라지만, 정약용 선생이 남긴 글에 비추어 본다면 그 이름을 높이고 잘 간수했으니, 어려움을 극복하고 명성을 얻을 수 있었다고 하겠습니다.

그의 일생을 엿보면 철학자처럼 사색했고 박토를 가꾼 농부처럼 살았다는 걸 알 수 있습니다. 세상살이에서 존경받는 사람의 특징은 늘 무거운 십자가를 짊어지고 걸었다는 게 역사적 평가입니다. 그러나 십자가의 무게나 걸어야 할 거리만큼 따르는 사람이 또한 많기 마련입니다.

김철수 회장님의 이름은 그래서 빛나는 것입니다. 의미 있고 가치 있는 삶을 살았기에 인류애의 상징인 대한적십자사를 그에게 맡겼다고 생각합니다. 대한민국뿐 아니라 세계에서 적십자사 수장은 인품과 지혜와 경력은 물론 휴머니즘의 실천을 잣대로 선출합니다.

한 사람의 인생에 이야깃거리가 많으면 그 안에 고난과 시련도 많기 마련이고 10년을 살아도 100년 넘게 산 보람된 결과물을 남깁니다. 그러나 이야깃거리가 없으면 100년을 살아도 그 시간이 허무하기만 합니다. 김철수 회장님의 삶을 되돌아보면 이미 100년은 훨씬 넘게 산 특별한 인생이라는 걸 느끼게 됩니다.

축하와 마음의 박수를 힘차게 보냅니다.

새벽 옹달샘처럼 맑은 헌신,
그 숭고한 봉사의 기록

김 홍 국 (하림그룹 회장)

김철수 이사장님의 자서전 〈새벽의 옹달샘〉이 나온다는 소식에 기대감과 함께 벅찬 감동이 차올랐습니다.

김 이사장님의 아호인 효천(曉泉)은 '새벽에 솟아나는 옹달샘'을 의미합니다. 내가 하루 중 가장 좋아하는 시간도 새벽입니다. 맑고 차가운 새벽 공기가 주는 청량함과 아직 잠에서 깨어나지 않은 세상의 고요함을 좋아합니다. 이 소중한 시간에 어제를 돌아보고 오늘을 설계합니다. 김 이사장님의 아호가 내게 더욱 소중히 다가오는 까닭입니다.

김 이사장께서는 전북 김제에서 태어나 저의 고향인 익산에서 자랐습니다. 제게는 고향 선배인 셈입니다. 고향의 이야기가 담긴 이 자서전의 첫 장에서 이른 나이에 여읜 부모님에 대한 그리움과 효심, 가족 사랑을 오롯이 느낄 수 있습니다. 고향에 대한 애틋함도 절절히 묻어 나옵니다.

어린 나이에 아버지를 잃고, 고교 1학년에는 어머니마저 떠나보낸 뒤 한동안 좌절과 방황의 시간을 보냈던 이야기, 사람들의 몸과 마음을 치유하는 의사가 되겠다는 목표로 슬픔을 승화시킨 반전의 순간 등은 의사 김철수가 어떤 마음가짐으로 살아왔는지를 짐작케 합니다. 남다른 고통을 경험하고 깊은 고뇌에서 탄생한 "사람은 평등하다. 다만 위급한 사람이 있을 뿐이다."라는 의사 김철수의 좌우명은 더욱 깊은 울림으로 다가옵니다.

이 자서전은 김철수 이사장 개인의 삶과 성공 신화를 담은 회고록에 머무르지 않습니다. 그가 살아온 지난 80여년 한국 사회의 변화와 발전, 사회와 시대가 요구하는 가치가 무엇이었는지를 보여주는 역사이기도 합니다. 우리가 선진국의 지위를 누리고 풍요로운 공동체에서 안정적인 삶을 이어가는 것은 김 이사장님과 같은 이들의 열정과 희생, 신념과 의지, 국가와 사회를 위한 봉사가 맺어놓은 결실이라는 사실을 알게 해줍니다.

의학은 물론 보건행정학과 법학 등 3개의 박사학위를 따낸 학구열과 그 열정을 뒷받침하는 근면함을 자서전 곳곳에서 확인할 수 있습니다.

보통 사람들은 상상조차 하기 힘든 에너지와 집념은 삶에 대한 치열한 고뇌로부터 나왔을 것입니다. 긍정적이고 도전적인 마인드가 뒷받침되지 않았다면 이룰 수 없었던 일들이 파노라마처럼 펼쳐집니다.

삶에 대한 회의에 빠지거나 잠시 목표를 잃고 방황하는 순간이라면 이 책을 곁에 두고 아무 페이지나 펼쳐 보시기를 권합니다.

과거 무의촌이었던 서울 신림동에서 진료를 시작한 뒤 글로벌 수준에 손색없는 종합병원으로 발전시켜 아직도 그곳에서 진료를 이어가고 있다는 사실도 놀랍습니다. 다양한 의료인 단체를 이끌며 한국의 의료 인프라를 세계적 수준으로 끌어올리는 행정 능력을 알 수 있고, 전쟁의 포화가 휩쓴 우크라이나와 대지진의 비극을 겪은 튀르키예를 향해 주저없이 달려갔던 인류애의 실천 기록도 생생합니다.

김 이사장님의 인도주의적 봉사는 대한적십자사 회장으로서의 815일의 기록에 고스란히 담겨 있습니다. 기업경영인으로서의 일에만 집중해 오던 내가 잠시나마 대한적십자사 부회장으로 봉사할 수 있었던 기회를 가진 것도 김 이사장님의 권유 덕분이었습니다.

청소년 시절 사업을 시작하여 평생을 기업인으로 살아오며 근면·성실·열정·긍정이라는 단어들을 항상 염두에 두는 저에게 김 이사장님은 나침반과 같은 존재입니다. 긍정적이고 도전적인 마인드가 없이는 결코 이룰 수 없었던 치열한 삶의 역정 그 자체로 저를 이끌기 때문입니다.

김 이사장님의 자서전을 통해 많은 분들이 영감을 얻고 봉사하는 삶의 가치를 되새기는 기회를 갖기 바랍니다.

다윗처럼 하나님의 마음에 합한 사람

김 후 식 (서울 신림중앙교회 목사)

"하나님이여 내 마음이 확정되었고 내 마음이 확정되었사오니 내가 노래하고 내가 찬송하리이다 내 영광아 깰지어다 비파야, 수금아 깰지어다 내가 새벽을 깨우리로다." – 〈시편〉 57:7~8

저는 김철수 이사장님께서 출석하시는 신림중앙교회의 담임목사로서 이사장님의 자서전 〈새벽의 옹달샘〉 추천사를 쓸 수 있게 된 것을 대단히 영광스럽게 생각합니다.

이사장님은 '새벽을 깨우시는 분'입니다. 저는 목회자로서 하루를 일찍 시작합니다. 그런데 이른 새벽 4시 반 어간에 이사장님을 종종 뵙니다. 동선이 비슷하기 때문입니다. 이른 아침부터 일과를 시작하는 것은 이사장님의 오래된 생활습관입니다. "일찍 일어난 새가 벌레를 잡는다."는 속담에 걸맞게 참으로 부지런하시고 성실하신 분입니다.

이사장님은 '구도자'입니다. 서두에 성경 구절을 인용한 것은 이사장님의 성품이 다윗 왕과 무척 닮았기 때문입니다. 그가 이른 새벽에 일어나 하시는 일은 교회의 '새벽기도회'에 참석하기 위함입니다. 그의 새벽 예배는 한결같습니다. 출타하는 일이 없으면 언제나 같은 시간, 같은 자리를 지키십니다.

교회의 예배를 마치면, 그에게는 또 한번의 예배가 시작됩니다. 아직 미명이 밝아오기도 전에 곧장 병원으로 출근하여 병실을 회진합니다. 모두가 잠든 시간, 그러나 밤새도록 잠들지 못한 환자들에게는 고통의 끝과 같은 시간에 병실의 문이 조용히 열립니다. 그리고 거친 숨소리, 괴로운 신음소리를 하나하나 살피며 그의 기도는 계속됩니다. 그는 몸의 건강을 돌보는 의사이기 이전에 기도하는 구도자요 영혼의 치료사입니다.

이사장님은 '상담자'입니다. 그의 진료실은 언제나 바쁩니다. 잠시의 틈도 없이 사람들이 찾아오기 때문입니다. 환자뿐 아니라 많은 분이 그의 조언을 구하고 상담을 요청합니다. 병원 로비나 길거리에서 오랫동안 대화하는 모습은 전혀 낯설지 않습니다. 자애로운 성품과 너그러운 마음은 사람들의 마음을 편하게 만듭니다. 나라와 민족을 걱정하여 정당 활동에 몸담고 계시면서도 당을 가리지 않고 친분을 쌓아가는 모습은 그의 성품을 잘 대변합니다.

이사장님은 '봉사자'입니다. 지역 사회의 대소사를 위해서는 그야말로 발벗고 헌신하는 분입니다. 특히 어렵고 힘든 형편 가운데 있는 이들을 대할 때 보여주는 긍휼한 마음은 그를 더욱 빛나게 합니다. 적극적인 의료 서비스와 더불어 최선의 방법들을 찾아주는 칭송받는 의료인이자 지역 사회의 귀중한 자산입니다. 이와 같은 인류애를 실천하는 그는 지역사회만이 아니라 국제 봉사에도 발벗고 헌신하는 분입니다. 대한적십자사를 맡아 운영한 것은 참으로 그에게 걸맞는 직책이었습니다.

이사장님은 '지도자'입니다. 더불어 그는 여전히 꿈을 꾸고 또한 꿈을 실현해 나가는 분입니다. 지금도 그에게는 번뜩이는 아이디어와 지혜로 가득합니다. 또한 마음만 먹으면 그 추진력은 놀라울 정도로 강력하고, 뜻을 세우면 반드시 이루어낼 줄 아는 지도력을 가진 분입니다.

이외에도 김철수 이사장님을 소개할 수 있는 수식어는 너무 많지만, 추천사를 통하기보다는 그의 자서전 〈새벽의 옹달샘〉을 통하여 훨씬 더 실감나게 느낄 수 있으리라 믿습니다. 왜냐하면 저 또한 이번 자서전을 통하여 그분에 대한 생각의 실타래가 풀렸기 때문입니다. 저는 책을 읽는 동안 그의 인생 여정을 헤아려보며 복받치는 감동을 받았습니다. 또한 그동안 마음속의 질문으로 가지고 있던 것들이 해소되는 기회가 되었습니다. 왜 그는 그토록 간절히 예배를 붙들었을까? 그렇게 피곤한 하루하루를 살면서도 새벽의 예배를 놓치지 않으려 했을까? 과연 무엇 때문에 그토록 하나님을 갈망했는지를 짐작할 수 있게 되었습니다.

그는 일찍부터 하나님 외에는 자기를 도울 자가 없음을 깨달은 것 같습니다. 어린 시절 부모님을 여의고 형제들끼리 의지하며 살아가야 했을 때 그가 믿고 붙들 수 있는 것은 바로 신앙뿐이었던 것입니다.

김철수 이사장님은 이스라엘의 다윗 왕과 닮았습니다. 그는 다윗처럼 어려운 형편 중에도 오직 하나님을 찬양하기로 결단했습니다. 다윗은 자신이 처한 상황이 아무리 힘들지라도 그의 마음이 하나님 안에서 흔들리지 않음을 선언했습니다. 이는 단순한 의지가 아니라, 하나님의 주권을 신뢰하는 믿음에서 나오는 것입니다. 다윗이 깨운 새벽은 단순히 일찍 일어나겠다는 인간적 의지가 아니라 하나님을 믿고 의지함으로써 새로운 날을 맞이하겠다는 신앙의 결단이었습니다.

인간이 태어나서 완성형으로 나아가는 과정은 참으로 다양합니다. 그리고 파편 같은 과정들이 모여 하나의 인생을 만들어가게 됩니다. 이사장님은 매일 매순간 하나님 앞에서 기도하며 결단하고 추진하는 가운데 오늘의 멋진 인생에 이르게 된 것입니다.

저는 목사로서 믿는 바가 있습니다. 그것은 바로 하나님께서 그의 길을 인도해 주셨다는 사실입니다. 저는 기대합니다. 이 책을 읽는 분들이 그의 겉으로 드러난 이력만이 아니라 그의 삶의 원동력이 어디로부터 비롯되었는지를 읽을 수 있기를 기대합니다. 김철수 이사장님은 하나님의 사람입니다. 다윗처럼 하나님의 마음에 합한 사람입니다.

모쪼록 이 추천사가 김철수 이사장님의 자서전과 그의 삶의 여정을 더 깊이 조명하는 데 도움이 되기를 바라며, 앞으로도 그의 신앙과 헌신이 많은 사람들에게 영감을 주기를 기원합니다.

병원을 세우고, 사람을 살리고, 시대를 이끌다
이 성 규 (대한병원협회 회장)

김철수 서울효천의료재단 이사장님(대한병원협회 명예회장)의 자서전 〈새벽의 옹달샘〉 출간을 진심으로 축하드립니다. 이 책은 한 의료인의 개인사를 넘어 대한민국 의료와 인도주의 실천의 궤적을 함께 기록한 시대의 증언입니다.

김 이사장님은 의사이자 병원 경영자이며, 대한병원협회 명예회장입니다. 그리고 이 책을 통해 우리는 또 한 사람의 김철수를 만납니다. 대한적십자사 회장으로서 재난과 분쟁의 현장에 직접 서 있었던 인도주의 실천가입니다.

진료실과 병원, 제도와 정책의 현장을 넘어 고통의 최전선에서 사람을 살린 리더의 모습입니다. 우크라이나 전쟁의 참혹한 현장, 튀르키예 대지진의 잿더미 속, 대형 산불과 각종 재난의 최전선에서 적십자의 이름으로 손을 내밀었습니다. 그의 의료는 언제나 '현장'에 있었고, '사람'에게 향했습니다.

대한적십자사 회장 취임 이후 김 이사장님은 사랑과 나눔이라는 적십자의 정신을 '말이 아닌 실천'으로 증명해 왔습니다. 봉사자의 헌신을 조직의 중심에 두고, 재난대응의료팀을 통해 신속하고 체계적인 구호의 전환점을 만들었습니다. 치매 예방, 다문화가족 지원, 독립운동가 후손 지원, 누구나진료센터 운영은 의료가 사회적 약자를 어떻게 품어야 하는지를 보여 주었습니다.

이 책에는 숫자로 평가할 수 없는 장면들이 담겨 있습니다.

이산가족의 손을 맞잡게 하는 순간, 자살 예방을 위한 조용한 동행, 이른둥이의 작은 숨을 지켜내는 의료진의 밤, 그리고 헌혈을 통해 생명을 잇는 시민들의 참여까지. 김철수 이사장님의 리더십은 늘 '사람을 중심에 둔 시스템'을 만들어 왔습니다.

대한병원협회 회장 재임 시절 병원계의 목소리를 하나로 묶는 데 헌신했으며, 의료의 본질 앞에서는 단 한 걸음도 물러서지 않았습니다. 국제병원연맹(IHF) 서울총회의 성공은 대한민국 병원계의 위상을 세계에 알린 역사적 사건이었고, 그 경험은 이후 적십자 활동을 통해 국제 인도주의 무대에서도 이어졌습니다.

이 책 〈새벽의 옹달샘〉에는 성공의 기록보다 책임의 무게가 더 많이 담겨 있습니다. 편한 길보다 바른 길을, 빠른 성과보다 지속 가능한 가치를 선택해 온 김 이사장님의 외길이 고스란히 드러납니다. 그 선택의 기준은 한결같습니다.

"의료는 사람을 향해야 한다."

"인도주의는 국경을 넘어서야 한다."

오늘의 의료 환경 앞에서, 이 책은 우리에게 분명한 질문을 던집니다. 병원은 무엇을 지켜야 하는가, 의료인은 어디까지 책임져야 하는가, 그리고 리더는 어떤 자세로 서야 하는가?라는 질문입니다.

김 이사장님의 자서전은 후배 의료인에게는 사명의 교과서가 될 것이며, 병원 경영자에게는 방향을 잃지 않게 하는 나침반이 될 것입니다. 더 나아가 모든 독자에게 '인도주의는 행동으로 완성된다.'는 사실을 조용하지만 깊이 각인시키는 기록이 될 것입니다.

대한병원협회 회장으로서, 그리고 의사의 길을 함께 걸어온 후배로서 이 책이 오래도록 읽히기를 바랍니다. 김철수 이사장님의 삶이 그랬듯, 이 〈새벽의 옹달샘〉 또한 우리 사회에 따뜻하지만 단단한 흔적으로 남기를 기대합니다.

부지런히 현장을 누비며 문제를 해결하는 열정

노 연 홍 (한국제약바이오협회 회장)

김철수 회장의 삶은 '감사'와 '봉사'라는 두 단어로 압축되어 있다. 이 단어들은 인간과 세상에 대한 사랑을 바탕으로 진중하게 살아온 사람에게 어울리는 언어이다.

나는 보건의료정책을 담당해온 한 사람으로서 그를 존경의 눈으로 바라보아 왔다. 끊임없는 학구열을 바탕으로, 누구보다 부지런히 현장을 누비며 이상과 현장의 문제를 어우러지게 만드는 혜안과 열정이 놀랍다.

이 책은 단순한 개인의 회고를 넘어 우리 사회가 의료와 인간을 어떻게 대해야 하는가에 대한 기록이다.

적십자 활동의 현장은 언제나 모든 것이 부족하다. 전쟁과 재난, 감염병과 같은 극한의 상황에서 내려지는 결정은 생명과 직결되어 있기 때문에 더욱 절박하다. 김철수 회장은 이러한 결핍과 절박함을 생명에 대한 존중과 부지런함으로 메꾸어 나가는 분이다. 그가 어디에 있든지 그는 현장 자체다. 의사로서, 병원 경영자, 병원계를 대표하는 책임자로서의 경험은 소중하다. 환자에 대한 의료인의 사명을 지켜내며, 의료체계의 발전을 위해 노력하던 때 겪었던 고뇌의 무게가 가볍지 않다. 그는 자신의 선택을 객관화하여 판단의 근거를 솔직하게 기록하고 있다.

오늘의 보건의료는 여전히 갈등과 선택의 연속 위에 서 있다. 국민은 좋은 의료서비스를 편하게 이용할 수 있는 의료체계를 원한다. 의료체계에 참여하고 있는 의료인을 비롯한 모든 역할자들도 만족할 해법을 찾아야 한다. 그러기 위해서는 과거의 경험과 축적된 판단을 돌아보아야 한다. 그런 점에서 이 자서전 〈새벽의 옹달샘〉은 과거를 기념하기 위한 서술일 뿐 아니라, 미래의 선택을 위해 남겨진 귀중한 방향타이다.

책에서 나타나는 그의 삶은, 의료와 정책을 넘어 우리 사회의 공적 책임에 대해 다시 생각하게 만든다. 근면과 검소, 사랑과 헌신 등 삶의 자세는 한 개인의 신념과 공적 책임감을 합일시키는 내적 엄격함이다. 이런 엄격함과 함께 가족에 대한 절절한 사랑은 그의 지금을 만들어낸 원동력이었음을 확인할 수 있다. 그가 영원한 현역으로 남아 후학들에게 귀감이 되기를 바란다.

삶의 고통을 회피하지 않고 싸워
꿈을 반드시 이뤄내는 리더

박 명 인 (의계신문 대표이사)

삶의 서사가 풍부한 공인은 자서전을 남긴다. 가장 최근에는 프란치스코 교황이 자서전을 남겼다. 영국 총리를 지낸 처칠이나 애플 창업자 스티브 잡스, 김대중·김영삼 전 대통령 등 일일이 열거할 수 없을 정도의 많은 인물들이 자신이 살아온 발자취를 자서전에 담아 세상에 남기고 있다.이토록 공인은 자서전을 통해 자신의 삶을 후세에 전한다. 의료인이자 병원 경영자인 효천(曉泉) 의료재단 H+양지병원 김철수 이사장님의 자서전 〈새벽의 옹달샘〉은 그래서 더욱 소중하고 가치가 있다.

김 이사장님은 우리나라 병원계에서는 아주 보기 힘든 의사이자 병원 경영자의 길을 걸어왔다. 때문에 김 이사장님의 자서전은 후배 의료인이나 병원 경영자들에게는 하나의 교과서와 같은 역할을 할 것으로 생각된다.

김 이사장님은 평소 "삶의 고통을 우리는 회피하지 말고 기꺼이 싸워 이겨야만 꿈을 이룰 수 있으며 그렇게 되면 삶은 더욱 값진 것이 된다."는 생각을 지니고 계셨다. 그러므로 이 책은 개인의 삶과 성공 신화를 담은 회고록에 머무르지 않는다는 생각이다.

김 이사장님은 자서전을 통해 전남대 의과대학 시절부터 현재까지 의사로서의 삶과 함께 사회가 의료인에게 요구하는 가치를 그대로 보여주고 있다. 이와 함께 병원경영인으로서의 삶도 여과 없이 보여준다.

김 이사장님은 평소 가정과 튼튼한 사회, 지도자상과 관련하여 '소수의 견도 경청하는 사회, 강한 지도자와 부드러운 지도자, 한비자의 군왕 3치'(세치[勢治] 위세로 신하를 다스림, 술치[術治] 신하들이 군왕을 두렵게 만드는 기술, 법치[法治] 깊은 통찰과 신념의 지도자)를 들고 있다. 이는 정치와 의술은 가는 길이 같은 방향이라며 바른 정치, 생활 정치 이른바 '소박한 생활 철학'을 제시했었다.

김 이사장님은 특히 의사로서 정치를 하기에 부족하다고 판단하고 행정학을 다시 공부해 박사학위를 받았다. 사회적 약자를 보살피기 위한 이론 무장을 위해 복지정책학을 중점적으로 공부하는 등 후학 양성에도 앞장섰다.

김 이사장님은 평소 "21세기에는 편하고 부드러우며 센스 있는 카리스마가 요구되고, 불안한 사회일수록 사람들은 잠시라도 웃고 싶어 하고, 그래서 대중은 유머 있는 리더를 원한다."는 소신을 갖고 있었다. 유머와 위트가 살아있는 그러한 의료인으로서의 삶을 이끌어낼 수 있도록 힘쓰겠다는 꿈을 자서전에 그대로 담아냈다.

특유의 친화력과 활동 역량을 가진 김철수 이사장님의 자서전은 최근 읽을 만한 자서전이 많지 않은 사회에서 더욱 주목을 받을 것이다.

자신의 삶을 글로 후세에 기록으로 남긴다는 것은 아름다운 일이다. 기록하지 않으면 존재하지 않는다는 말이 있다. 그런 의미에서 김 이사장님의 자서전은 더욱 특별하다. 그때그때 기록하지 않으면 사라졌을 일들을 자서전을 통해 세상에 알리고, 글은 영원히 남는다는 진리를 일깨워 준 것이 이번 김 이사장님의 자서전이다.

김 이사장님은 필자가 기자로 입문하면서 만나기 시작하여 현재까지 45년, 거의 반세기를 동시대에서 함께 활동했다. 대한병원협회 회장 재임 시절인 2007년 IHF 서울총회(제35차 국제병원연맹총회)의 성공적 개최가 병협 회장으로서 가장 기억에 남는다는 김 이사장님은 임기 동안 해외 관계자, 정부, 국회, 언론 등이 국내 병원 연구·교육·산업에 더욱 관심을 갖도록 참여를 유도하는 등 질적·양적 성장을 이뤄냈다. 당시 IHF 총회는 역사상 가장 성공적이고 큰 행사로 기록되었다.

이러한 활동들이 자서전을 통해 그대로 여과 없이 보여주고 있다. 특히 "현장에 답이 있다."는 소신을 갖고 있는 김 이사장님의 철학은 대한적십자사 회장 시절에도 빛을 발했다. 김 이사장님은 적십자 인도주의 정신을 실천하는 봉사원들의 헌신에 걸맞은 예우를 다하기 위해 끊임없이 노력하셨다. 그 결실로 대한적십자사 창립 119주년 기념식에서는 적십자 역사상 최초로 정부 훈포장을 수여하는 역사적 전기를 마련했다. 이는 봉사자들의 자긍심을 높이고 적십자사의 사회적 위상을 한 단계 격상시킨 상징적 사건이었다.

또한 의료 현장에서 가장 절실한 문제 중 하나였던 의료취약계층 지원을 위해 '누구나진료센터'를 개설했다. 외국인 노동자와 이주민, 섬 지역 어르신 등 의료 사각지대에 놓인 이들이 문턱 없이 진료받을 수 있는 환경을 조성한 것 역시 김 이사장님의 확고한 인술(仁術) 철학을 보여준 귀감이라 할 수 있다.

'개인이 운영하는 병원이라도 공공성을 염두에 두고 운영하는 것이 옳다.'는 생각을 갖고 있는 김 이사장님은 병원은 지역사회와 함께 상생하고 지역민들을 위해 봉사와 나눔을 실천하며 지역사회에 기여할 수 있는 방법을 고민해야 한다고 늘 강조하셨다.

이 책에서도 등장하는 김철수 이사장님의 좌우명은 "천천히 가더라도 바르게 가라"입니다. 이 좌우명을, 오늘을 살아가는 모든 분들이 참고하기를 바랍니다.

가족의 편지

비익연리(比翼連理)의 삶을
함께해 온 아내에게

인턴과 1년차 레지던트의 풋풋한 눈 맞춤으로 시작된 우리의 사랑이 어느새 54년째입니다. 환자를 위해 늘 종종걸음 치며 병원 복도를 오가던 당신, 그 꽃처럼 아름다운 모습에 가슴 설레던 기억이 바로 엊그제 같은데 말입니다.

미국 의사 시험에 합격해 출국 준비를 하다가 기꺼이 자신의 꿈을 접고 내 손을 잡아 준 당신, 아낌없는 사랑으로 보듬어 준 긴 세월을 돌아보니 새삼 가슴이 벅차오릅니다. 너무나 멋진 두 아들과 며느리, 손자, 손녀들을 슬하에 두고 행복을 누리는 지금의 삶이 당신의 헌신 덕분이라는 것을 압니다. 무엇보다 비익연리의 삶을 묵묵히 함께해 준 당신에 의지해 결정적인 순간마다 용기백배, 앞으로 나갈 수 있었음을 고백합니다.

젊은 날부터 이 글을 쓰는 바로 오늘 아침에도, 새벽 3시면 일과를 시작하는 남편을 위해 따뜻한 밥상을 차려주고, 멋지게 머리를 손질해 주던 당신이지요. 비가 오거나 추운 날이면 직접 운전해 출근을 시켜줄 정도로 늘 자신보다 나의 안위를 챙겨주던 당신은 참으로 사랑 넘치는 사람이지요.

유난히 책임감이 강하고 근검절약이 몸에 배어 있으면서도, 어려운 이웃에게 아낌없이 나누고 기부하는 당신을 보며 저는 종종 '인간의 얼굴을 한 천사'가 아닐까 생각하곤 합니다. 시부모님은 안 계시지만 지금까지 형님, 누나, 동생 등 형제는 물론 조카들까지도 섬세한 손길로 챙겨주신 데 대해 깊이 감사합니다. 친정 부모께 효도하고 자매들과 돈독한 우애를 지켜온 당신 덕분에, 덩달아 으쓱해지는 마음입니다.

류머티즘으로 오랫동안 고생하면서도, 꾸준한 운동으로 건강을 지키기 위해 노력해 주고, 등산을 좋아하는 나를 위해 손이 불편하거나 몸이 무거워도 아무런 내색 없이 함께 산을 오르며 배려해 주는 당신의 그 마음을 생각하면 가슴이 뭉클해집니다.

29세 젊은 나이에 산부인과를 개원해 밀려드는 환자들로 식사를 거르기 일쑤이던 당신. 촌각을 다투는 제왕절개 응급수술로 밤새우기가 다반사였던 당신이 사투를 벌이던 그 초인적인 헌신의 시간을 생각하면 고개가 절로 숙여집니다. 어느 추운 겨울날, 제왕절개 수술 도중 산소가 떨어졌다는 소식에, 나는 500여 미터 떨어진 선배 의원으로 달려가 무거운 산소통을 메고 2층 계단을 올랐습니다. 그 긴박했던 순간 끝에 산모와 아기 모두를 살려냈던 기억은, 세월이 흐를수록 더 깊은 감동으로 남아 있습니다.

어미 새의 깃털 같은 당신의 사랑이 얼마나 따뜻한지, 얼마나 포근한지 당신은 알고 있나요? 그런 당신을 만나 지금껏 부부의 연을 이어가면서 내가 얼마나 행복해하고 있는지에 대해서도요.

얼마 전 당신이 일본과 제주도로 여행을 떠났을 때, 나는 비로소 당신의 빈자리를 실감했습니다. 당신이 돌아온 뒤 다시 맛있는 식사가 차려지고 따뜻한 당신의 체취가 후각을 간질이는 평화로움에 빠져들면서 비로소 깨닫게 된 진리라고나 할까요.

그때도, 그리고 지금도 늘, 모든 게 당신과 하나님의 사랑 덕분임을 믿습니다. 하나뿐인 날개를 기대야만 비로소 날아오를 수 있는 비익조比翼鳥처럼, 맞닿은 가지의 인연이 육화를 통해 승화된 연리지連理枝처럼, 우리 부부도 그렇게 비익연리 삶으로 축복받은 100세 시대를 함께 하면 좋겠습니다. 당신과 함께라면 늙어가는 것도 축복이요, 그 모든 시간이 감사의 여정이리라 믿습니다.

사랑하는 당신, 정말 고맙습니다.

당신의 남편 김철수

---

* 비익연리(比翼連理)는 비익조(比翼鳥)와 연리지(連理枝)를 합한 말이다. 부부 혹은 연인 사이의 깊은 사랑을 의미한다. 비익조는 날개가 하나밖에 없는 새이다. 두 마리라 합해져야만 하늘을 날 수 있다. 연리지는 서로 다른 나무가 엉켜 하나로 자라나는 것이다. 부부나 연인이 마음을 합해 사랑으로 살아가는 삶을 일컫는다

아버지는 제 인생에서
가장 큰 교과서

사랑하고 존경하는 아버지께.

아버지, 큰아들 상일입니다. 아버지의 지난 80여 년 삶의 궤적이 한 권의 자서전으로 남겨진다는 소식을 들으며, 아들로서 말로 다 표현하기 어려운 벅찬 마음과 깊은 존경심을 느꼈습니다. 아버지는 저에게 단지 부모님이 아니라 삶이 흔들릴 때마다 다시 방향을 잡게 해주는 기준이자, 제가 평생 넘어서고 싶은 가장 높은 산이었습니다.

어린 시절, 할아버지와 할머니를 일찍 여의신 뒤 감당하기 어려운 가난과 외로움 속에서도 의사의 길을 포기하지 않으셨던 아버지의 이야기를 떠올릴 때마다 마음 한켠이 저릿해집니다. "부지런해라, 성실해라, 그리고 늘 겸손해라." 그 말씀을 삶으로 증명하시듯, 누구보다 먼저 하루를 시작하시고 묵묵히 자리를 지키시던 아버지의 뒷모습은 제 인생에서 가장 큰 교과서였습니다.

1976년 신림동의 작은 의원에서 시작해 오늘의 H+양지병원에 이르기까지, 아버지의 길은 결코 쉽지 않았을 것입니다. 산모와 태아를 살리기 위해 산소통을 메고 계단을 뛰어오르셨다는 이야기는 이제 병원 안에서 전설처럼 전해지지만, 제게는 생명을 대하는 아버지의 마음이 어떤 것인지를 가장 분명하게 보여준 장면이었습니다.

"사람은 다 똑같다. 다만 더 급한 사람이 있을 뿐이다." 그 말씀대로 환자를 대하시던 아버지의 모습 속에서 저는 의술 이전에 사람을 향한 마음을 배웠습니다.

코로나19 팬데믹 당시, 제가 워크스루 선별진료소를 만들며 새로운 시도를 할 수 있었던 것도 결국 아버지께서 평생 보여주신 환자 중심의 철학 덕분이었습니다. 겉으로는 제가 한 일처럼 보였을지 모르지만, 그 뿌리는 언제나 아버지의 가르침에 있었습니다.

　아버지, 무엇보다 감사한 것은 힘든 환경 속에서도 저희 형제를 올곧게 키워주셨다는 사실입니다. 병원과 사회를 위해 늘 분주하셨지만, 아버지는 한 번도 가정을 등한시하지 않으셨습니다. 어머니와 서로를 존중하며 함께 걸어오신 두 분의 모습은, 저에게 '가족'이 무엇인지 몸으로 보여주신 가장 큰 선물이었습니다. 말없이 등을 두드려 주시던 아버지의 손길이 오늘의 저를 만들었습니다.

　지금 제가 하노이에서 〈H PLUS 하노이 클리닉〉을 운영하며 새로운 길을 걷고 있는 것도, 아버지의 조언과 응원이 있었기에 가능했습니다. 낯선 땅에서 병원을 세우고 운영하는 과정마다 아버지의 경험과 지혜가 큰 버팀목이 되었고, 지금 클리닉이 안정적으로 자리 잡아가고 있는 것 역시 아버지의 도움이 컸음을 늘 느끼고 있습니다. 멀리 계셔도 늘 함께 계신 듯한 든든함을 주셔서 진심으로 감사드립니다.

　팔순을 넘기신 연세에도 대한적십자사 회장으로서 국내외 재난 현장을 직접 누비시며 봉사의 길을 멈추지 않으시는 아버지의 모습은 "봉사하는 사람은 행복하다."는 말씀을 삶으로 증명하고 계신 듯합니다. 그런 아버지를 아버지로 둔 것이 제 인생의 가장 큰 자랑입니다.

　"천천히 가더라도 바르게 가라"는 아버지의 말씀을 평생 가슴에 새기며 살겠습니다. 아버지께서 일구신 병원과, 아버지께서 남기신 정신을 더 넓은 세상으로 이어갈 수 있도록 저 또한 제 자리에서 최선을 다하겠습니다.

　아버지, 이제는 조금은 속도를 늦추시고, 평생 곁을 지켜주신 어머니와 함께 더 많은 웃음과 여유를 누리시길 바랍니다. 아버지의 아들로 태어난 것은 제 인생에서 가장 큰 축복입니다. 사랑하고 존경합니다, 아버지.

큰아들 김상일 올림
서울효천의료재단 의료원장
H+인터내셔널 메디컬센터 하노이 병원장

나의 아버지

어린 시절의 기억을 더듬어 아버지를 떠올리면 성실함, 자신감, 그리고 일에 대한 뜨거운 열정이라는 세 가지 키워드가 가장 먼저 스쳐 지나간다.

아버지는 언제나 새벽 4시 이전에 하루를 시작하셨다. 전날 아무리 늦게 주무시는 날이라도, 심지어 일요일이나 명절조차도 그 엄격한 기상 시간은 어김이 없었다. 병원에서의 일과는 늘 분주했고, 점심시간 틈틈이 진료실 의자에 앉아 주무시던 쪽잠조차 누가 깨우지 않아도 정확히 눈을 뜨고 다시 현장으로 복귀하셨다. 수십 년간 변치 않았던 그 성실한 리듬이 지금의 병원을 일군 뿌리였음을 나는 안다.

부모님을 일찍 여의고 소위 '믿을 구석' 하나 없는 환경이었음에도 아버지는 누구 앞에서도 주눅 들지 않는 당당함을 지니셨다. 그것은 허세가 아니라 스스로를 단단히 세워 온 사람만이 가질 수 있는 건강한 자부심이었다.

또한 아버지는 일을 결코 미루는 법이 없었다. 누군가의 부탁을 받으면 즉시 해결 방안을 찾으셨고, 결과가 기대에 미치지 못할지언정 "알아보겠다"는 말로 상황을 모면하며 시간을 끄는 일도 없으셨다. 언제나 원칙을 지키며 정공법으로 문제를 해결해 나가는 모습은 어린 내 눈에 무척이나 인상적인 귀감이 되었다.

물론 내 기억 속의 아버지가 마냥 근엄하기만 했던 것은 아니다. 형제 중 막내급이셨던 아버지는 때로 애교가 느껴질 만큼 인간적이고 유머러스하셨다. 어머니와 티격태격 다투시다가도 외출할 때면 슬쩍 어머니의 가방을 들어주던 다정함, 병원 직원들에게 먼저 농담을 건네며 거리감을 좁히는 살가움은 여전하시다.

때로는 다혈질에 무서운 분이기도 하셨지만, 낮 동안 아껴두었던 진심을 담아 잠든 내 방에 들어와 나를 꼭 껴안고 이런저런 이야기를 들려주셨다. 이제 그 따뜻함은 무엇보다 그리운 장면이 되었다.

내가 20대였던 어느 토요일 오후, 아버지가 전화를 하셨다. 평소 엄격하시기만 했던 아버지의 그날 목소리는 다른 때와 달랐다. 초등학교 동창 모임에 다녀오신 길이었다. 고향 익산을 떠나 서울에서 병원을 운영하며 자리 잡는 동안, 도움을 청하는 고향 친구들의 연락이 때로는 귀찮고 이용당하는 것처럼 느껴질 때도 있어 마음고생을 하셨다고 털어놓으셨다. 하지만 아버지는 그날 나에게 이렇게 말씀하셨다.

"지나고 보니 조금 손해 보더라도 더 배려하지 못했던 게 마음에 걸리는구나. 너는 이해득실을 따지기보다 할 수 있는 만큼 많이 배려하며 살거라."

그 가르침은 이후 내 삶의 나침반이 되어, 계산보다 배려를 먼저 선택하는 용기를 주었다.

세월이 흘러 나 또한 가정을 이루고 병원에서 아버지와 함께 일하게 된 지금, 우리 부자는 예전과는 다른 마음으로 서로를 바라본다. 한 살 한 살 나이를 먹을수록 아버지는 내 가슴 깊숙이 더 깊게 스며든다. 이제 아버지는 더 이상 신비롭거나 두려운 존재가 아니라, 삶을 공유하며 깊이 이해할 수 있는 가장 편안한 동반자가 되셨다.

지금도 아버지는 찾아오는 이들을 외면하지 않고 당신이 도울 수 있는 최선을 다하신다. 젊은 시절부터 이어져온 그 태도는 여전히 내 삶의 기준이자 잣대가 된다. 선택의 순간마다 '아버지라면 어떻게 하셨을까'를 자문하게 되는 이유다. 아버지와 함께할 시간이 얼마나 더 허락될지는 알 수 없으나, 평범한 오늘의 나날들이 훗날 가장 그리운 시간이 될 것임을 알기에 이 소중한 순간들을 마음속에 깊이 담아두고 싶다.

둘째 아들 김상한
서울효천의료재단 총괄경영원장
유엔생명과학 주식회사 대표이사

"

'좋은 할아버지'를 뛰어넘는 '위대한 리더'

저에게 할아버지는 언제나 '집념'이라는 단어로 설명되는 분이셨습니다.

전라도의 아주 어려운 환경에서 태어나셨고, 어린 시절 전쟁으로 아버지를 여의고 형님까지 잃었다는 이야기를 들으면, 저로썬 그분이 얼마나 치열한 삶을 사셨을지 짐작하기 어렵습니다. 저의 할아버지는 그 모든 가난과 시련 속에서도 의사가 되겠다는 꿈을 놓지 않았고, 마침내 고향에서 의대를 졸업하고 혼자 서울로 올라오신 분입니다.

저는 할아버지의 삶의 초창기를 직접 보진 못했지만, 그분이 "무에서 유를 창조했다."는 사실만큼은 객관적으로 인정할 수밖에 없습니다. 신림동의 작은 다락방에서 시작해, 할머니와 함께 〈김철수 내과〉, 〈김란희 산부인과〉라는 개인 의원을 열어 가족들과 동네 사람들을 위해 일하셨다는 이야기를 들었습니다. 제 가장 먼 기억에서부터 할아버지는 양지종합병원이라는 제법 큰 병원을 운영하시던 이사장님이셨기에 지금도 개인의원 시절의 할아버지의 모습은 어땠을까 종종 궁금해합니다. 지금 저희 가족이 운영하는 큰 병원(H+ 양지병원)의 뿌리가 바로 그 시절의 작은 병원이었다는 사실은, 할아버지가 얼마나 부지런하고 끊임없이 노력해오셨는지를 보여주는 결과라 생각합니다. 그 노력의 결과로 대한민국 병원을 대표하는 대한병원협회 회장도 역임하실 수 있었던 걸로 생각됩니다.

할아버지는 저희 가족에게 언제나 '엄격함' 그 자체셨습니다. 특히 저에게는 첫째 손녀이자 사촌들 중 공부를 제일 잘한다는 이유로, 어릴 때부터 '반드시 의사가 되어야 한다.'는 강한 압박을 주셨습니다. 저의 의견을 묻기보다는 언제나 당신의 뜻을 먼저 말씀하셨기 때문에, 저희 세대와는 가치관의 차이로 인해 부딪히는 일도 많았습니다. 아버지가 할아버지와 함께 병원을 키워나가는 과정에서도, 그 고집과 추진력 때문에 사사건건 갈등이 끊이지 않는 것을 지켜봤습니다.

하지만 이 엄격함은 단순히 개인적인 성격이 아니라 그분이 걸어온 삶의 방식, 즉 성공을 위해 타협하지 않는 강렬한 집념에서 비롯되었다는 것을 이제는 이해하려 노력합니다. 한때는 할아버지께서 정치적인 영역에 참여하려는 열망도 아주 강하셨는데, 그 과정에서 많은 걸 잃으시기도 했지만, 옆에서 지켜보며 개인적으로는 배운 것도 많았습니다.

저희 가족은 할아버지의 '공적인 활동에 대한 열정' 때문에 때로는 감당해야 할 희생과 시련이 있었지만, 그 모든 일들이 그분의 강한 책임감과 국가에 대한 헌신의 의지에서 나왔다는 것을 알고 있습니다. '얻는 것'에만 집착하기보다는 잃은 것에서 '얻어지는 것' 또한 중요하다는 것을 할아버지를 통해 배웠습니다.

할아버지의 가장 자랑스러운 업적은 단연 대한적십자사 회장직을 수행하신 것입니다. 젊은 시절부터 꿈꾸셨던 공직 진출의 염원은 결국 가장 숭고한 봉사의 영역에서 꽃을 피웠다고 생각합니다. 저희 가족이 가까이에서 지켜본 할아버지는 돈보다는 조직을 위해 헌신하시는 분이셨습니다. 이 직함은 단순한 명예가 아니라, 개인의 모든 것을 걸고 사회에 봉사해야 하는 무거운 자리라는 것을 가까이에서 느꼈습니다. 할아버지 특유의 강한 리더십과 추진력이 국내외 재난구호 현장과 취약계층 지원에 큰 기여를 했으리라 믿습니다. 비록 아쉽게 회장직을 사임하셨지만, 대한적십자사에서 남긴 발자취는 적어도 적십자의 도움을 받은 많은 사람들과 저에게는 귀감이 되었습니다.

저에게 할아버지는 언제나 '쉽지 않은 분'이셨습니다. 하지만 그분의 삶 전체를 통틀어 느껴지는 시련을 이겨내는 의지, 목표를 향해 나아가는 끈기, 그리고 공적 역할에 대한 뜨거운 열정만큼은 부인할 수 없는 존경스러운 모습입니다. 할아버지는 저에게 단순히 '좋은 할아버지'를 뛰어넘어 가장 가까운 거리에서 지켜본 '위대한 리더'의 한 단면을 보여주신 분이십니다. 그분의 삶을 통해 저는 사회적 책임감의 무게와 목표를 향한 집념이 얼마나 거대한 힘을 가질 수 있는지 배우게 됩니다. 저 또한 그런 할아버지를 본받아 더 넓은 세계에서 더 많은 기회를 찾고자 노력하고 싶습니다.

큰손녀 김 보 영 올림
영국 맨체스터대학교 경영학과 1학년

제1부

아버지와 어머니가 물려주신 것

1. 나의 고향 김제 연정리

두 개의 비석이 주는 의미

나는 고향에 대한 기억이 뚜렷이 남아 있지 않다. 세 살 때 이사했기 때문이다. 그러나 눈을 감으면 드넓게 펼쳐진 논과 야트막한 산, 푸른 소나무들이 어렴풋이 떠오른다. 지금 그곳에 가보면 오랜 세월이 흘렀음에도 여전히 예전의 모습을 간직하고 있다.

내가 태어난 전북 김제金堤는 한반도에서 가장 넓은 호남평야, 그중에서도 금만평야金萬平野의 한가운데 자리하고 있다. 1914년 월산月山면과 대촌大村면이 통합될 때 '月' 자와 '村' 자를 따서 월촌면으로 이름이 지어졌고, 그 후 여러 차례의 행정구역 통폐합을 거쳐 지금은 교월동校月洞이 되었다.

월촌에는 연지蓮池마을과 냉정冷井마을이 있었는데, 두 마을을 합쳐 '연정蓮井'리가 되었다. 글자 그대로 해석하면 '연꽃 우물 마을'이라는 아름다운 이름이다. 연정리는 10여 미터의 구릉지에 자리 잡은 마을로, 서쪽으로는 죽산竹山, 북쪽과 동쪽으로는 김제 읍내, 남쪽으로는 정읍井邑으로 연결된다. 인구는 많지 않아 500명 안팎이 거주하는 것으로 추정된다.

나는 광복되기 1년 전인 1944년 3월, 김제군 월촌면 연정리 103번지에서 태어났다. 연정리는 평화롭고 전형적인 농촌 마을이다. 다만 산이 없고 너른 평야가 펼쳐져 있는 점이 산간 마을과 달랐다. 동네 어느 곳에서 있든지 사방을 둘러보면 지평선이 보인다. 우리나라에서 지평선을 볼 수 있는 유일한 곳이 바로 김제다.

연정리에서 가장 유명한 것은 대제복구비大堤復舊碑다. 大堤는 말 그대로 '큰 저수지'다. 이 저수지는 김제군에서 가장 큰 저수지로, 1848년(현종 14년) 7월, 대홍수로 피해를 입은 후 복구되었다. 복구 과정에 많은 사람이 동원되었고, 그들의 노고를 치하하기 위해 비석이 세워졌다. 당시 총위사, 전라도 관찰사, 어사, 김제 군수 등의 공적을 새겼으며 '영세불망비永世不忘碑'로 불린다.

이 복구비에는 '피 흘리는 비석'이라는 전설이 담겨 있다. 복구비 뒤쪽에 초가 한 채가 있었는데, 어느 해 집주인이 집을 고치면서 복구비를 자기 울안에 넣고 담을 쳤다. 담 위에 마지막 벽돌을 올려놓는 순간, 천둥이 치고 비가 내리더니 복구비에서 피가 흘러나왔다. 그뿐 아니라 우물에서도 핏빛 같은 녹물이 흘러나왔다. 그 후로도 이상한 일들이 이어졌다. 복구비 앞 큰길에서 원인 모를 사고로 사람들이 잇따라 목숨을 잃은 것이다. 집주인이 담을 헐어내자 비석에서 흐르던 피도 멎었고, 우물에서 나오던 녹물도 그쳤다 한다.

욕심을 부리는 사람에 대한 경고

이 이야기는 전설에 불과하지만, '벽골제 비명碑銘의 보존'과 일맥상통한다. 김제에 있는 벽골제碧骨堤는 우리나라 최초의 저수지이다.

《삼국사기》에는 신라 흘해왕 21년(330년)에 "처음으로 벽골제를 만들었는데 둘레가 1천 8백 보"라고 기록되어 있다. 당시 이곳은 백제 땅이었으므로 백제 비류왕 27년에 축조되었다고 보는 것이 맞다. 김제의 향토축제인 '김제지평선축제'는 매년 가을 벽골제를 무대로 펼쳐진다.

벽골제 비석(사적 111호)은 세워진 연대가 정확히 밝혀지지 않았다.

조선 태종 대(1415년)에 전라도 관찰사 박습朴習이 벽골제의 우수성을 논하자, 태종이 보수공사를 명하였으며 20여 일 동안 공사를 진행하였다고 《태종실록》에 전해진다.

어쩌면 그 무렵에 세워진 것이 아닐까 싶다. 그렇게 보면 600년이 넘은 비석인 셈이다.

그런데 이 비석에는 엄중한 경고가 담겨 있다. 벽골제 비석은 마석磨石으로 만들어졌는데, 초동들이 오가며 이 비석에 낫을 갈곤 하였다. 낫질 한두 번에 비석이 닳아 없어지는 것은 아니지만, 수많은 사람들이 수백 년, 수천 년 동안 갈아대면 마모될 수밖에 없고 새겨진 글자 또한 사라지게 마련이다. 한 노인이 이를 막기 위해 "이 비석에 낫을 갈다가 다치면 잘 낫지 않는다."고 일렀다. 그 말을 무시하고 한 초동이 계속 낫을 갈다가 손을 다쳤는데, 오랫동안 상처가 낫지 않아 크게 고생하였다. 이후 아무도 비석에 낫을 갈지 않았다 한다.

대제복구비 전설은 자기 집 마당에 비석을 들여놓은 욕심에 대한 경고이고, 벽골제 비석 이야기는 자신의 편의를 위해 선조의 유산을 파손하는 행위에 대한 경고이다. 두 이야기 모두 개인적 욕심을 부리는 사람에게 경종을 울려주는 전설이다. 내가 평생 욕심 없이 의료업에 종사할 수 있었던 것은, 어쩌면 두 비석이 들려주는 이야기가 마음 깊이 영향을 미쳤기 때문인지도 모른다.

김제 향토사료에 따르면 연정리에는 너추리, 새원, 뒷새원, 서낭댕이, 세다리, 장태봉, 지와골, 부첫골, 맹갱이방죽, 월봉방죽, 장자샘, 하두구석, 여초제, 배자등, 소때백이 등의 옛 지명이 남아 있다고 한다. 아쉽게도 나는 이 지명들을 기억하지 못한다. 세 살 때 고향을 떠나 이웃 도시인 이리裡里(지금의 익산)시로 이사했기 때문이다.

2. 김제 김씨

조선 개국 공신의 후손

나는 '김제 김씨金堤 金氏'의 후손이다. 경주 김씨 계림공鷄林公 파에서 갈라져 나온 유서 깊은 성씨다. 시조는 고려 시대에 활약한 김천서(金天瑞, 1140년[인종 18년]~1211년[강종 원년])다. 그는 신라 경순왕 김부敬順王 金傅의 4남인 대안군 김은열大安君 金殷說의 후손으로, 1184년 명종 시기에 문하시중 평장사門下侍中平章事를 지냈으며 1188년에 월성부원군月城府院君에 봉해졌다.

1191년 관직에서 은퇴한 후 1196년 김제에 정착하였다. 김천서는 고려 수도인 개경에서 살았을 것인데, 관직에서 물러난 후 어떤 연유와 경로를 거쳐 전라도 김제로 오게 되었는지는 확실히 알 수 없다. 어쩌면 고려 각지를 순시하다가 김제의 드넓은 평야에 마음이 이끌려 정착했는지도 모른다.

그로부터 200여 년 후, 김천서의 7세손 김정걸(金正傑, 1356년[공민왕 5년]~1429년[세종 11년])이 김제 김씨의 중시조中始祖로 가문을 열었다. 김정걸은 1391년 공양왕恭讓王 말기에 경주 김씨 후손인 계림군 김균(鷄林君 金稇, 1341~1398)과 함께 이성계를 도와 조선 개국에 큰 공을 세웠으며, 1392년(태조 원년)에 개국 3등공신에 책록되었다.

이후 태조 시기에 이조전서吏曹典書를 지낸 유양(柳亮, 1354~1416)의 차남 유근柳謹과 3남 유경생柳京生의 문사글 스승가 되었고, 1396년에는 이조판서를 지낸 이첨(李詹, 1345~1405) 등과 교유交遊하였다.

세 집안(김씨·유씨·이씨)과 두루 밀접한 관계를 맺은 김정걸은 김제에서 올라와 3년 동안 개경에서 살았으며, 이후 조선의 한성漢城에서 10여 년을 지냈다. 호남의 초야 유생儒生 출신으로 일목장군一目將軍에 버금가는 학자이자 문인이었다. 그 공을 높이 인정받아 1402년 태종이 그를 김제군金堤君에 봉하였다.

장남 김병두(金炳斗, 1373~1435)는 어머니를 모시고 아버지를 따라 한성에 정착하였으며, 차남 김부날(金溥捺, 1377~1446)은 친가 사람들과 함께 김제에 남았다. 이후 후손들이 김정걸을 중시조(사실상 1세조)로 삼고 본관을 김제로 정하여 김제 김씨의 세계世系를 이어왔다.

김제 김씨는 역사가 900년에 가깝지만 인구는 많지 않아, 현재도 5천 명이 약간 넘는다. 그럼에도 역사에 빛나는 많은 인물을 배출하였다. 인터넷을 검색하면 그 훌륭한 선조들의 이름과 업적이 소개되어 있으니, 이를 여기서 일일이 열거할 필요는 없을 것이다. 다만 누구라도 그 선조들의 명망에 부끄럽지 않은 후손이 되기 위해 오늘도 최선을 다하면 된다.

고종 황제의 비서감 승(祕書監 丞)을 지낸 증조부

나는 김제 김씨의 30세손으로, 고종 때 정3품 벼슬에 오른 김연태(金然泰, 1864~1925)의 증손이다. 증조부는 1889년(고종 29년) 의금부 참외도사參外都事로 관직을 시작하여, 1902년(고종 39년) 정3품 통정대부通政大夫, 1903년(고종 40년) 중추원 의관中樞院 議官, 1905년(고종 42년) 비서감 승祕書監 丞을 지냈다. 이 직책은 고종 황제 비서실의 2인자에 해당하는 자리로, 1907년 고종 황제의 퇴위 때까지 황제 곁을 지켰다. 국권을 상실한 뒤에는 일제에 협력하지 않고 관직에서 완전히 물러났다.

증조부가 세상을 뜬 후 가세는 급격히 기울기 시작했다. 증조부는 오랫동안 중앙 고위직에 있었고 고종 황제를 곁에서 모셨음에도, 청렴 강직하여 재산을 모으는 일에는 관심이 없었다.

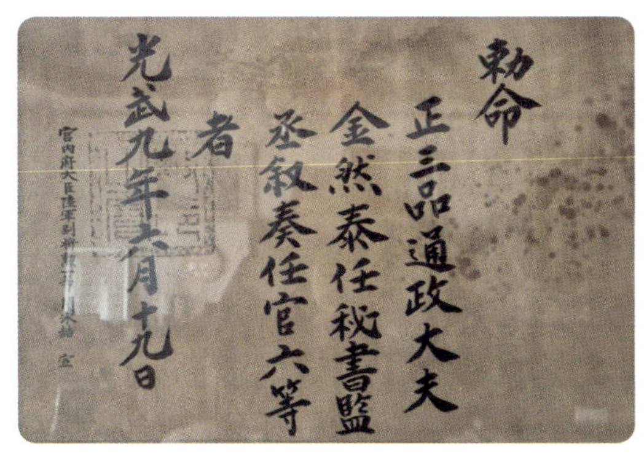

고종이 증조부 김연태에게 내린 교지. 고종의 친필 서명이 있다.

　　나의 할아버지 김현기金賢基는 일제에 강한 거부감을 품고 있었으며 치부致富에도 그다지 뜻이 없었기에, 살림살이는 더욱 위축될 수밖에 없었다. 할아버지는 77세로, 할머니는 80세로 세상을 떠나셨다. 나는 그분들에 대한 기억이 그다지 없다. 할아버지의 장남이자 나의 아버지인 김석우(金錫禹, 1912~1950)는 세상을 넓게 보는 눈이 있었다. 일제로부터 조선을 독립시켜야만 인간다운 삶을 살 수 있다고 생각했다. 그래서 사실상 맨주먹으로 고향 김제를 떠나 경성京城으로 올라갔다. 배워야만 사람답게 살 수 있고 인생의 꿈을 이룰 수 있다는 것을 알고 있었기 때문이다. 그렇게 시작된 도전은 아버지에게 새로운 삶을 열어주었다.

3. 자랑스러운 아버지 김석우

조국 수호의 책임을 다하다

아버지 김석우金錫禹는 1912년 김제에서 태어나셨다. 일제 치하의 힘겨운 시기를 보내면서 어린 나이에 "장차 조선을 독립 국가로 만들기 위해서는 학문을 배워야 한다"는 것을 깨달았다. 고향에서 소학교를 졸업한 후 홀로 서울로 올라가 중동학교中東學校 입학시험을 치러 합격하였다.

중동고등학교는 1906년에 세워진 사학 명문으로, 초대 교장은 독립운동가 오세창吳世昌 선생이었다. 아버지는 고학생으로 많은 역경을 겪으면서도 열심히 공부하여 졸업과 동시에 금융조합金融組合에 공개채용으로 입사하였다. 금융조합은 대한제국 시대인 1907년에 설립된 금융기관으로 농민과 도시 서민을 주 대상으로 하였다. 아버지는 농촌 출신이었기에 농민들의 삶을 향상시키는 데 보탬이 되고자 이곳에 입사한 것이다. 금융조합은 이후 농업은행을 거쳐 지금의 농업협동조합이 되었다. 그곳에서 계속 근무하셨다면 유능한 금융인이 되셨겠지만, 광복 이후 뜻을 바꾸어 경찰로 인생 행로를 바꾸셨다. 그 결정이 아버지와 우리 가족 모두에게 큰 영향을 끼쳤다.

아버지는 경찰간부후보생 시험에 응시하여 이리 경찰서 간부로 부임하셨다. 이리는 김제에서 30여 분이면 갈 수 있는 이웃 도시였다. 광복된 고향을 위해 봉사하고 지역민을 보살피는 것이 최선의 길이라 생각하셨던 것이다. 이리경찰서에서 복무하시다가 용안龍安 지서장도 지내셨다. 내가 세 살이던 1946년, 아버지는 고향을 떠나 이리 창인동昌仁洞에 터를 잡으셨다. 아버지는 경찰 생활을 무척 보람 있는 직업으로 여기셨다.

그러나 시대 상황이 그것을 허락하지 않았다. 38선을 밀고 내려와 남침을 개시한 북한군은 순식간에 충청도를 지나 전라도까지 남하하였다. 내가 일곱 살 때 이리국민학교에 입학해 1학기를 채 마치기도 전에 한국전쟁이 터진 것이다. 광복 이후부터 좌우 대립과 혼란이 극심하던 상황에서 한국전쟁은 나라 전체를 비극으로 몰아넣었다. 낮에는 국군이 지키는 민주국가이지만, 밤이 되면 무장한 북한군과 빨치산이 지배하는 공산국가가 되었다. 빨치산들은 밤만 되면 마을에 나타나 식량을 강탈하고, 가축을 잡아갔으며, 말을 듣지 않는 주민들은 어딘가로 끌고 갔다. 며칠이 지나도 돌아오지 않는 경우가 많았다. 낮이 되면 다시 국군의 세상이 되어 평온한 듯 보였지만, 공산주의자들은 곳곳에서 사람들을 포섭하고 사회 혼란을 조장하였다. 김제의 작은 읍에서도 버젓이 인민재판이 열렸고, 죄 없는 사람들이 반동분자라는 주홍글씨가 찍혀 안타깝게 목숨을 잃었다.

포위망이 좁혀와도 끝내 자리를 지킨 아버지

1950년 7월 18일, 아버지가 지키는 이리경찰서도 인민군의 습격을 받았다. 사료에 따르면 인민군 13연대가 천안을 점령한 후 전라도로 남하하였다. 그들은 군산에 상륙한 대한민국 해병대에 의해 격파되었으나, 일부 인민군은 저항을 계속하였다. 《한국전 전사戰史》에 기록되어 있듯이 이리전투는 인민군이 엄청난 병력과 탱크를 동원하여 우리 군경과 맞선 격전이었다.

북한은 남침 당시 220여 대의 탱크를 보유하고 있었지만, 대한민국은 단 한 대도 없었다. 포격에 밀린 군경은 일단 후퇴하여 후방에 진지를 재구축하였다. 아버지는 부득이 야밤을 틈타 완주完州 봉동면에 있는 누님 댁(나의 고모)으로 피신하셨다.

인민군과 빨치산이 합세한 세력은 이미 전북 도내의 절반 이상을 점령한 상태였고, 주민들도 이곳저곳으로 피난을 가거나 아예 죽은 듯이 집 안에서 꼼짝 않고 지냈다. 좌익이나 그에 동조하는 자들은 반동분자를 색출하여 처단하는 데 혈안이 되어 있었다. 그들이 찾는 반동분자는 바로, 숨어 있는 관료와 경찰, 국군들이었다. 밤만 되면 곳곳에서 총소리가 콩 볶듯이 났고, 완장을 두른 인민군들이 마을 사람들을 잡아갔다. 아마 본의 아니게 산으로 끌려가 빨치산이 되거나 북으로 끌려간 사람들도 적지 않았을 것이다. 강제로 납북된 이들은 대전을 채 지나기도 전에 대부분 목숨을 잃었다 한다.

나는 일곱 살이라 인민군이 무엇인지, 공산주의가 무엇인지 알지 못했다. 학교에서 그런 것을 배울 시간도 없었다. 그저 전쟁이 빨리 끝나고 아버지가 무사히 돌아와 예전처럼 출근하시고, 가족이 오순도순 살기만을 바랐다. 우리 가족 모두가 피신한 봉동면은 그래도 안전하다 하였지만, 어머니는 매일 새카맣게 타들어가는 마음으로 가족을 보살피느라 여념이 없었다. 우리 식구는 아버지와 어머니, 큰형 동수東洙, 둘째 형 기수棋洙, 셋째 형 만수萬洙, 누나 경자慶子, 나, 여동생 인수仁洙까지 모두 여덟 명이었다(셋째 형은 내가 중학교 2학년 때 세상을 떠나셨다). 산속에 숨어 계신 아버지를 제외한 일곱 명이 하루하루를 연명하는 일은 무척이나 힘들었다. 날씨는 무더웠고, 먹을 것은 항상 부족했으며, 잠자리는 불편하기 짝이 없었다. 밤이 되면 모기와의 사투를 벌여야 했다.

아버지는 당장 그곳을 탈출하여 목숨을 보전할 수도 있었으나, 국가로부터 받은 소명을 저버릴 수 없어 집 근처 저수지 너머 산속에 숨어 지내면서도 '사수하라'는 명령을 끝내 포기하지 않으셨다. 얼마나 큰 고난과 고통 속에서 하루하루를 견디셨을지, 나는 짐작조차 할 수 없다. 그때 잠시 다른 곳으로 탈출하셨다가 돌아오셨다면 아버지와 우리 가족 모두에게 큰 복이 었겠지만, 아버지는 완고하게 그 자리를 지키셨다. 곧 국군이 이리를 탈환하면 인민군은 모두 북으로 도망칠 것이라 굳게 믿고 계셨을 것이다.

아버지의 눈에 담겼던 마지막 말씀

우리 가족이 피신한 지 보름쯤 지났을까. 그날은 달빛이 교교히 집안을 밝혀주는 밤이었다. 갑자기 동네 어귀에서 시끄러운 소리가 들렸다. 총을 든 인민군 네댓 명이 아버지가 숨어 있는 산속으로 포위망을 좁히며 올라가고 있었다.

"반동분자 김석우는 나오라!"

그들은 어두운 산속을 향해 소리치면서 대검이 달린 총으로 여기저기 쑤셔댔다. 그러나 아무런 인기척이 없자 본격적으로 수색을 시작하였다. 그때 아버지는 더 이상 버틸 수 없다고 판단하셨는지, 숨어 있던 토굴에서 천천히 걸어 나오셨다. 자신이 계속 숨어 있으면 가족과 마을 사람들에게 피해를 입힐 수 있다는 생각 때문이었을 것이다.

나는 그 모습을 처음부터 끝까지 지켜보고 있었다.

아버지는 조금도 흔들리지 않고 의연한 자세로 그들에게 연행되어 갔다. 인민군은 포승줄로 아버지를 묶어 앞세워 데려갔다. 몇 걸음 옮기시던 아버지는 뒤를 돌아보셨다. 우리를 향해 간절한 무언無言의 눈빛을 남기셨다. 그 눈빛은 지금도 나의 뇌리에서 지워지지 않는 영상으로 남아 있다. 황혼기에 접어든 나이에도 아버지의 그 모습과 표정은 생생하게 살아 있다.

"너희들은 굳세게 살아라."

아마 그런 무언의 메시지였을 것이다. 아버지는 그날 밤 돌아가셨다. 1950년 7월 31일, 향년 39세였다. 너무 일찍 세상을 하직하셨다. 후에 동네 사람에게서 전해 들은 바에 따르면, 산속으로 끌려가 나무에 결박된 채 총살당하셨다 한다. 아버지가 죽임을 당한 이유는 딱 한 가지였다. 민주 대한민국을 지키기 위해서였다.

아버지는 대한민국 경찰로서 인민군과 대치하다 순국하셨다. 국가유공자 제51-6189호로 인정받았고, 대전국립묘지에 안장되셨다. 서울

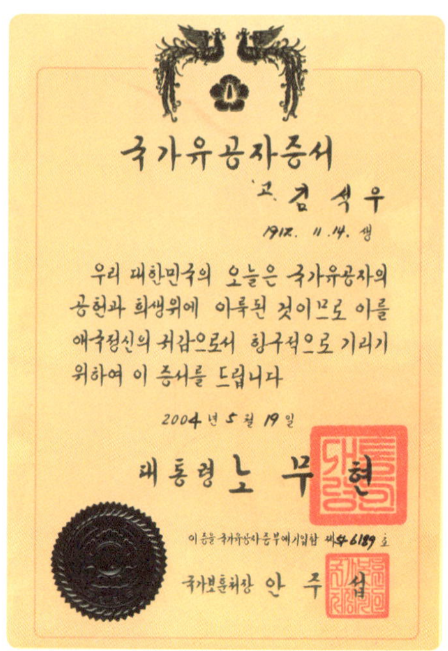

아버지 국가유공자 증서

용산 전쟁기념관 호국추모실 전사자 명패비(097-ㅂ-018)에도 그 이름이 기록되어 있다.

아버지가 발각된 것은, 가까이 알고 지내던 사람이 인민군에게 밀고하였기 때문이었다. 그 이야기를 나중에 전해 들었지만, 당장 보복하거나 찾아가 따질 수는 없었다. 어머니는 그 밀고자를 알고 있었으나, 전쟁이 끝난 후에도 그를 찾지 않으셨다. 우리 가족이 그에게 원한을 품고 당국에 신고하였다면 또 다른 원한을 낳게 될 것이며 불행은 계속되기 때문이었다. 어머니는 기독교인으로서 "네 원수를 사랑하라"는 말씀을 몸소 실천하신 것이었다.

아버지가 돌아가신 며칠 후, 어머니는 자식들을 데리고 다시 이리로 돌아오셨다. 큰형은 열여덟 살, 작은형은 열다섯 살, 누나는 열 살, 나는 일곱 살, 막내 여동생은 다섯 살이었다. 아버지의 장례식을 치렀는지, 사체는 어떻게 수습했는지 기억이 잘 나지 않는다. 아마 죄 없는 아버지가 돌아가셨다는 충격으로 그 후의 일들이 지워졌는지도 모르겠다.

어머니는 남은 식구들까지 화를 입을까 염려되어, 그야말로 빈손으로 야반도주하듯 원래 집이었던 이리 창인동으로 돌아왔다. 어머니에게 남겨진 과제는 여섯 명의 자식을 키우는 것이었다. 전쟁으로 모든 것이 파괴된 1950년대에 그 과제를 수행한다는 것은 사실상 불가능에 가까운 일이었다. 그러나 어머니는 묵묵히 그 일을 시작하셨다.

나는 아버지의 얼굴을 뚜렷하게 기억한다. 근엄하면서도 인자하셨던 그 얼굴과, 공직자로서 공명정대公明正大·근면검소勤勉儉素·멸사봉공滅私奉公의 품성을 갖추신 분이었다. 그 품성을 물려받은 나는 영원히 아버지를 사랑하고 존경한다.

4. 보고 싶은 어머니 이순영

모든 고난을 이겨낸
위대한 모정

　전주 이씨全州 李氏인 어머니 이순영李順永은 충남 강경江景에서 태어났다. 강경은 지금은 읍이지만, 19세기 말까지만 해도 교통의 요지로서 강경 포구를 중심으로 큰 시장이 형성된 곳이었다. 평양, 대구의 시장과 함께 조선의 3대 시장으로 불렸으며, 1920년에는 충남에서 처음으로 전기가 들어온 곳이기도 하다. 어머니는 그 강경의 유복한 집안에서 1915년에 태어나셨다.

　어머니는 조선 왕족의 후손이다. 조선 3대 임금 태종太宗의 넷째 아들 경령군敬寧君 이비李褙의 직계 후손이다. 이비의 16세손인 이희창李喜昌 통사랑참봉通仕郎參奉이 외조부이며, 초시初試와 복시覆試에 모두 합격한 선비이자 학자였다. 그 아들인 17세손 이종하李鍾河의 3남 1녀 중 외동딸로 태어난 분이 바로 어머니였다. 외동딸이었던 어머니는 어려서부터 부모와 형제들의 사랑을 듬뿍 받으며 자랐다. 그리고 부모님의 중매로 1932년 아버지 김석우와 혼인을 맺었다.

　어머니의 직계 선조인 경령군의 묘소는 충북 충주 주덕周德읍 사락社樂리 언곡彦谷에 있다. 지금도 많은 사람들이 참배를 위해 그곳을 찾는다. 어머니가 태어난 곳은 '논산군 강경읍 채산동彩山洞 216번지'다. 이곳은 현재 지방문화재로 지정되어 보존되고 있다. 커다랗고 고풍스러운 한옥

두 채가 웅장한 자태를 보여주는 곳으로, 한국 전통 한옥의 모습을 탐구할 수 있는 귀한 공간이다.

어머니는 그곳에서 어려움을 모르고 자라셨다. 남편 김석우를 만나 신혼살림을 시작했을 때도 그다지 어려움은 없었다. 강경에서 김제로 시집온 뒤, 1946년 이리 창인동으로 이사했다. 아들 넷, 딸 둘을 낳고 행복하게 살아가던 우리 가족의 삶은 한국전쟁으로 인해 한순간에 고난 속으로 밀려들었다.

아버지가 인민군에 의해 순국하셨을 때 어머니의 나이는 서른여섯이었다. 젊은 나이에 여섯 자식을 키워야 하는 엄중한 삶이 어머니 앞에 놓였다. 부잣집에서 자라 공무원의 아내로 남부럽지 않게 살던 어머니는 하루아침에 아무것도 가진 것 없는 가장이 되었다. 전쟁 직후의 어려운 시절에 누구에게 손을 벌릴 수도 없었고, 그런 성품도 아니었다.

다행히 이리에 우리 가족이 거처할 조그마한 집 하나는 있었다. 그마저도 작은 방 하나는 셋방을 내주고, 우리 여섯 남매와 어머니는 한 방에서 함께 살았다. 그 시절을 살아본 사람들은 그 삶이 얼마나 팍팍했는지 잘 알 것이다.

전쟁이 휴전으로 접어들자 형제들은 다시 학교로 돌아갔다. 나는 이리국민학교에 다니면서 도시락을 제대로 싸 간 적이 거의 없었다. 다른 아이들이 점심을 먹는 동안 나는 운동장에 나가 혼자 돌아다니거나, 나와 비슷한 처지의 아이들과 어울려 노는 것으로 점심시간을 보냈다. 가끔 도시락을 싸 가더라도 보리밥에 새까만 콩자반, 단무지, 김치가 전부였다. 그때 내가 가장 먹고 싶었던 것은 삶은 계란이었다. 잘사는 병원집 아들의 도시락에 들어 있는 노란 계란이 얼마나 먹고 싶었던지, 싸움이라도 잘했다면 한 대 때리고 빼앗아 먹고 싶을 정도였다.

국민학교 3학년, 내가 열 살 때였다. 집 건너편에 세탁소가 하나 있었다. 허름한 가게였지만 사람들이 옷을 맡기고 돈을 주고 찾아가는 모습이 보였다. 나는 그 모습을 보며 무척 부러웠다. 아버지 없이 어머니

혼자 살림을 꾸려가느라 온 가족이 겪는 고통이 이만저만이 아니었다. '나도 어른이 되면 저런 세탁소 주인이 되어 돈을 벌면 좋겠다.' 어린 마음에 그런 생각이 들었다. 세탁소 이름을 'OK세탁소'라고 하면 손님이 많이 올 것 같다는 상상도 했다. 살림이 너무 궁핍했던 탓에 어린 나이에 그런 생각을 하게 되었던 것이다.

검정고무신과 아이스께끼 마진 10%

이리국민학교는 이리농고(지금의 전북대 익산캠퍼스)와 길 하나를 사이에 두고 있었다. 농고 뒤편에는 넓은 실습림과 커다란 호수가 있었다. 그때는 호수라 부르지 않고 '농고 방죽'이라 불렀다. 방죽 옆으로는 가느다란 도랑이 길게 흐르고 있었는데 우리는 그곳을 '똘'이라 불렀다. 학교가 끝나면 그 똘의 아래를 돌과 흙으로 막아 물고기를 잡으며 놀았다. 붕어가 주종이었지만 사실 그것을 먹지는 못했다.

4학년 여름 어느 날이었다. 학교가 끝난 뒤 여느 때처럼 아이들과 똘에서 물고기를 잡으며 놀고 있었다. 나는 검정고무신을 벗어 붕어를 잡겠다며 물속을 이리저리 휘저었다. 그때 갑자기 소나기가 쏟아졌다. 비를 피하려는 순간, 고무신 한 짝이 손에서 미끄러져 물에 휩쓸려가기 시작했다. 나는 허겁지겁 뛰어가 고무신을 잡으려 했지만 물살이 나보다 빨랐다. 순식간에 고무신은 고무신은 내 눈 밖으로 사라져버렸다.

그 순간 머릿속에 떠오른 생각은 단 하나였다. '가난한 집에서 고무신을 잃어버렸으니 이를 어쩌나.' 집에 돌아가면 어머니께 꾸중을 들을 것이 분명했다. 소나기가 그친 뒤 나는 온몸에 힘이 빠진 채 맨발로 터덜터덜 집으로 돌아왔다. 어머니에게 혼날 생각에 가는 내내 마음이 무거웠다. 어떻게 집까지 왔는지도 잘 기억나지 않는다. 다행히 어머니는 "비 오는 날에는 방죽에 가지 말라"고 엄하게 타이르는 것으로 끝내셨다.

5학년 여름방학 때였다. 나는 '궁핍함에서 벗어나자'는 어린 나름의 목표를 세우고 장사를 시작했다. '아이스께끼' 장사였다. 그때 내 나이는 열한 살에서 열두 살 사이였다. 아이스께끼는 아이스케이크 Ice cake의 일본식 발음으로, 우리가 흔히 '하드'라고 부르는 딱딱한 아이스크림이다. 요즘 인터넷에서 보는 아이스께끼는 비닐로 포장되어 있지만, 1950년대 중반에는 포장이 없는 그냥 아이스크림이었다. 커다란 나무통에 아이스께끼를 가득 넣고 어깨에 둘러메고 다니며 팔았다.

"아이스~께끼~!"

소리를 치면 사람들이 돈이나 빈병을 가져와 한두 개씩 사 갔다. 사실 내가 아이스께끼 장사를 했던 이유는 돈을 벌기 위해서라기보다 아이스크림을 공짜로 먹기 위해서였다. 열 개를 팔면 하나가 내 몫이었다. 즉 마진율이 10%였다. 100개를 팔면 10개 값이 남는 셈이었다. 나는 돈보다 아이스께끼가 더 좋았다. 그래서 열 개를 팔면 그 자리에서 하나를 먹고, 또 열 개를 팔면 하나를 먹었다. 그렇게라도 해야 갈증과 배고픔을 견딜 수 있었기 때문이다.

내가 전통시장을 사랑하는 이유

어머니는 그 난국을 타개하기 위해 장사를 시작하셨다.

처음 시작한 일은 이리 중앙시장, 지금의 서동薯童시장 노점 장사였다. 가게를 얻어 장사를 하는 것이 아니라 길바닥에 가위, 바늘, 실 같은 물건을 늘어놓고 파는 방물장사였다. 하루 열 시간 넘게 장사를 해도 여섯 식구 입에 풀칠하기조차 어려웠다.

그다음에는 새 장사를 하셨다.

요즘은 취미로 새를 키우는 사람들이 많지만, 1950년대 중반에 새를 판다는 것은 참으로 낯선 일이었다. 나는 늘 궁금했다. '왜 어머니는 다른 장사가 아니라 새 장사를 하셨을까.' 지금 생각해 보면, 어머니는 고단한 세상을 견디기 위해 새소리에서 위안을 얻고 싶었던 것이 아니었을까 싶다. 덕분에 우리 형제자매는 새소리를 실컷 들으며 자랐다.

나는 지금도 서울 관악구 신림동 전통시장을 가끔 찾는다. 마음 같아서는 매일 가고 싶지만 의사라는 직업이 그것을 허락하지 않는다. 시장에 가면 가장 정감이 가는 사람들은 노점에서 채소나 푸성귀를 파는 아주머니들이다. 그분들은 새벽에 일어나 지하철을 타고, 또 버스를 타고 가락시장이나 도매상에서 물건을 받아 이고 지고 시장으로 온다. 그 채소를 팔아야 자식에게 먹을 것을 주고, 학비를 내고, 집세와 전기료를 낼 수 있다. 비가 오거나 함박눈이 내리면 장사는 끊기고, 하루 종일 집에 들어앉아 있어야 한다. 그때 마음속에 떠오르는 생각은 하나일 것이다. '오늘 배추를 팔았으면 만 원은 벌었을 텐데….' 그래서 어떤 사람은 비를 그대로 맞으며 몇 개라도 팔리기를 기다린다. 나의 어머니도 그분들처럼 그렇게 고생하셨다. 그래서 나는 전통시장을 사랑한다. 그리고 가끔 이렇게 말한다.

"힘내세요. 지금은 어렵지만 나중에 아주머니의 자식들은 잘될 겁니다. 저도 그렇게 살았습니다."

"부지런하라, 정직하라"
어머니가 남긴 단 두 마디

부지런한 어머니와 근면한 형들 덕분에 장사는 조금씩 나아졌다. 시장 귀퉁이에 손바닥만 한 가게를 월세로 얻었다. 고등학교에 다니던 형은 어머니를 도와 식료품과 잡화를 팔았다. 새벽 첫차를 타고 김제에 가서 쌀이나 고추를 떼어다 팔기도 했다. 하지만 장사하는 사람이 워낙 많아 크게 잘되지는 않았다.

가게 월세가 밀리자 어머니는 더 힘들더라도 다른 장사를 해야겠다고 결심했다. 그리고 부산으로 향했다. 당시 유행하던 옷감은 비로드^{벨벳}나 나일론 천이었다. 어머니는 부산 국제시장에서 이런 옷감을 떼어다가 이리 시장에서 팔기로 했다. 그것은 대단한 모험이자 고된 여정이었다. 당시 기차는 석탄으로 달리는 증기기관차였다. 모든 역에 서는 완행열차, 비둘기호였다. 이리에서 부산까지 직행열차는 없었다. 호남선을 타고 대전으로 올라가 대전에서 경부선으로 갈아타고 부산으로 가야 했다. 저녁에 이리역에서 출발하면 부산에는 새벽이 되어서야 도착했다. 도착해서 거울을 보면 얼굴은 굴뚝 청소를 막 끝낸 사람처럼 새까맣게 그을려 있었다.

국제시장에서 포목을 사면 커다란 뭉치가 된다. 그 무거운 포목 뭉치를 지게꾼이 역까지 옮겨다 주면 어머니는 그것을 화물칸에 싣고 그 위에 앉아 이리까지 돌아왔다. 지금의 20~30대 청년에게 그 일을 하라고 하면 몇 명이나 할 수 있을까. 나 역시 20대로 돌아간다 해도 두 손을 들 것이다. 다행히 그렇게 힘들게 가져온 포목은 잘 팔렸나가 집안 형편도 조금씩 나아지기 시작했다. 어머니의 모험이 서서히 열매를 맺고 있었던 것이다.

그토록 힘든 삶 속에서도 어머니는 우리 5남매의 교육을 단 한 번도 게을리하지 않으셨다. 때로는 그 말씀이 잔소리처럼 들리기도 했다. 그러나 지금 돌아보면 마치 비석에 새겨진 글처럼 평생의 좌우명이 되었다.

어머니의 가르침은 단순했다.

"부지런하라, 정직하라."

어머니는 우리 5명의 자식들에게 자애로운 미소와 더불어,

"부지런한 사람은 못 이룰 것이 없다."

"언제나 정직하게 살아라."

라고 당부하셨다. 그리고 어머니는 평생 그 말씀대로 사셨다.

나는 〈구약성경〉 욥기 8장 7절의 말씀을 믿는다. "네 시작은 미미하였으나 네 나중은 심히 창대하리라." 그래서 나는 작은 일에도 정성을 다하고 최선을 다해 살아왔다. 나의 삶이 남들보다 조건이 좋지 않았기 때문에 더 부지런해야 했다. 만약 내가 어머니의 가르침을 한 귀로 듣고 한 귀로 흘렸다면 어떤 인생을 살게 되었을까. 생각만 해도 아찔하다.

5. 슬픈 이별

내가 의사가 된 이유,
어머니의 마지막 순간

나는 그날을 지금도 또렷이 기억한다. 아버지가 인민군의 총에 의해 순국하셨던 1950년 7월 31일의 밤, 그리고 그로부터 정확히 10년 후인 1960년 3월 15일을.

그날은 4대 대통령 선거와 5대 부통령 선거가 치러진 날이었다. 그러나 훗날 '3·15 부정선거'라는 이름으로 기록되었듯, 부정과 강압으로 얼룩진 선거였다. 나는 그때 이리동중학교를 졸업하고 이리고등학교 1학년에 재학 중인 17살 소년이었다. 이리동중과 이리고는 한 울타리 안에 있는 공립학교였다. 내가 중학교 2학년이던 해, 열 살 위의 큰형님이 이리고 영어 교사로 부임했다. 그 덕분에 나는 자연스럽게 이리고등학교에 진학했다. 큰형님이 교사가 되면서 우리 가족의 삶도 조금씩 달라졌다. 가난의 굴레에서 아주 약간이나마 벗어날 수 있었기 때문이다.

3월 15일은 임시공휴일이었다. 전날 저녁에는 이리고 교장선생님 댁에서 학교 일과 관련된 공식 모임이 열렸다. 큰형님은 아직 총각이었기에 어머니가 보호자 자격으로 함께 참석하셨다. 여러 교육과 토의를 거치다 보니 모임은 밤늦게야 끝났다.

어머니는 늘 새벽 일찍 일어나는 것이 습관이셨다. 그날도 새벽 4시 30분쯤 평소처럼 일어나셨다. 그런데 갑자기 가슴을 움켜쥐며 통증을 호소하셨다. 숨을 제대로 쉬지 못한 채 그 자리에서 쓰러지셨다. 둘째 형과 큰형이 어머니를 급히 들쳐업고 대문 밖으로 뛰어나갔다. 나는 너무도 당황한 나머지 어쩔 줄 몰랐다. 두 형을 따라가며 어머니의 손을 꼭 붙잡았다. 정신없이 달리면서 머릿속으로 병원이 어디 있는지 떠올려 보았지만, 선뜻 생각나는 곳이 없었다. 사실 그때까지 나는 병원이라는 곳을 가본 적조차 없었다. 우리는 무려 2킬로미터 가까운 거리를 정신없이 달렸다. 마침내 병원 간판을 발견하고 허겁지겁 뛰어 들어갔다. 그러나 그곳은 병원이 아니라 작은 의원이었다. 게다가 내과가 아니라 외과 의원이었다. 주변에 내과 의원은 단 한 곳도 없었다.

당시 이리는 인구가 약 8만 명 정도인 작은 도시였다. 제대로 된 종합 병원이 있을 리 없었다. 1960년 당시 그 작은 의원에 응급조치 시설이나 진단 장비가 갖춰져 있을 리도 없었다. 의사는 응급 소생술을 시도했다. 하지만 어머니는 끝내 숨을 거두셨다. 향년 46세였다. 인민군의 흉탄에 남편을 잃은 지 정확히 10년 만에, 어머니도 그렇게 갑작스럽게 세상을 떠나셨다.

열일곱 살 소년에게 어머니의 죽음은 감당하기 힘든 충격이었다. 도저히 이해할 수 없는 비보였다. 어젯밤까지 자식들에게 밥을 차려 주고 이런저런 이야기를 나누던 어머니였다. 그런데 병원 침상 위에서 유언 한마디 남기지 못한 채 홀연히 저세상으로 떠나신 것이다. 심지어 내 손에는 아직도 어머니의 온기가 남아 있었다. 어떻게 이 갑작스러운 죽음을 받아들일 수 있었겠는가. 나를 더욱 가슴 아프게 한 것은, 어머니가 죽음의 문턱에 서 있는데도 내가 할 수 있는 일이 아무것도 없다는 사실이었다. 그 무력감은 나를 깊이 좌절시켰고, 뒤이어 세상에서 가장 지극한 사랑을 잃었다는 상실감이 몰려왔다.

어머니의 사인은 심근경색이었다. 심근경색이 무서운 이유는 환자의 3분의 1 정도가 병원 응급실에 도착하기도 전에 사망한다는 점이다. 또 평온한 일상 속에서 갑자기 쓰러지기 때문에 주변 사람들을 속수무

책으로 만든다. 그때 나는 의사가 되리라 결심했다. 그리고 심장질환을 전문으로 다루는 의사가 되겠다고 마음속으로 다짐했다.

장례식을 치르면서 나는 이렇게 생각했다. 어머니는 먼저 세상을 떠난 남편 김석우를 만나기 위해 하늘나라로 가셨을 것이라고. 그곳에서 두 분이 다시 만나 평온하게 영생을 누리고 계실 것이라고 믿었다. 또 한편으로는 이렇게도 생각했다. 어머니의 갑작스러운 죽음은 막내아들인 나에게 훌륭한 의사가 되라는 소명을 알려주기 위한 위대한 희생이었을지도 모른다고. 어머니에 대한 끝없는 감사의 마음은 내가 죽는 날까지 사라지지 않을 것이다.

긴 세월이 흘러 지금의 나는 사회적으로도, 경제적으로도 어느 정도 안정을 이루었다. 그리고 그만큼 우리 사회에 기여할 수 있는 삶을 살게 되었다. 하지만 의사 가운을 처음 입었던 그 벅찬 순간부터 지금까지, 내 인생의 중요한 길목마다 늘 같은 생각이 스친다.

"어머니가 살아계셔서 이 모든 순간을 함께하셨다면 얼마나 기뻐하셨을까."

아무리 큰 성취를 이룬 날에도 어머니를 향한 이 애틋한 그리움은 지금도 내 곁을 떠나지 않는다.

난장판 속에서도 자라난 희망

어머니는 36세에 남편을 잃고 홀로 남겨졌으며, 그 후 남편 없이 열 해를 더 살아가시다 46세에 세상을 떠나셨다. 어머니가 갑작스럽게 타계하신 이후 지금까지도 나는 그분의 사랑이 늘 그립고 아쉽다.

아버지가 돌아가신 뒤, 어머니가 나에게 가장 신경 쓴 것은 하나였다. 내가 '아버지 없는 막내아들'이라는 비아냥을 어느 누구에게서도 듣지 않도록 만드는 일이었다. 어머니는 나를 가르치고 타이르며 당당하게 살아가는 법을 알려주셨다.

또 하나 지금도 잊지 못하는 어머니의 훌륭한 점은 자식 다섯을 늘 공평하고 공정하게 대하셨다는 것이다. 1960년대까지만 해도 우리 사회에는 '장남 우선'이라는 사고방식이 뿌리 깊게 자리 잡고 있었다. 무엇이든 장남이 먼저였다. 자연히 첫째만 대우받고 그 아래 자식들은 소홀히 여겨지는 일이 흔했다. 나는 그런 사례를 여러 번 보았고, 그 일로 불평을 늘어놓는 친구들도 있었다. 그러나 우리 집에서는 그런 일이 없었다. 어머니는 언제나 공평했고 공정했다. 덕분에 나는 조금도 구김살 없는 소년 시절을 보낼 수 있었다.

이리국민학교에 다니던 시절, 나는 공부를 아주 잘하는 학생은 아니었다. 하지만 공부를 굉장히 잘하는 친구와 친하게 지냈다. 그는 성적도 뛰어났지만 괴짜 같은 기질을 가진 아이였다. 학교가 끝나면 그는 나를 데리고 구시장舊市場에 가곤 했다. 지금은 중앙시장이 가장 크지만, 1950~60년대에는 구시장이 최고의 시장이었다. 시장 한쪽에는 늘 난장판 같은 곳이 있었다. 여러 사람이 뒤엉켜 떠들고 북적이며 뒤죽박죽이 된 공간이었다. 귀퉁이에는 뺑뺑이를 돌리는 야바위꾼이 있었다. 넓적한 둥근 나무판을 휙 돌려 놓고 못을 던져 맞히면 돈을 두 배로 주는 일종의 도박이었다. 친구는 호주머니에 10원을 넣고 그곳에 갔다. 지금으로 치면 1만 원 정도 되는 돈이었다. 빙글빙글 돌아가는 뺑뺑이에 못을 던져 맞히면 20원을 받았다. 그 돈으로 우리는 떡도 사 먹고, 빵도 사 먹고, 사이다도 마셨다. 그리고 다시 뺑뺑이에 못을 던졌다. 이기면 또 사먹고, 지면 그냥 집으로 돌아갔다. 돈을 잃어도 우리는 태평했다. 이미 시장에서 실컷 먹었기 때문이다. 우리에게는 그것만으로도 본전을 찾은 셈이었다.

나는 가난했고 아버지도 계시지 않았지만 구김살 없이 살았다. 배가 고픈 날에도 세상을 긍정적으로 바라보며 즐겁게 살아가려 했다. 그런 긍정적인 시각이 훗날 내 꿈을 이루게 만든 가장 큰 힘이 되었다.

국민학교 6학년 어느 월요일 아침이었다. 애국조회 시간에 교장선생님이 단 위에 올라 훈화를 하셨다. 늘 그렇듯 "효도, 애국, 성실한 생활태도, 공부를 열심히 하라"는 이야기가 나올 줄 알았다. 그런데 그날의 주제는 뜻밖에도 '제주도 여행 소감'이었다. 교장선생님은 아마 지난주 제주도를 다녀온 모양이었다. 문제는 그 이야기가 마치 미국이나 유럽을 다녀온 것처럼 장황하고 자랑스럽게 이어졌다는 점이었다. 제주도의 풍광 이야기와 함께, 제주도 사람들은 쌀밥을 거의 먹지 못하고 조밥과 보리밥을 먹는다는 이야기를 마치 달나라를 갔다온 것처럼 전교생에게 들려주었다. 1955년에 제주도에 가기는 쉽지 않았으나 그것을 국민학교 학생들에게 자랑스럽게 할 것은 아니라고 생각했다. 그 이야기를 들으며 나는 속으로 이렇게 생각했다. "내가 크면 제주도뿐 아니라 세계 여러 나라를 여행하겠다." 그리고 그 다짐은 결국 현실이 되었다.

나는 이후 수십 개 나라를 여행하고 탐방했으며, 베트남에는 메디컬센터도 세웠다. 또 대한병원협회 회장, 그리고 대한적십자사 회장을 맡으며 대한민국의 우수한 의료 기술과 인도주의를 세계 여러 나라에 펼치는 일에도 헌신할 수 있었다.

아버지 어머니가 물려주신 무언의 유산

내가 삶의 목표를 이루는 과정에서 두 형님의 관심과 응원은 무엇보다 큰 힘이 되었다. 나는 언제나 두 형님들에 대한 깊은 감사의 마음을 잊지 않는다. 아버지를 잃은 소년이 쉽게 겪을 수 있는 심리적 공황 상태, 혹은 무엇을 하든 왠지 자신이 없고, 막연히 불안한 마음을 극복할 수 있었던 것도 형님들의 따뜻한 관심 덕분이었다. 덕분에 소년기의 나는 늘 안정된 마음을 유지할 수 있었다. 어떤 상황에서도 자신감을 잃지 않았고, 건강한 정서와 튼튼한 몸으로 자라났다. 형님들은 언제나 아버지처럼, 때로는 어머니처럼 나를 돌봐주셨다.

어머니를 잃은 허전함과 서러움이 밀려올 때도 있었다. 그러나 형님들이 좋은 직장을 얻고 결혼을 하면서 따뜻한 마음을 지닌 형수님들이 우리 가족의 빈자리를 채워 주었다. 그래서 나는 두 형님과 형수님들에게 늘 각별한 감사의 마음을 가지고 있다. 내가 의사가 되었을 때도, 석사와 박사 학위를 받았을 때도, 인생의 기쁜 일이 생길 때마다 아버지와 어머니처럼 기뻐하고 격려해 주는 사람들이 바로 두 형님과 형수님들이었다.

나는 늘 감사하는 마음으로 산다. 어릴 적 아버지와 어머니에게서 받은 절대적인 사랑에 감사한다. 하늘처럼, 땅처럼 크게 느껴지던 아버지가 내게 남겨주신 무언의 교훈에도 감사한다. 경찰 간부 아버지가 공산군에 끌려가던 마지막 순간까지 공직자로서의 의무를 다하던 그 당당함을 돌이켜보면 나라 사랑의 정신과 책임 의식에 충실하라는 교훈을 나에게 주셨다. 또한 어머니는 한없는 사랑과 고난을 이겨내는 불굴의 의지를 나에게 주셨다. 내가 성인이 되어 의료인이 되고, 가정을 이루고, 대한적십자사 회장이 되어 사회와 국가, 그리고 세계에 봉사하는 삶을 살게 된 것은 오로지 아버지와 어머니의 은혜 덕분이다. 그 크고 깊은 사랑에 나는 지금도 그리고 앞으로도 끝없이 감사할 것이다.

6. 형님과 형수님

초콜릿과 노란 편지봉투

우리가 다른 사람에게서 큰 은혜를 입으면 그 감사의 마음을 표현할 때 흔히 결초보은結草報恩이나 백골난망白骨難忘이라는 말을 쓴다. 그러나 요즘은 예전보다 살림살이가 넉넉해져서인지, 그런 큰 은혜를 받는 일도 드물고 이 두 사자성어도 예전만큼 자주 쓰이지 않는다. 하지만 내 가슴에는 이 두 말이 깊이 새겨져 있다.

나는 평생 두 형님 내외분께 결초보은과 백골난망이라는 말을 수백 번 해도 모자랄 만큼 큰 은혜를 입었다. 고등학교 1학년 때 어머니마저 여의고 나니 앞날이 막막하고 아득했다. 마치 어두운 밤바다에서 태평양을 홀로 헤엄쳐 가는 기분이었다. 그때 나를 붙잡아 준 사람이 바로 형님과 형수님이었다.

큰형 동수東洙 형님은 중앙대학교 경제학과를 졸업하고, 결혼하기 전 영어 교사가 되어 내가 다니던 이리고등학교에서 학생들을 가르치셨다. 형님은 나에게도 은사였고, 많은 학생에게 존경받는 교사였다. 아버지의 성품을 그대로 닮아 가장으로서의 책임을 다하며 근면하고 성실하게 살아가는 분이었다. 영어 실력이 뛰어나 여러 고등학교에서 스카우트 제의를 받을 정도였고, 1960년대 말에는 이리에 EMI학원을 설립해 수많은 학생들의 학업 능력 향상에 기여했다.

동수 형님은 독실한 기독교인이기도 했다. 이리 신광교회 장로로 봉사하면서 새 교회를 신축할 때 초대 건축위원장을 맡았고, 로타리클럽 전라북도 총재와 한국국제위원장도 역임했다. 또한 사회봉사 활동에도 적극적으로 참여하여 1974년 이리 무궁화야학교 설립에 헌신했고, 제2대 교장을 맡아 어려운 이웃들을 위한 교육에도 힘썼다. 큰형수님은 장로 집안에서 태어나 모태 기독교인으로 성장했다. 전주사범학교를 졸업한 뒤 초등학교 교사로 평생 교육자의 길을 걸었다. 두 분은 함께 교육자 집안을 일군 것이다. 나를 부모처럼 보살펴 주셨던 큰형님은 2022년 12월 7일, 하나님의 부르심을 받아 온 가족의 슬픔 속에서 소천하셨다.

둘째 형 기수棋洙 형님은 중앙대학교 법과대학을 졸업하고 한국전력에 입사해 광주지점에서 근무하셨다. 형님은 능력도 뛰어나고 인품도 훌륭해 훗날 한국전력 전무이사 자리까지 올랐다. 형님 역시 독실한 기독교 신자로 서울 신촌교회 장로를 역임했으며, 지금은 원로장로로 계신다.

경자慶子 누님은 어머니 대신 집안 살림을 맡아 늘 바쁘고 힘든 나날을 보내셨다. 누님의 노고를 떠올리면 지금도 가슴이 먹먹해진다. 동생들이 모두 자리를 잡은 뒤 누님은 호원대학교 사회복지학과에 진학하여 늦깎이 배움의 길을 걷기 시작했다. 사회복지사 자격을 취득한 뒤에는 사회봉사 활동에 적극적으로 참여했다. 익산시 여성단체협의회 회장, 민주평통 상임위원, 여성유권자연맹 전북 회장 등을 역임하며 지역 사회를 위해 헌신했다. 큰아들은 고려대학교 의과대학을 졸업한 정형외과 전문의이며, 손자 또한 의과대학에 다니고 있다.

동생 인수仁洙는 이화여자대학교를 졸업하고 모교인 이리여고에서 지리 교사로 교편을 잡았다. 이후 통일부 장관 비서관으로 근무했고, 금융인과 결혼하여 안정된 삶을 이어갔다. 남편 김청일金清一은 기업은행 부행장을 지냈다. 큰딸은 서울대학교를 졸업하고 미국에서 국제변호사로 활동하고 있으며, 둘째 딸은 서울여자대학교를 졸업해 하나은행 부장으로 재직하고 있다.

내가 이리동중학교에 다니던 시절, 큰형님과 형수님은 모두 교직에 계셔서 늘 바쁜 나날을 보내고 있었다. 교사들은 학생을 가르치는 일 외에도 교외 학생지도는 물론 다양한 교육 행사에 참여해야 했고, 당시에는 숙직宿直 제도도 있었다. 교사라는 직업이 겉으로 보기에는 안정된 직업처럼 보일지 몰라도 사실은 업무강도가 매우 높은 직업이었다.

큰형님은 학교에서는 나에게 엄격한 선생님이었지만 집에 돌아오면 자상한 아버지 같은 존재였다. 내가 혹시라도 삐뚤어질까 늘 말을 걸어주고 공부도 지도해주었다. 그러나 내 삶에 가장 깊은 영향을 준 분은 큰형수님이었다. 형수님은 양가집 규수다운 품격을 지닌 분으로, 요즘 말로 하면 나의 멘토였다. 언제나 인자하고 자상하게 나를 대해 주셨다.

결초보은의 길, 사회를 향한 봉사

고등학교에 다닐 때 잠시 방황할 뻔한 적이 있었다. 공부가 마음처럼 되지 않자 짜증이 늘었고 친구들과 다투는 일도 많아졌다. 그러다 보니 학교가 싫어지고 엉뚱한 생각이 자꾸 떠올랐다.

"이렇게 공부해서 뭐 하나? 차라리 학교를 그만두고 서울로 올라가 버릴까."

그러던 어느 날 학교에서 집으로 돌아오니 책상 위에 무언가가 얌전히 놓여 있었다. 초콜릿과 노란 편지봉투였다. 무엇일까 궁금한 마음에 봉투를 열어 보니 지폐 몇 장과 함께 편지 한 장이 들어 있었다. 큰형수님이 나에게 쓴 편지였다. 지금은 그 내용을 정확히 기억하지 못하지만, 이런 말이 적혀 있었다.

"도련님, 힘내세요. 도련님은 반드시 해낼 수 있을 거예요. 이 돈은 맛있는 것 사 먹으라고 주는 돈입니다."

그 따뜻한 편지를 읽는 순간, 마음속에 있던 잡념이 눈 녹듯 사라지고, 다시 책을 펴고 공부에 집중할 수 있었다. 당시 초콜릿은 막 들어온 귀한 간식이어서 학생들이 무척 좋아했다. 어지간한 형편이 아니고는 구경하기도 힘든 간식거리였다.

형수님의 편지는 내 마음을 바로잡아 주는 힘이 되었고, 덕분에 고등학교 1학년 말에는 전교 부회장으로 선출되어 학생회 활동도 열심히 하게 되었다. 그때 학생회 간부로 활동한 경험은 훗날 여러 사회단체에서 직책을 맡아 조직을 이끌어 가는 데 큰 도움이 되었다. 그래서 나는 지금도 중고등학생들에게 청소년 시절에 리더십과 조직 운영 능력을 배우라고 이야기한다.

물론 둘째 형님과 형수님도 나에 대한 사랑을 늘 보내 주셨다. 수시로 전화를 걸어 "건강하게 잘 지내니? 필요한 것은 없니?" 물으셨다. 내가 의과대학에 합격해 의사가 되기까지 둘째 형님과 형수님은 어려운 형편 속에서도 학비와 용돈을 지원하며 끝까지 나를 보살펴 주셨다. 내가 전남대학교 의과대학에 진학하게 된 것도 둘째 형님이 한국전력 광주지사에서 근무하고 있었기 때문이었다.

아버지와 어머니가 그리운 것처럼 두 형님도 늘 그립고 고맙다. 그러나 동시에 미안한 마음도 크다. 그 험하고 어려웠던 시절, 나에게 나침반이 되어 주고 북극성이 되어 준 두 형님 내외분께 내가 보답한 것은 극히 일부이기 때문이다.

나는 아버지와 어머니, 동수 형님과 형수님, 기수 형님과 형수님, 그리고 경자 누님에게 받기만 했다. 가족들에게 받은 사랑과 은덕을 갚는 길은, 의사로서 그리고 적십자 회장으로서 우리 사회와 나라에 봉사하는 것이 최선이다. 그래서 나는 매일 새벽 눈을 뜨면 이렇게 스스로에게 묻는다.

"오늘은 누구에게 봉사할 것인가."

그 질문이 바로 나를 움직이는 힘이며, 내가 평생 지켜가야 할 기쁜 의무이다.

7. 삶과 효

효도의 끝은 어디인가

나는 40대 초반부터 지금까지 수백 번의 결혼식 주례를 맡아왔다. 그때마다 새로운 인생의 출발선에 선 신랑신부에게 반드시 강조하는 말이 있다. 바로 효孝다. 모든 행실의 근본이 되는 효는 부모에 대한 공경과 사랑이다. 저마다의 삶을 살며 부모 곁에서 효도를 다하던 두 사람이 좋은 배우자를 만나 새로운 가정을 꾸리는 일은 참으로 기쁜 일이다. 그러나 결혼을 했다 하여 부모에 대한 도리가 끝나는 것은 아니다. 나는 주례를 설 때마다 결혼 후에도 변함없이 양가 부모님께 효도를 다하라는 덕담을 꼭 전하며, 효가 모든 행동의 근본임을 잊지 말라고 당부한다.

그렇다면 효란 무엇일까?

한자로 孝는 늙을 노老와 아들 자子가 합쳐진 글자로, 자식이 늙은 부모를 등에 업고 걸어가는 모습을 형상화한 표의문자다. 글자 자체가 이미 부모를 정성껏 섬긴다는 뜻을 품고 있다. 공자는『논어』「위정爲政」편에서 이렇게 말했다.

"금지효자今之孝者는 시위능양是謂能養이니 지어견마至於犬馬하여도 개능유양皆能有養이니 불경不敬이면 하이별호何以別乎리오."

"요즘의 효도라고 하는 것은 (부모를) 잘 봉양하는 것을 말한다.
하지만 개나 말에게까지도 모두 길러줌(먹여 살림)이 있으니,
공경하는 마음이 없다면 무엇으로써 구별하겠느냐?"

효에서 중요한 것은 단순히 부모를 봉양하는 데 있는 것이 아니라, 마음을 다해 공경하는 데 있다는 가르침이다. 성경의 십계명 역시 "너희는 부모를 공경하여라Honor your father and your mother. 그래야 너희는 너희 하나님 야훼께서 주신 땅에서 오래 살 것이라"고 하며 부모 공경을 강조했다.

『삼국유사』에는 효에 관한 감동적인 설화가 여럿 전해 내려온다. 신라의 효녀 지은知恩은 홀어머니를 봉양하기 위해 스스로 부잣집의 종이 되어 쌀을 구해 밥을 지어 드렸다. 효자 향덕向德은 경덕왕 15년에 흉년이 들어 부모가 굶주리고, 어머니가 종기로 위독해지자 자신의 넓적다리 살을 베어 먹이고 종기를 직접 입으로 빨아 완쾌시켰다. 『삼강행실도』에 등장하는 수많은 인물들 역시 부모를 향한 지극한 정성과 희생정신을 온몸으로 보여준다.

오늘날 효의 의미는 시대의 변화에 따라 그 양상이 크게 달라졌다. 현대에 이르러 효는 오히려 가족 간 갈등의 원인이 되기도 한다. 우리 사회가 반드시 지켜야 할 가치이며, 부모와 자식 사이의 가장 근본적인 덕목이라는 데는 공감하지만, 부모 부양에 대한 부담이나 세대 간 의식의 차이로 인해 효가 의무나 스트레스로 받아들여지기도 한다. 과거에는 몸으로 직접 봉양하는 효가 중심이었다면, 오늘날에는 부모의 존엄을 지키고 외로움을 덜어드리며 마음의 평안을 드리는 것이 효의 또 다른 모습이 되었다.

진정한 효란 부모를 단순히 '돌봐야 할 대상'으로 여기는 것이 아니라, 나의 뿌리이자 인생의 거울로 대하는 데 있다. 경제적 지원보다 더 중요한 것은 부모의 이야기를 들어드리고, 그분들의 존재를 존중하는 마음이다.

효가 살아 숨 쉬는 가족, 그 온기의 기록

내과의사로 50여 년 이상 환자를 진료해온 나는 병원에서 다양한 가족의 모습을 보아왔다. 고령의 환자가 입원했을 때 가족들의 태도는 크게 두 가지로 나뉜다.

"이제 살 만큼 사셨고 더 사실 가망이 없어 보이니 적당히 봐주세요." 라는 무심한 태도를 보이는 가족이 있는가 하면, 내 손을 꼭 붙잡고 "반드시 살려주세요."라며 눈물로 애원하는 가족도 있다.

2025년 기준 우리나라 인구 51,149,546명 가운데 65세 이상은 10,699,815명, 전체 인구의 21%에 달한다. 이 숫자는 계속 늘어나고 있다. 초고령사회로 접어든 지금, 병원에서는 매일 매 시간 고령의 환자를 만난다. 그럼에도 여전히 많은 가족들이 부모를 '이제 그만 떠나보내야 할 사람'으로 대하는 현실을 볼 때마다 깊은 안타까움과 슬픔을 느낀다.

내 주변에 효를 진심으로 실천하는 후배가 있다. 7남매의 막내로 본인도 1957년생으로 적지 않은 나이지만, 지방에 사시는 108세 노모와 매일 아침 영상통화를 하며 알뜰살뜰 살피고 있다. 먼저 돌아가신 아버지도 100세를 넘겨 별세하셨으니 장수 집안이다. 귀가 어두운 어머니를 위해 전화기 옆에 번쩍번쩍 빛나는 알람 등을 달아드리고, 혹시 모를 안전사고를 막기 위해 어머니가 다니시는 동선 곳곳에 CCTV를 설치해 7남매가 함께 살피고 있다. 형제자매가 모두 건강하고 부모님이 장수하신 데에는 효를 다하고 형제자매 간 우애를 돈독히 한 공이 크다고 생각한다.

나는 어릴 적 부모를 여의었다. 초등학교 1학년 때 아버지를, 고등학교 1학년 때 어머니를 떠나보냈다. 어린 나이에 부모의 사랑을 잃은 슬픔은 컸지만, 두 형님과 형수님, 누님, 그리고 여동생의 사랑과 보살핌 속에서 다시 일어설 수 있었다. 그 덕분에 방황하던 내가 어렵게 의과대학에 진학해 의사가 되었고, 지금의 나를 있게 해주신 모든 분께 늘 감사의 마음을 품고 살아간다. 하나님께 감사드리며, 나를 낳아주시고 바르게 길러주신 부모님과, 부모처럼 나를 이끌어주신 형님과 형수님, 누님, 그리고 여동생에게 진심으로 감사드린다.

그렇기에, 나를 의과대학까지 이끌어주시고 오늘의 나를 만들어주신 큰형님께서 2022년 12월 7일 하나님의 부름을 받아 세상을 떠나셨을 때의 충격은 이루 말할 수 없었다. 형님은 부모님 이상으로 존경하던 분이었기에 그 슬픔은 더욱 깊었다. 지금도 익산에 계신 큰형수님께 자주 전화를 드리고, 기회가 될 때마다 문안을 올리며 어머님을 모시듯 정성을 다해 살피고 있다.

작은형님 역시 형수님과 함께 내가 학비와 용돈 걱정 없이 공부할 수 있도록 뒷바라지해 주신 분이다. 국영기업체 전무를 지내시고 오랫동안 교회 장로로서 모든 일에 열심히 헌신하셨던 그 형님이 어느새 90세가 되시어, 예전의 팔팔하던 기백은 사라지고 노쇠한 모습이 보일 때마다 마음 한켠이 시리다. 가끔 내가 운영하는 병원에 오셔서 외래진료를 받거나 입원하실 때마다 막연한 불안감에 걱정이 앞서지만, 다행히 형수님이 건강하셔서 형님을 곁에서 돌보고 계시니 그나마 마음이 놓인다.

누님 또한 부모님이 일찍 돌아가신 후 집안 살림을 도맡아, 두 형님이 서울에서 대학을 마치고 여동생이 서울 명문대학에 다닐 수 있도록 묵묵히 헌신하셨다. 정작 본인은 대학 갈 시기를 놓쳐 다른 형제자매가 모두 졸업한 뒤에야 늦깎이로 지방대학을 졸업하신 것을 생각하면 손위 누이이지만 생각할수록 대견하고, 한편으로는 늘 미안하다. 그래서 나와 여동생 앞으로 나오는 국가유공자 자녀 수당은 모두 누님께 드리고 있다. 가족을 위해 아낌없이 희생하신 누님의 덕은 자녀 복으로 고스란히 돌아온 것 같다.

여동생은 이제 나이가 들어 예전보다 약해지긴 했지만, 전화 통화를 하거나 만날 때마다 "오빠가 최고"라며 환하게 웃는 모습에서 남매의 정을 듬뿍 느낀다.

세대를 넘어 이어지는 효사랑

북한에서 월남한 후 아무런 지지 기반 없는 어려운 환경에서도 자녀들을 훌륭히 키워내신 장인어른은 71세로, 장모님은 83세로 세상을 떠나셨다. 두 분 모두 일찍 떠나셔서 오래 모시지 못한 아쉬움이 크다.

두 처남 역시 최고 명문대학을 졸업하고 성공적인 삶을 살았지만 최근 차례로 세상을 떠나, 그 빈자리가 더없이 안타깝다. 그럼에도 처가의 형제자매, 동서들과는 늘 좋은 관계를 유지하며 서로 의지하고 있다.

나는 조카들이 많다. 형제자매에게서 받은 사랑과 도움을 조카들에게 되돌려주려 늘 노력하고 있다. 조카들의 고민과 진로, 학업 문제를 내 아들, 내 손자를 살피듯 들여다보고, 조카의 자녀들까지 챙길 만큼 가족 간의 정이 깊다.

어머니가 이른 나이에 돌아가셔서 외가와의 교류가 끊길 법도 했지만, 외사촌들과도 여전히 가깝게 지내며 서로의 어려움과 기쁨을 함께 나누고 있다. 외사촌 형님은 "네가 있어서 온 가족이 평안하다"고 말한다. 내가 집안의 화합을 위해 늘 앞장서서 대소사를 챙겨왔기 때문일 것이다.

큰 부자는 아니지만 우리 형제자매는 모두 어려움 없이 살아왔고, 조카들 또한 유수의 대학을 나와 안정적인 직장을 다니며 각자의 삶을 단단히 꾸리고 있다. 특별한 도움이 필요한 상황은 아니겠지만, 작은 어려움에도 관심을 기울이며 살펴온 덕에 가족의 유대가 더욱 돈독해졌다고 생각한다.

나는 어려운 환경에서 자랐지만 그에 굴하지 않고 열심히 노력해 뜻을 이루었다. 결과적으로 다른 사람들이 볼 때 성공한 인생을 살고 있다. 그러나 교만해지지 않기 위해 항상 마음을 다잡는다. 아들과 며느리, 손자들에게도 늘 이렇게 말한다.

"져주는 것이 이기는 것이다."

"조금 늦게 가더라도 바르게 가라."

젊은 시절에는 마냥 남을 이기려 했지만, 이제는 져주는 것이 진정한 이김임을 깨달았다. 이기려는 마음만 앞세우면 사람도 신뢰도 모두 잃게 된다. 돌아가더라도 바른 길을 가야 한다는 이 진리를 인생의 좌우명으로 삼고, 오늘도 감사와 겸손의 마음으로 하루를 살아가고 있다.

효는 부모가 살아 계실 때만 필요한 덕목이 아니며, 그 대상이 90세든 120세든 나이와는 무관하다. 효에는 나이가 없다. 젊을 때는 배우며 실천하는 효가 있고, 나이 들면 감사하며 되새기는 효가 있다. 부모님께 드리는 효는 결국 나 자신에게 돌아오는 사랑의 연습이다. 자녀가 부모를 공경하며 품은 그 마음은, 언젠가 자신이 부모가 되었을 때 그대로 되돌아온다. 그러므로 효에는 끝이 없다. 우리가 살아있는 한 부모의 마음을 기억하고 그 뜻을 잊지 않는다면, 효는 세대를 넘어 영원히 이어질 것이다.

8. 의사라는 목표

생명을 존중하고
사람을 사랑하는 의사

우리 형제들의 장점은 우애가 깊을 뿐 아니라, 어려운 환경 속에서도 각자의 목표를 이루어 냈다는 점이다. 지독한 가난과 편모 슬하의 삶, 그리고 어머니의 갑작스러운 죽음까지 겪으면서 가정환경은 더욱 어려워졌다. 그러나 우리 형제들은 누구 하나 공부를 게을리하지 않았다. 공부만이 꿈을 이룰 수 있는 가장 확실한 길이라는 사실을 잘 알고 있었기 때문이다.

이리고등학교에 진학한 나는 전교 1~2등을 하지는 못했지만 늘 우등생 반열에 드는 성적을 유지했다. 스스로 공부의 중요성을 잘 알고 있었던 것도 있지만, 영어 선생님으로 재직하고 계신 큰형님의 체면을 손상시켜서는 안 된다는 마음도 컸다.

고등학교 2학년 때 학우들의 강력한 추천으로 학생회 부회장을 맡게 되었다. 그런데 간혹 친구들이 나를 부추겨 아름답지 못한 일, 즉 불량스러운 행동에 가담하게 만들기도 했다. 딱히 거절하기 어려워 그런 행동을 하기도 했는데, 나중에 알고 보니 친구들의 속셈이 따로 있었다. 큰형님이 학교 선생님이라는 점을 이용해 나를 끌어들인 것이었다. 조금 불량한 행동을 하더라도 내가 함께 있으면 선생님들이 눈감아 줄 것이라고 생각했던 것이다.

"큰형이 선생님인데 설마 김철수를 어떻게 하겠어." 친구들은 그렇게 생각했던 모양이다.

결국 큰형님이 그 속셈을 알아차리고 나를 몹시 꾸짖었다. 그 일 이후 나는 스스로를 단단히 다잡았다. 친구들이 아무리 부추겨도 단호하게 거절했고, 나와 어울리던 친구들 또한 다시 건실한 학생으로 돌아갔다.

그 무렵부터 나의 목표는 분명해졌다. 의사가 되는 것. 어머니의 갑작스럽고도 안타까운 죽음을 지켜보면서 나는 의사가 되기로 마음먹었다. 1962년 2월, 고등학교를 졸업하고 의과대학 입시에 도전했지만 노력에 비해 준비가 부족했던 탓인지 결국 불합격했다. 스스로에게 큰 실망을 했지만 두 형님의 도움을 받아 서울에서 재수를 하게 되었다. 그리고 이듬해인 1963년, 전남대학교 의과대학에 합격했다. 전남대에 지원한 이유는 둘째 형님이 한국전력 전남지사에서 근무하고 계셔서 나를 돌봐줄 수 있었기 때문이었다.

그때 내 나이 스무 살, 인생의 새로운 길이 막 시작되고 있었다.

밤과 새벽을 잇는 노력 끝에 얻은
서울대 의학석사

한일병원에서 인턴 수련을 시작한 지 약 6개월이 지났을 무렵, 나는 또 하나의 목표를 세웠다. 서울대학교 의과대학 대학원에 진학해 석사학위를 받는 것이었다. 그러나 당시 병원 수련의, 특히 인턴은 사실상 24시간 병원에 상주해야 했기 때문에 대학원 진학은 거의 금기와 같은 일이었다. 그럼에도 나는 그 규칙을 감수하고 대학원에 도전하기로 결심했다.

서울대학교 대학원 시험 과목은 제2외국어, 영어, 전공과목이었다. 고등학교 때 독일어를 배웠지만 좀 더 철저히 준비하기 위해 종로2가 YMCA 학원의 도영철 선생 강좌에 등록했다. 첫 수업시간인 새벽 5시를 선택했다. 서소문에 있던 한일병원에서 종로2가 YMCA까지는 빠르게 걸어도 40분 이상 걸렸다. 새벽 어둠 속에서 그 길을 걸어 학원에 갔다가, 다시 병원으로 돌아와 직원들이 눈치채지 않게끔 일을 계속했다. 그렇게 9월부터 시험 직전인 12월 중순까지 열심히 강의를 들어 서울대학교 대학원 시험에 무난히 합격할 수 있었다.

그 시절에는 밤 12시부터 새벽 4시까지 통행금지가 있었다. 그 시간에 거리를 돌아다니다 경찰에 적발되면 꼼짝없이 파출소 신세를 져야 했다. 다행히 나는 병원 수련의 신분이었기에 큰 어려움은 없었다. 버스도 지하철도 없어 서소문에서 종로2가까지 매일 걸어 다녔다. 그러나 그 길이 비가 오나 바람이 부나 힘들다고 느낀 적은 한 번도 없었다. 지각이나 결석도 단 한 번도 하지 않았다. 부지런히 걸으면서 늘 아버지와 어머니를 떠올렸고, 전문의가 되면 어떤 의사가 되어야 할지 미래를 그려 보았다. 어제 배운 독일어를 중얼거리며 걷다 보면 어느새 학원에 도착해 있었다.

YMCA 학원의 도영철 선생은 이해하기 쉽게 가르쳐 주셨고, 덕분에 나는 독일어를 어렵지 않게 익힐 수 있었다. 또 하나의 이유는, 내가 공부라는 것에 어느 정도 익숙해져 '해야겠다'고 마음먹으면 반드시 해내려는 끈기가 있었기 때문이기도 했다.

수련의 생활과 석사과정은 늘 긴장 속에서 이어지는 시간이었다. 1분 1초도 마음을 놓을 수 없었고, 맡은 일에 최선을 다해야 했다. 그 와중에도 나의 연구 의욕은 식지 않았고, 배움에 대한 갈망이 가슴 속에서 활활 타올랐다. 그때마다 나를 붙잡아 준 것은 어머니의 말씀이었다.

"부지런해라. 정직하라."

나는 스스로가 뛰어난 두뇌를 가진 사람이라고 생각해 본 적이 없다. 또한 요령을 부리며 틈틈이 공부해 성과를 얻은 것도 아니다. 나에게 있었던 것은 단지 분명한 목표와 땀 흘리는 노력, 그리고 정직함이었다. 세상에는 타고난 천재도 있다. 그러나 그 천재들의 삶을 들여다보면 그들 역시 매일 얼마나 치열하게 노력하는지 알 수 있다. 하물며 평범한 사람이라면 그보다 몇 배 더 노력해야 하지 않겠는가.

　석사 논문을 준비하던 시절, 지금도 잊지 못하는 분이 있다. 당시 지도 교수였던 김〇〇 교수님이다. 교수님은 제자 가운데 처음으로 석사 논문을 지도하게 되었는데, 내가 그 첫 제자였다. 교수님은 학문적으로 매우 뛰어나셨고, 연구에 있어서는 조금의 빈틈도 허락하지 않는 엄격한 분이었다. 학위의 길은 결코 평탄하지 않았다. 논문을 위해 반드시 거쳐야 했던 동물실험은 고단함의 연속이었다. 당시 만삭이었던 아내는 무거운 몸을 이끌고 연구실로 나와 나의 곁을 지키며 실험을 도왔다. 그뿐만 아니라 부족한 자료를 채우기 위해 서울 시내 여러 대학 도서관을 찾아다니며 자료를 모아 어렵게 논문을 완성해 나갔다.

　그렇게 공을 들였음에도 교수님은 여러 차례 수정을 요구하셨고, 늘 더 나은 논문이 되도록 지도해 주셨다. 당시에는 그 엄격함이 야속하게 느껴지기도 했지만 지금 생각해 보면 그것이야말로 나에게 주신 가장 큰 가르침이었다. 그 결과 나는 1973년 2월 26일, 서울대학교 대학원에서 의학석사 학위를 받게 되었다. 곧바로 서울대학교 대학원 박사과정에 진학하고 싶었지만, 당시에는 군 복무를 하게 되면 3년간 휴학해야 한다는 규정이 있었다. 그래서 나는 계획을 바꾸어 고려대학교 대학원 박사과정에 지원했고 합격했다. 이후 소화기내과 고광도 교수님의 지도를 받으며 전문의 과정을 마쳤다. 전문의 시험에 합격한 뒤 박사 논문을 완성했고, 공군 군의관으로 복무하던 1976년 2월 25일, 마침내 의학박사 학위를 받게 되었다. 그날 나는 조용히 마음속으로 부모님께 말했다.

　"이제야 조금은 부모님의 기대에 보답하게 된 것 같습니다."

대한민국 김철수,
운명의 반쪽을 만나다

의과대학을 졸업한 나는 곧바로 서울로 올라와 서소문 한일병원에서 인턴 생활을 시작했다. 이른바 서울대 제2부속병원이라 불리던 그곳에는 능력이 출중한 의사들과 전국에서 모인 실력 있는 의료진이 가득했다.

인턴으로 일하면서 나에게는 특별한 습관 하나가 있었다. 습관이라기보다 일종의 자기 최면에 가까운 말버릇이었다. 전화를 받을 때마다 나는 늘 이렇게 말했다.

"대한민국 김철수입니다."

보통은 "내과 인턴 김철수입니다"라고 말하는 것이 맞았지만, 나는 내 이름 앞에 반드시 '대한민국'을 붙였다. 조국을 사랑하고, 동시에 나 자신을 더욱 당당하게 세우기 위한 의식적인 선언이었다. 함께 일하던 동료 인턴들은 "참 별난 사람도 다 있네"라며 의아하게 여겼다고 한다.

훗날 내가 대한병원협회 회장과 대한적십자사 회장을 맡게 되었을 때, 그 시절을 함께 보냈던 동료들은 입을 모아 말했다. "젊은 시절 늘 '대한민국 김철수'라고 말하더니, 결국 대한민국을 대표하는 사람이 되었구나." 청년 시절 품었던 원대한 포부가 현실이 된 순간이었다.

그리고 그때, 또 하나의 인생을 바꿀 꿈이 조용히 시작되고 있었다.

인턴 생활을 마친 뒤 내과 수련의가 되었을 때였다. 어느 날 한 후배

의사를 보는 순간, 가슴이 덜컥 내려앉았다. 흰 가운 위 명찰에 '김란희'라고 새겨져 있었다. 산부인과 수련의였다. 그러나 시골 출신인 나에게 그녀는 감히 가까이 다가갈 수 없는, 고고하고도 빛나는 존재였다. 아름다운 외모에 지적인 품격까지 갖춘 데다, 이화여대 의대를 수석으로 입학하고 졸업한 재원이었다. 외모, 실력, 인품까지 모두 갖춘 그녀는 병원 내 모든 남자들의 선망의 대상이었다. 명문대를 졸업한 수련의들조차 그녀와 커피 한 잔을 마시는 것을 소원이자 영광으로 여길 정도였다. 언감생심, 그녀가 나를 눈여겨볼 리 없다고 생각했다.

그러나 나는 물러서지 않았다. 뚝심과 용기, 그리고 성실함으로 한 걸음씩 다가갔다. 나는 어떻게 해서든 그녀와 결혼하겠다고 마음먹었다. 처음에는 업무적인 관계에서 시작하여 차츰 이성으로서 가까워졌고, 그녀가 호감을 보이자 1년간 불철주야 공을 들여 마침내 결혼 승낙을 받아냈다. 한 남자가 한 여자에게 결혼 프로포즈를 하고 "네"라는 승낙을 받는 것은, 어떤 의미에서 우주의 응원 없이는 이루어질 수 없는 일이다. 남녀의 결합은 그토록 큰 일이며, 인생에서 가장 중요한 대업이다. 나는 그 대업의 첫 번째 관문을 통과했다. 김란희는 OK를 했지만, 다음 난관이 기다리고 있었다. 그녀의 오빠는 경기고, 서울대 물리학과를 졸업하고 미국으로 건너가 유명 대학의 교수로 재직하고 있었다. 그녀 역시 미국 의사시험에 합격하여 미국 대학병원에서 수련을 받기 위한 수속을 밟는 중이었다. 부모 입장에서 자식이 한국보다 미국에서 자리를 잡기를 바라는 것은 당연한 마음이었고, 결혼을 반대할 충분한 명분도 있었다.

그녀의 부모님은 한국전쟁 중 북한에서 내려온 실향민이었다. 1947년 함경북도에서 태어난 그녀는, 전쟁이 터진 세 살 때 온 가족이 미군 군함을 타고 북한을 탈출해 거제巨濟로 건너왔다. 그 유명한 영화 〈국제시장〉에 등장하는 거대한 군함 'Lane Victory'호가 그녀 가족이 타고 온 배다. 2014년 〈국제시장〉이 개봉했을 때 나와 아내가 첫날 극장을 찾은 것은 두말할 나위도 없다.

평생 변치 않고 사랑할 수 있는가?

미국으로 간다는 말은 청천벽력이었다. 자칫 사랑하는 사람을 멀리 떠나보낼 수도 있었다. 쇠뿔도 단김에 빼랬다고, 나는 며칠 후 그녀의 손을 잡고 도봉구에 있는 미래의 처가로 쳐들어갔다. 그녀에게서 미리 들은 정보에 따르면, 장모님은 장인어른의 말씀에 대체로 동조하신다고 했다. 결국 결혼 승낙의 열쇠는 장인어른이 쥐고 계셨다.

막상 두 분을 마주하자 심장이 거세게 뛰고 다리가 떨렸다. 하지만 물러설 수는 없었다. 나는 그 자리에서 내 인생을 걸기로 결심했다. 그 자리에서 머뭇거렸다가는 평생 후회할 수도 있었다. 두 어른이 질문을 하면, 무조건 크고 또렷한 목소리로 대답했다.

장인어른은 북한에서 사실상 맨손으로 내려오셨지만, 엄청난 노력으로 집안을 일으키고 자식들을 모두 수재로 키우셨다. 작은아들이 경기고·서울대를 졸업하고 미국으로 건너가 유명 대학의 교수가 된 것은, 당시로서는 뉴스에 나올 만한 일이었다. 큰아들은 서울사대부고·서울대 수학과를 졸업하고 대기업 간부로 재직 중이었다. 장인어른의 첫인상은 매우 근엄하면서도, 한편으로는 인자함이 넘쳐흘렀다.

"그래, 부모님은 모두 살아 계신가?"

"두 분 모두 안 계십니다. 아버지는 한국전쟁에서 전사하셨고, 어머니는 제가 고등학교 때 돌아가셨습니다."

두 어른은 깜짝 놀라셨다. 그러면서 연민의 표정이 스며들었다. 한국전쟁에서 아버지가 전사했다는 말에 아픔의 동질감을 느끼셨을 것이다.

"그러면 어떻게 공부를 해서 의사가 되었나?"

"두 형님들께서 보살펴주시고 가르쳐 주셨습니다."

"음... 그래? 그 형님들이 대단한 분들이로군. 내가 승낙하면 우리 란희를 평생 변치 않고 사랑할 수 있겠나?"

"네, 생명이 다하는 날까지 사랑하고 함께하겠습니다."

"자네의 그 씩씩한 기개와 용기를 믿고 승낙하겠네."

나는 날아갈 듯 기뻤다. 세상을 다 얻은 기분이었다. 천애의 고아나 다름없는 나를 선뜻 거두어주신 장인어른의 마음에 깊이 감사했다.

장인어른은 한 말씀을 덧붙이셨다.

"인생은 고해苦海와도 같아서 항상 모험과 위험이 따르지만, 서로 사랑하고 힘을 합치면 이겨낼 수 있다네." 그 말씀처럼 우리 부부는 54년을 사랑하고 힘을 합하여 함께 살아왔다.

그 자리에서 나는 장인어른과 장모님을 나의 아버지, 어머니로 여기고 평생 잘 모시겠다고 다짐했다. 하지만 고백하건대, 그 다짐을 온전히 지키지는 못했다. 의사라는 직업의 특성상 자주 찾아뵙지 못한 것이 지금도 한으로 남는다. 다만 장인어른의 고희古稀를 워커힐호텔에서 성대히 치러드렸다. 평소 두 어른이 좋아하시던 사회자 송해, 코미디언 이용식 등 여러 연예인들을 초대하여 흡족하고 즐거운 잔치를 마련했다. 그 모든 순간을 비디오로 촬영해두었고, 두 어른께서는 틈날 때마다 그 비디오를 꺼내 보셨다. 그러나 안타깝게도 그로부터 1년 후, 장인어른은 폐암으로 세상을 떠나셨다.

주자십회에 이런 말이 있다.

불효부모사후회(不孝父母死後悔).

부모가 돌아가신 뒤에야 효도하지 못한 것을 후회한다는 뜻이다. 왜 사람은 늘 그때 가서야 깨닫는 것일까. 지금도 그 물음에 대한 답을 찾지 못한 채, 나는 가슴 한켠에 깊은 후회를 안고 살아가고 있다.

10. 하나의 마음

난초의 향기처럼,
하나가 된 두 사람

'동심초'同心草는 우리가 익히 아는 풀의 이름이지만, 실제로 존재하는 풀은 아니다. 옛 시를 통해, 그리고 노래로 만들어지며 널리 퍼진 상징적인 존재다.

> 꽃잎은 하염없이 바람에 지고
> 만날 날은 아득타 기약이 없네
> 무어라 맘과 맘은 맺지 못하고
> 한갓되이 풀잎만 맺으려는고

이 노래는 신사임당이 쓴 한시를 안서岸曙 김억金億이 우리말로 옮기고 김성태가 곡을 붙여 한국인들이 사랑하는 노래 중 하나가 되었다. 그러나 원래 지은이는 신사임당이 아니라 당나라의 여류시인 설도薛濤라 한다. '춘망사春望詞'라는 시에 동심초가 등장한다.

> 풍화일장로(風花日將老) 꽃잎은 바람에 지려 하건만
> 가기유묘묘(佳期猶渺渺) 만날 기약은 여전히 아득하군요
> 불결동심인(不結同心人) 사랑하는 사람과 마음 맺지 못하고
> 공결동심초(空結同心草) 공연히 풀잎만 맺고 있어요

이 시에서 말하는 '동심同心'을 나는 '같은 마음', '하나의 마음'으로 이해한다. 그러면 자연스레 떠오르는 구절이 있다.

二人同心 其利斷金 同心之言 其臭如蘭
이인동심 기리단금 동심지언 기취여란

두 사람이 한마음을 가지면 무쇠도 자를 수 있고,
같은 마음에서 나오는 말은 그 향기가 난초와 같다.

이 구절에서 말하는 '두 사람'은 꼭 둘만을 의미하지는 않을 것이다. 둘이 넷이 되고, 몇 개의 집단이 될 수도 있을 것이다. 뜻을 모으고 힘을 합치는 모든 관계 속에서 '동심'은 강력한 에너지를 만들어낸다. 그러나 나는 여전히 이 말을 가장 인간적이고 아름다운 방식으로 받아들이고 싶다. 사랑하는 두 사람, 남편과 아내, 형제와 친구. 서로를 향해 마음을 나누는 '일대일'의 관계 속에서, 이 말은 가장 깊은 울림을 가진다.

그래서 나는 새로 태어나는 한 쌍의 신혼부부에게, 다투고 찢어지기도 불사하는 젊은 연인들에게, 헤어져 서로가 그리운 두 사람에게, 이혼의 그늘에서 후회하는 젊은 부부에게 기회가 될 때마다 이 말을 전한다.

"二人同心, 同心之言."

두 사람이 한마음을 이루는 것, 그것이야말로 인생에서 가장 강력한 힘이다.

심장이 몸의 중심에 있는 이유

사람의 수많은 장기들 중에서 유일하게 마음 心이라는 글자가 관형어처럼 붙어 있는 것이 심장心臟이다. 사고의 영역을 관할하는 것은 두뇌이고, 마음은 머리가 결정하는 것이지만, 두뇌라는 단어 어디에도 心이 붙어 있지 않다. 마음은 온전히 심장이 가진 것이다. 뇌의 사유思惟는 번

갯불보다 빠르게 심장으로 전달되어 심장의 박동으로 나타나고, 동시에 마음으로 표출되기 때문이다. 두근거린다, 싱숭생숭하다, 기쁘다, 슬프다, 스트레스를 받는다, 사랑한다... 이 모두가 심장의 박동, 즉 심박동心搏動, heart beat으로 표현되는 것이다. 인간이 느끼는 모든 희로애락이 심장의 움직임에서 비롯된다.

깍지 낀 주먹만 한 크기, 무게 약 300그램의 심장이 얼마나 중요하면 창조주가 신체의 한가운데에 놓았을까. 인간은 온 우주를 껴안을 만큼 큰 심장을 가질 수도 있고, 바늘 끝처럼 조그마한 자극에도 못 견디는 작은 심장을 가질 수도 있다. 이것이냐 저것이냐, 마음먹기에 달렸다는 뜻이다. 푸른 하늘을 유유히 나는 독수리가 되느냐, 시궁창을 헤매는 생쥐가 되느냐, 결국 마음먹기에 달려 있다. 그러므로 우리는 건강한 심장을 가져야 한다. 서로의 심장이 뛰는 소리를 들으며 살아야 한다. 멀리 있으면 심장의 박동은 들리지 않는다. 가까이서 귀를 열고 들어야 비로소 들린다.

가슴을 열면 귀와 눈이 열린다. 완벽한 상호 공명, 라뽀르의 세계world of rapport에서는 두 개의 심장이 하나가 되고, 무쇠도 자르고 녹이며, 그윽한 난초의 향기를 뿜어낸다. '라뽀르'는 "두 사람 사이에 생겨나는 공감과 신뢰"를 뜻하는 말이다.

나와 아내는 사랑으로 만났고, 이웃과 사회의 건강한 생명을 지키는 내과와 산부인과 의사라는 연대의식으로 사랑을 확인하며 살아왔다. 부부가 같은 직업을 가지고 서로 시너지 효과를 내며 살아가는 것은 대단한 행운이다. 그런 의미에서 나는 행운아고, 무척 행복한 사람이다.

그러나 나는 끝없이 나를 채찍질한다. 나의 행운, 나의 행복이 나와 내 가족이라는 울타리 안에서만 누리는 것이 아니라 이웃과 사회의 행복으로 확산되도록 노력한다. 그 길에 나의 영원한 동반자 김란희金蘭姫가 있다.

나의 사랑하는 아내 김란희는 난초 같은 여인이다.

11. 사랑하는 아내에게

당신이 있어, 내가 누리는 모든 행복에 감사하오

이제 막 둘째를 낳고 마취에서 덜 깨어나 누워 있는 당신을 보며 이 글을 쓰고 있소. 누구보다 정성을 다해 임산부의 건강과 새 생명의 탄생을 주관하던 산부인과 의사 김란희, 당신이 지금은 우리 사랑의 둘째 열매 아들을 진통 끝에 순산하고 잠들어 있으니, 세상일이란 돌고 도는 것이라 할지 하늘의 섭리가 참으로 오묘하다 싶소.

분만실로 들어가면서 당신이 했던 말이 생각나오. "돌보아야 할 환자와 임산부들이 많아, 산후조리는 이틀만 할 걸" 이렇게 말하던 당신. 잠시라도 그 사람들을 당신의 보살핌으로부터 멀리할 수 없다는 그 투철한 책임의식과 소명의식을 존경하지 않을 수 없소.

처녀 수련의로 나와 같은 병원에 근무하던 당신이 생각나오. 그 시절, 사람들은 간호사를 '백의의 천사'라 불렀지만, 내 눈에는 하얀 가운을 입은 당신이야말로 진정한 백의의 천사로 보였었소. 어쩌면 하늘이 인간에 대한 사랑을 잊지 않기 위해, 당신에게 새 생명의 탄생을 보살피는 사명을 맡긴 것이 아닐까 생각도 하게 되오.

나를 만나면서 외국 유학의 꿈도 접고, 가난한 수련의를 뒷바라지하면서 당신의 아름다운 청춘을 아낌없이 내어주고, 이젠 두 아이의 어머니로서 할 일이 이만저만이 아닐 것이니, 지아비와 자식을 위해 기꺼이 자신을 내어준 당신의 헌신에, 나는 그저 깊이 감사할 뿐이오.

나는 지금 생각하오. 한 여인의 일생을 책임지겠다고 다짐하면서 당신을 내 아내로 맞이한 이후, 내가 무엇으로, 얼마만큼 당신을 행복감에 젖게 했던가. 당신이 나로 인하여 접었던 그 꿈의 대가를 무엇으로 보상했던가. 두 아이를 낳으며 겪었던 엄청난 산고産苦라도 대신해줄 생리적 구조와 능력을 갖추지 못한 내가 안타깝기만 하오.

그저 감사할 뿐이오. 당신이 접어야 했던 젊은 날의 꿈이 고맙고, 나와 우리 아들 상일, 상한이를 위한 당신의 헌신이 고맙소. 당신이 내 곁에 있어 내가 누리는 행복과 기쁨을 감사하오. 나를 신뢰하고 염려하고 보살피는 당신의 지극한 관심과 사랑에 감사하오.

사랑은 두 사람이 마주 보는 것이 아니라 같은 곳을 바라보는 것이라는 말이 떠오르오. 당신과 내가 만나 현실에서도 같은 곳을 바라보며 살아간다는 생각이오. 생명이 있는 곳, 건강을 잃고 고통받는 사람들이 있는 곳, 그곳이 우리가 함께 가야 할 길이 아니겠소? 같은 곳을 바라보는 우리의 사랑은 생명을 돌보는 같은 일을 함으로써 더욱 깊어질 것이라 믿고 있소. 동업자를 아내로 둔 나만큼 행복한 남자는 흔치 않을 것이오.

그러나 잊지 맙시다. 당신과 내가 살아갈 날들이 우리 둘의 행복, 가족의 행복에만 머물지 않고 더 많은 사람들의 아픔을 치유하고 고통을 덜어주는 기쁨과 보람으로 이어지기를 함께 기도합시다.

1977년 1월 31일
다시 한 번 모든 것을 감사하는 마음으로
의사 김란희의 남편 김철수가.

12. 무의촌 근무

낯선 땅에서 시작한
병원 개혁 프로젝트

1971년 11월 29일, 신랑 김철수와 신부 김란희는 서울 태평로 신문회관(지금의 프레스센터)에서 결혼식을 올렸다. 나는 스물여덟, 아내는 스물다섯이었다. 서울대학교 의과대학 남기용 교수님의 주례로 엄숙하면서도 따뜻하게 치러진 결혼식에는 많은 하객들이 참석해 축복해 주었다. 신혼집은 성북구 석관동에서 전세 30만원 방 2칸으로 출발했다. 우리 둘 다 수련 중이었기에 모아둔 돈은 많지 않았지만, 미래에 대한 희망과 자신감만큼은 누구보다 컸다.

나는 국민학교 시절부터 이리 신광교회를 다닌 기독교인이었고, 아내는 북한에서부터 이어온 가톨릭 집안의 독실한 신자였다. 일요일에 특별한 일이 없으면 나는 교회로, 아내는 성당으로 향했다. 석관동에 신혼집을 마련한 이유는 작은숙부님 댁이 가까워 숙모님께서 살림을 많이 도와주셨기 때문이다.

나와 아내는 병원일로 늘 바쁘고, 머릿속에는 언제나 질병과 환자, 병원 업무가 가득했다. 나는 수련을 받으면서도 서울대 대학원에 다녔기에 하루하루가 숨 가쁘게 흘러갔다. 야간에 병원 근무가 없는 날에는 아르바이트로 다른 병원에서 밤을 새우며 환자를 돌보았다.같은 병원에서 근무하다 보니, 집에서 나누는 대화의 70%가 병원 일에 관한 것이었다.

나는 서울대에서 의학 석사 학위를 받았지만, 거기에서 만족하지 않았다. 더 배울수록 나의 인생에도, 다른 사람들에게도 도움이 된다는 것을 알고 있었다. 서울대 박사과정 진학을 고려했으나, 군 미필자의 경우 입대 시 3년을 휴학해야 한다는 현실적인 제약이 있었다. 그즈음 서울대에서 근무하다 고려대로 자리를 옮긴 소화기내과 고광도 교수님이 계셨다. 나는 서울대 교수의 추천을 받아 고 교수님의 지도 아래 1976년에 박사학위를 받았다. 고광도 교수님은 당시 내과 분야에서 최고로 손꼽히는 분이었다. 그분의 지도를 받아 학위를 마칠 수 있었던 것은 내 인생의 큰 영광이자 행운이었다. 무엇보다 교수님은 나를 깊이 아끼고 인정해 주셨다.

그러나 우리 앞에는 해결해야 할 과제들이 줄지어 있었다. 당시 수련의는 무의촌에서 6개월 이상 근무해야 전문의 시험 응시 자격이 주어졌다. 우리가 풀어야 할 첫째 과제가 바로 이것이었다. 둘째는 병역 의무를 마치는 것, 셋째는 집을 마련하는 것, 넷째는 의원을 개원하는 것이었다. 어느 하나 녹록지 않았다.

우리 부부는 무의촌 근무를 가장 먼저 해결하고 전문의 시험을 보기로 했다. 그때 나는 내과 3년차, 아내는 산부인과 2년차였고, 장남은 태어난 지 6개월밖에 되지 않은 아기였다. 내가 6개월, 아내가 6개월 교대로 무의촌에 가면 양육에 어려움이 생겨 두 사람이 동시에 한곳으로 가기를 원했지만 이는 결코 쉬운 일이 아니었다. 따로 떨어져 다른 곳으로 가거나, 6개월 간격을 두고 가거나, 둘 중 하나를 선택해야 하는 처지였다.

모든 것이 낯선 땅, 울진에서 6개월

한일병원 원장(전 서울 의대 산부인과 교수)에게 이 고민을 털어놓자 "절대 불가능하다."는 단호한 대답이 돌아왔다. 그래도 우리는 포기하지 않고 이곳저곳에 하소연을 이어갔다. 그러던 중 아내 오빠의 친구 중에 보건복지부 출입 신문기자가 있다는 것을 알게 되었다. 그를 찾아가 어려운 사정을 솔직히 털어놓자 "방법을 찾아보겠다."는 답이 돌아왔다. 반신반의하며 기다리고 있을 때, 마침내 통보가 왔다. 부부가 동시에 한곳에서 무의촌 근무를 할 수 있다는 소식이었다.

1974년, 경상북도로 가라는 발령이 내려졌다. 어느 지역인지 구체적으로 명시되어 있지 않았다. 지도를 펼쳐 보니 경북은 생각보다 훨씬 넓었다. 예나 지금이나 경북은 우리나라에서 가장 넓은 도道다. 해안선도 길고 내륙에는 깊은 산간 지역도 많다. 도대체 이 광활한 땅 어디로 가라는 것인지 막막하기만 했다.

당시 대구 산격동에 있는 경북 도청을 찾아가 보건과장을 어렵사리 만나 사정을 이야기했더니, 처음에는 울릉군립병원을 권유했다. 울릉도에서 근무하기는 사실 무척 어려웠다. 나는 고려대 의대 박사과정에 재학 중이었기에 틈틈이 서울을 오가야 하는데, 배편이 여의치 않을 것 같아 어려운 사정을 호소했다. 고맙게도 결국 울진군립병원으로 발령을 내주었다. 깊은 산골이나 외딴섬이 아니어서 마음이 한결 놓였다.

울진군립병원은 1962년 울진보건소로 개소하여 1970년 군립병원으로 개원한 곳이었다. 당시 시범 사업이 한창 진행 중이었고, 관할 인구는 5~6만 명 규모였다. 우리 부부는 살림살이를 챙겨 울진으로 내려가면서 미래에 대한 기대로 부풀었다. 부부가 같은 곳에서 함께 근무할 수 있는 데다 읍내에 자리한 신식 병원이라니, 더없는 행운이었다. 도착하자마자 업무에 돌입했다. 나는 병원장 겸 내과 과장, 그리고 울진보건소장 직무대행을 맡았고, 아내는 산부인과 과장을 맡았다. 병원은 울진 읍내에 있었고, 병원장 관사 1층에서 아이를 돌보며 생활하는 데 큰 불편은 없었다. 문제는 뜻밖의 곳에서 나타났다.

미래를 위한 발판을 마련하다

서울 병원에서 일할 때는 매 순간이 긴장의 연속이었다. 아침부터 밤까지 총성 없는 전쟁터라 해도 과언이 아니었다. 그런데 읍내는 평온했고, 병원도 급박하거나 긴장할 일이 드물었다. 군립병원이었기에 분위기는 공적公的이고 사무적이었으며, 직원은 많은 반면, 환자는 직원 수에 비해 턱없이 적었다. 병원 업무보다 행정 업무가 하루의 중심을 차지했다.

울진군 주민 모두가 건강하여 평생 병원 문을 두드릴 일이 없다면 더없이 행복하겠지만, 그런 일은 현실에서 불가능하다. 질병이 없더라도 건강 증진을 위해 의사와 병원이 해야 할 일은 얼마든지 있다. 우리 부부는 병원을 개혁하기로 마음먹고 여러 프로젝트를 구상했다. 곧바로 울진 군수(봉기수)를 찾아가 '군민에게 봉사하는 병원, 건강을 증진시키는 병원'으로 바꾸어 나가야 한다고 외치며 계획을 설명했다. 군수는 적극적으로 지원하겠다고 했다.

나는 병원 시스템과 업무 방식을 개선해 나갔고, 아내는 보건소 체계를 새롭게 가다듬었다. 서른 살의 젊은 의사가 개혁을 진두지휘하자 나이 많은 공무원들이 탐탁지 않아 했지만, 원장의 지시를 대놓고 무시하지는 못했다. 군수의 적극적인 지원도 큰 힘이 되었다. 병원은 구태의연한 공공기관 분위기를 벗고 진정한 의료기관의 면모를 갖추기 시작했다. 환자가 늘어났고, 병원에 활기가 돌았다. 비로소 병원다운 병원이 된 것이다.

군수는 그 변화를 보고 깜짝 놀랐다. 처음에는 젊은 의사가 병원을 개혁하겠다고 나설 때 "그렇게 하십시오."하고 허락은 했지만, 마음 한편으로는 반신반의했을 것이다. 그런데 한 달도 채 되지 않아 눈에 띄는 성과가 나타나자 크게 감동하여 정해진 월급 외에 별도의 수당을 주었다. 우리 부부는 그 돈을 고스란히 저축하여 수유리 처갓집 옆에 땅 38

평을 샀다. 내 생애 처음으로 가져본 땅이었다. 당시는 땅값이 지금처럼 비싸지 않던 시절이었다. 훗날 그 땅은 아내가 산부인과 의원을 개원하는 바탕이 되었다. 우리 부부는 6개월간의 무의촌 근무를 마치고 서울로 올라와 한일병원에 복귀했고, 나는 내과 전문의를, 아내는 산부인과 전문의를 취득했다.

무의촌 근무는 사실 빨리 지나간다. 솔직히 말해, 열심히 일하든 적당히 일하든 월급은 나온다. 그러나 우리 부부는 맡은 일에 최선을 다했고, 더 나아가 병원 시스템 자체를 개혁하여 성공을 거두었다. 그 보답으로 받은 정당한 수당이 미래를 개척하는 발판이 되었다. 그때 우리 부부가 주어진 일만 묵묵히 했더라면, 지금의 김철수와 김란희는 없었을지도 모른다.

1974년, 울진군립병원 (아내와 큰아들과 함께)

13. 공군 군의관 생활

대한민국 공군의 건강을 책임진 긍지와 적극성

무의촌 근무와 내 집 마련이라는 두 과제는 해결했지만, '군 복무'와 '병원 개원'의 두 과제는 여전히 남아 있었다. 나는 우선 군 복무를 마치기로 결정했다. 전문의가 군에 입대하면 장교로 복무하는 것은 예나 지금이나 마찬가지였다. 육군에 입대하려 날짜를 알아보는 중에 길에서 우연히 유명 제약회사 사장인 외사촌 형을 만났다. 그 형은 공군으로 가라고 강력히 권유했다.

입대하기 전인 1974년, 나는 전문의 시험을 치렀는데 그해 시험이 무척 어려웠다. 내과 전문의는 88명이 응시해 겨우 33명만 합격했다. 무려 52년 전의 숫자를 기억하는 이유는 그만큼 힘겨운 시험이었기 때문이다. 33명의 합격자 중에서 군에 갈 수 있는 사람은 18명이었다. 이미 군에 다녀온 사람과 여성을 제외하면, 의무장교로 복무할 수 있는 사람은 18명밖에 되지 않았다.

이듬해인 1975년 2월, 나는 대구 수성구 만촌동晩村洞에 있는 국군군의학교(國軍軍醫學校: 현재 대전의 국군의무학교)에 입소해 훈련을 받기 시작했다. 군번은 61761이었다. 2월이었기에 날씨는 여전히 추웠으나 군의학교에서의 교육과 훈련은 그다지 힘들지 않았다. 그런데 3월 중순 무렵, 의무장교 후보생들이 받는 훈련이 너무 편하다며 상부의 명령으로 제3사관학교로 보내버린 것이다. 그 명령에 따라 우리는 경북 영천永川에 있는 3사관학교에서 5월까지 가장 고된 훈련을 받았다. 3사관학교는 육사陸士도 저리 가라 할 만큼 훈련이 힘들기로 유명한 곳이어서 나를 비롯한 동기생들은 고생을 톡톡히 했다.

1976년 공군소령,
공군병원 내과 과장 겸
적성관리부장

훈련이 끝난 후 임관지가 발표되었는데, 육군이 13명, 해군이 3명, 공군이 2명이었다. 그때는 공군과 해군으로 가기가 어려웠기에 성적이 좋은 사람만 갈 수 있었다. 나와 함께 공군으로 배치받은 사람은 김병국이었다. 그는 서울대를 졸업한 수재였으며 서울대 대학원 의학과 동기생으로 성격은 과묵했지만 나와 친하게 지냈다. 우리 둘 모두 기혼자였고, 아내들이 면회를 오면(아내들도 의사였다) 면회실에서 넷이 음식을 함께 먹으며 즐거운 시간을 보내곤 했다.

1975년 5월 10일, 대위로 임관한 나의 부임지는 수원전투비행단이었다. 첫 부임지는 무조건 전방이어야 했는데, 공군은 수원이 전방이었기에 그곳으로 배치받았다. 김병국은 대전으로 발령이 났다. 그와의 인연은 아주 길게 이어졌다. 훗날 그는 서울대 의과대학 교수로 봉직奉職했으며, 나의 큰아들(현재 H+양지병원 원장)이 서울대병원에서 전임의를 할 때 지도교수를 맡았다.

전투조종사, 장교, 사병의 건강관리에
혼신을 다하다

나는 수원 제10전투비행단의 항공의무과장으로 부임했다. 보통 '10비'라 불렸으며, 영화 〈빨간 마후라〉로 유명한 공군부대다. 비행단에는

6개의 비행대대가 있었으며, 각 비행대대장은 대령이었고 비행단장은 소장이었다. 나의 임무는 비행 관련 업무에 종사하는 모든 장교들과 그 가족들의 건강을 보살피는 것이었다. 건강에는 육체적 건강뿐 아니라 정신적·심리적 건강도 포함되었다. 공군 전투기는 국군이 보유한 모든 장비 중에서 가장 비싼 것이었다. 전투기 한 대 가격이 당시 서울의 주택 거의 100채와 맞먹는 가격이었다. 그러므로 전투기를 철저히 정비해야 했고, 그 전투기를 운용하는 조종사 역시 소중히 보살펴야 했다. 흔히 말하듯 '비행 조종사의 몸값'은 그만큼 비쌌다. 만일 그에게 육체적·심리적으로 문제가 있어 훈련 도중 전투기를 망가뜨리면 국가는 엄청난 손실을 입는 것이다. 나는 의무과장으로서 그런 일이 생길 여지를 미리 막아야 했다. 비행 조종사들의 컨디션을 최상으로 유지하는 것이 나의 임무였다. 매일 아침 한 명씩 면담하면서 상태를 확인했다. 어젯밤에 술을 과하게 마시지는 않았는지, 부부싸움을 하지는 않았는지, 가정에 우환은 없는지를 살폈다. 그런 일이 하나라도 있었다면 '비행 불가' 판정을 내렸다. 사소한 일 하나라도 비행에 나쁜 영향을 끼칠 수 있기 때문이었다. 비행 조종사 식당에도 매일 찾아가 식단을 점검했다. 공군의 비행 조종사 식당은 특급 식단을 제공하는 곳이었다. 나는 11시 20분쯤이면 미리 식당에 가서 직접 음식을 먹어보며 식단을 점검했다. 그만큼 신경을 써야 하는 직책이었다. 당시 비행 조종사들과 군 간부들은 아침 출근 후 커피 한 잔을 마시고 담배를 피우며 일과를 시작하는 것이 정해진 패턴이었다.

　나는 이 패턴을 바꾸기 위해 금연 전도사가 되어 부대 내 흡연율을 낮추는 데 힘썼다. 또 커피를 줄이기 위해 단장에게 건의해 국산차를 비치하도록 했다. 군부대에서 국산차를 마시기 시작한 것은 바로 나의 제안 덕분이었다. 이처럼 비행 조종사의 건강관리와 전투비행단 병원의 수석 과장으로서 조종사의 건강과 위생, 사병 관리, 식단 관리 등 모든 분야에 책임을 졌다. 또한 시간을 쪼개 항공의학을 공부해 '항공의학 전문의' 자격도 취득했다. 이 분야는 비행과 관련된 모든 사람을 검진하는 특수한 영역이다.

"김 소령이오."…군복의 힘

의무과장으로 복무하면서 '군복의 힘'을 체험한 적이 두 번 있다. 계급을 내세우거나 부당한 힘을 쓴 것이 아니라, 뜻밖의 상황에서 장교라는 신분이 결정적 도움이 된 것이었다.

수원 비행단에서 근무할 때 고려대 의대 박사과정을 마치고 논문을 작성해 제출했다. 심사를 통과하자 1976년 2월 25일 학위수여식에 참석해 박사학위를 받으라는 연락이 왔다. 나는 고향 가족들에게 소식을 전했고, 몇몇이 그날 서울로 올라오기로 했다. 그때만 해도 박사학위를 받는 일은 집안의 큰 경사였다. 그런데 2월 24일 오후, 학교에서 전화가 왔다.

"신원조회가 안 되어서 학위를 줄 수 없습니다."

뜻밖의 말이었다. 나는 내 귀를 의심했다. 정말 어처구니없었다. 대한민국 공군 대위가 신원조회가 안 된다니! 더구나 그때 내 직책 중 하나는 '박정희 대통령의 수원 비행단 방문 시(유사시) 주치의'였다. 대통령의 유사시 주치의를 맡은 군의관이 신원조회가 안 된다는 것이 말이나 되는 일인가! 조회가 안 된 이유는 나의 주소가 '불분명하다는 것'이었다. 빠르게 생각해보니, 그전에 우리 집은 수유리였는데 아내가 신림동에 의원을 차리면서 주소를 이전했고, 그 행정 절차가 제대로 처리되지 않은 것 같았다. 머뭇거릴 시간이 없었다.

곧바로 정복을 갖춰 입고 치안본부로 찾아가 고위 간부를 만나 자초지종을 설명하고, 이어 교육부로 가서 전후 과정을 상세히 설명했다. 저녁 무렵이 다 되어서야 학교로 통보가 전해져 학위를 받을 수 있게 되었다. 다음 날 박사학위는 이상 없이 받았으며, 고향에서 올라온 친지들의 축하도 함께 받았다. 나는 박사 학위자 대표로 차낙훈車洛勳 총장에게 박사학위증을 직접 받는 영광도 누렸다.

만일 그때 내가 민간인이었다면 학위수여식에도 참석하지 못하고,

한참 후에야 혼자 학위증을 받았을 것이다. 치안본부의 고위 간부를 만나지도 못했을 것이고, 설령 만나서 설명했더라도 '기다리라'는 말만 들었을 것이다. 장교 계급장을 단 군인이었기에 단 하루 만에 가능한 일이었다. 지금은 관공서에서 주민등록 이전 같은 행정 업무에 늑장을 부리는 일을 상상할 수 없는 일이지만, 70년대에는 종종 있었던 일이다. 그 난관을 뚫고 제날짜에 박사학위증을 받을 수 있었던 것은, 군복이 큰 힘이 되어주었기 때문이었다.

또 한 번은 아내의 의원에 뜻하지 않게 발생한 문제를 해결한 일이었다. 매년 봄이면 세무서에서 전년도 소득을 자진 신고하라는 안내장이 온다. 그 안내장을 들고 세무서에 가서 소득을 신고하면 된다. 아내는 개원 이후 그렇게 해왔다. 그런데 병원 일이 너무 바빴고, 이곳저곳에서 날아드는 안내장과 고지서, 통지서 등이 많아 세무서 안내장을 분실하고 말았다. 아내는 세무서에 여러 차례 전화를 걸었으나, 항상 통화 중이어서 담당자와 이야기 한 번 나누지 못했다. 그 일의 해결이 나에게 주어졌다. 퇴역하기 한 달쯤 전인 1978년 3월 무렵이었다. 나는 양복을 입고 세무서로 찾아가 담당자를 찾았다. 그는 의자에 앉아 나를 빤히 올려다보며 물었다.

"누구시오?" 나는 약간 힘을 주어 대답했다.

"김 소령이오."

그러자 그는 두어 번 눈을 깜빡이더니 벌떡 일어서 꾸벅 인사를 했다. 군복도 입지 않은 사람이 '김 소령'이라고 하니, 그의 눈에는 내가 영락없는 보안사保安司 장교로 보였을 것이다. 군대를 다녀온 남자들은 잘 알겠지만, 군 보안사는 1970~80년대에 엄청난 힘을 지닌 기관이었다. 그곳의 소령이 찾아왔으니 세무서 직원이 화들짝 놀란 것은 당연한 반응이었다. 나는 웃으면서 아내의 신고가 늦어진 경위를 설명하고 잘 처리해 줄 것을 당부했다. 세금을 깎아달라는 청탁도 아니었고, 기한을 늦춰달라는 부탁도 아니었다. 다만 그 시절에는 공무원들의 복지부동伏地

不動이 적지 않았기에, 그렇게라도 해서 제때 신고를 마치려 했던 것이다. 그때도 영관급 장교라는 신분이 결정적 역할을 했다. 지금이라면 관공서에서 "김 소령이오."라고라고 말했다가는 당장 징계를 받을 것이지만, 70년대에는 그 방식이 통했다. 군복의 힘, 어떤 의미에서는 위력을 몸소 체험한 두 번의 사례였다. 나는 군 의무 소령으로서 항상 자긍심을 갖고 있었는데, 그런 일들을 겪으면서 더 큰 책임감과 사명감을 품게 되었다.

공군 참모총장 주치의로 활약하다

1년 후 나는 소령으로 진급해 서울 대방동 공군 항공의료원(공군병원) 내과 과장 겸 비행적성관리부장으로 임명되었다. 내과 과장은 어지간한 실력을 갖추지 않고서는 맡을 수 없는 중책이었다. 나는 막중한 책임감을 가지고 소임을 열심히 수행해 나갔다.

수원비행단에서는 그곳 군인들을 관리하는 것이 주 업무였지만, 서울 공군병원으로 오면서 업무의 질과 양이 대폭 확대되었다. 공군의 모든 비행 조종사 건강관리뿐 아니라, 육군과 해군의 비행 조종사와 관제사까지 관리했다. 나아가 민간 항공사인 대한항공(KAL)의 조종사와 승무원들, 산림청 조종사들도 관리 대상이었다. 당시에는 공군에만 비행 관련 검진 시설이 있었기에, 민간 항공사 조종사들도 공군병원에 와서 검진을 받았다. 군인이든 민간인이든 비행에 앞서 반드시 적성검사를 받아야 했다. 나는 비행적성관리부장으로서 한국에서 비행 관련 업무에 종사하는 모든 사람의 건강 상태를 확인하고 증명서에 서명해 주었다. 내 서명이 없으면 비행기를 탈 수 없었다. 그만큼 책임감이 막중한 자리였다. 퇴역 후에도 한국항공의학회 회장으로서 민간 항공사 조종사와 관제사 등 항공 관련 종사자들의 건강을 총괄하였다.

그때 공군 참모총장(제13대)은 주영복(周永福, 1927~2005) 장군이었다. 주 총장님은 수재였을 뿐 아니라 애국심 깊은 참 군인이었다. 그러면서도 성격이 아주 소탈해 부하 군인들의 존경을 받고 있었다.

총장 관사는 공군본부 앞에 있었는데, 주 총장님은 종종 병원에 들러 건강을 점검받으셨다. 자신보다 17살이나 어린 나의 능력을 높이 평가해, 여러 사람에게 나를 칭찬하곤 하셨다. 내가 주 총장님과 가깝고, 총장님이 나를 신임한다는 소문이 퍼지면서 사람들이 더 많이 찾아오기 시작했다. 공군 의무감醫務監은 준장이었으며, 나는 그를 포함해 참모들과도 격의 없이 지냈다. 그들은 직업군인이었지만, 나는 의무 복무가 끝나면 민간으로 돌아갈 사람이었기에, 모두 나에게 경계심 없이 친절하게 대해주었다.

군대는 계급 사회인 탓에 상관의 눈 밖에 나면 진급하기 쉽지 않다. 그래서 나를 통해 주 총장님께 잘 보이려는 장교들도 간혹 있었다. 나보다 계급이 높고 나이가 많으면 "안사람 주게나"하고, 나보다 낮으면 "사모님 드리세요"하며 내미는 선물은 립스틱이나 손수건이었다. 내가 그런 선물을 선뜻 받을 성격이 아님을 알기에 부담되지 않을 만한 것을 골라 오는 것이지만, 나는 그것조차 웃으며 돌려주었다.

주 총장님과의 인연은 길게 이어졌다. 총장님이 국방부 장관이 되셨을 때도, 내무부 장관을 지내실 때도 주치의를 맡았다. 그분이 돌아가실 때까지 곁에서 건강을 지켜드렸다. 또 내가 1983년 민주평화통일자문회의(평통)에 들어가 활동을 시작했는데, 주 총장님은 1985년부터 1989년까지 평통 수석부의장을 지내셔서 그때도 인연이 이어졌다.

어느 날 합참의장실에서 연락이 왔다. 주 총장님에게서 나에 대한 이야기를 들은 노○○ 합참의장님이 부르신 것이었다. 나는 용산 합참의장실을 찾아가 의장님의 건강진단을 마치고 건강상의 주의사항을 자세히 설명해 드렸다. 그리고 건강 유지를 위한 여러 조치를 취해주고 약도 처방해주었다. 육군·해군 총장님과 합참의장님이 골프를 치거나 식사를 할 때 나에 대한 이야기를 자주 하셨다고 전해 들었다. 그 이후로 더욱 바쁜 나날이 이어졌다.

〈김철수 내과〉를 들썩이게 한
4성 장군의 방문

1978년 4월 말, 나는 퇴역을 앞두고 있었다. 아내는 이미 〈김란희 산부인과〉를 운영하고 있었고, 나 역시 예편 후 〈김철수 내과〉를 개원할 계획이었다. 그런데 장교들 대부분은 물론, 고위 장성들까지 나서서 계속 군에 남으라고 권유했다. 일단 "생각해보겠다."고 답한 뒤 며칠 후 "퇴역하겠다."는 뜻을 명확히 밝혔다. 그들은 무척 아쉬워했다. 다음은 공군에서 발행한 〈한국항공의료원〉에 실린 나에 대한 기록이다.

1977년 3월 31일부로 내과 과장이었던 김철수 소령이 보임된 후 2년 1개월간 복무하다 전역하였다. 김철수 소령은 서울 양지병원장 개업하였다. 당시 김철수 소령은 내과 전문의로서 참모총장 주치의를 겸하였으며, 공중 근무자를 비롯한 각종 신체검사의 정밀도와 정확성을 위하여 많은 노력을 경주傾注하였고, 비행 적성 자문의 활성화, 대민 진료 등 대민관계가 원활하여 각 의무기관 단체와 원만한 협조관계를 유지하여 항공의무 발전에 진력盡力하였다.

― 〈한국항공의료원〉에서 발췌

1978년 4월 30일, 나는 공군에서 소령으로 퇴역했다. 1975년 2월 훈련소 입소부터 만 3년 2개월을 근무한 것이다. 퇴역 후 5월, 신림동에

〈김철수 내과〉를 개원했다. 나의 성격이 적극적이고 모든 사람을 가족의 정情으로 대하는 덕에 방문 환자가 빠르게 늘어났다. 여기에 더해 공군 장교들과 장성들도 자주 찾아왔다. 눈코 뜰 새 없이 바쁜 어느 날, 주 총장님에게서 연락이 왔다. 나의 의원을 방문하겠다는 것이었다. 나는 깜짝 놀랐다. 4성 장군이 신림동(그때만 해도 신림동은 가난한 동네였다)의 작은 의원에 오는 것은 신문에 날 만한 일이었다. 오지 말라고 할 수도 없어 "오시려면 꼭 정복을 입고 오시라"고 당부했다.

며칠 후 주 총장님은 몇몇 간부들과 함께 실제로 의원을 찾아왔다. 그때까지 나의 의원을 거쳐 간 손님 중 단연 최고의 VIP였다. 동네는 거의 난리가 났다. 지방의 작은 도시에서는 '별 하나'만 배출되어도 현수막을 걸고 잔치를 벌이는데, 별 4개가 왕림했으니 난리가 나지 않을 수 없었다. 주 총장님은 의원을 둘러보고 이런저런 이야기를 나눈 후 저녁을 먹으러 갔다. 나는 동네 분들 몇을 초청해 일식집에서 함께 식사를 했다.

그날 이후 〈김철수 내과〉에는 환자들이 밀려들었다. "공군에서 사용하는 미제 약을 쓴다."는 소문이 퍼진 것이었다. 4성 장군이 찾아온 것이 그 증거라고 사람들은 믿었다. 얼토당토않은 헛소문이었지만, 주 총장님의 방문으로 내원객이 부쩍 늘어나 병원이 한층 바빠진 것은 사실이다. 주 총장님은 1979년 12월에 제22대 국방부 장관으로 취임해 1982년 5월까지 봉직했다. 이후 1983년 7월에는 내무부 장관이 되어 1985년

주영복 전 공군참모총장

윤자중 전 공군참모총장
(병원 방문 당시 차장)

2월까지 재임했다. 공군 참모총장은 정부 수립 이후 2025년까지 42명이 재임했는데, 주 총장님은 1,716일로 최장 재임 기록을 보유하고 있다. 그만큼 공군 발전에 혁혁한 공을 세운 참 군인이다.

아쉽게도 2005년 3월 14일, 77세를 일기로 영면하셨다. 장례식은 공군장葬으로 서울 아산병원에서 치러졌다. 장례위원장은 제29대 공군참모총장 이한호李漢鎬 대장이었다. 영결식 날 내가 장례식장에 가자 이 총장님이 가장 앞줄 VIP석에 앉으라고 권유했다. 정부 고위 관료들과 국회의원들, 기라성 같은 장성들이 즐비한 자리였기에 나는 극구 사양했으나, 이 총장님은 충분히 앉을 자격이 있다며 기어이 나를 그곳에 앉혔다. 엄숙하게 진행된 영결식 내내, 내 머릿속에는 28년 전 주 총장님과의 첫 만남과 함께한 수많은 날들이 떠올라 가슴이 무척 아팠다.

주 총장님과의 인연은 또 있다. 그의 막내딸이 의대를 졸업했을 때, 나의 주선으로 연세대 세브란스병원에서 인턴 과정을 밟을 수 있게 했고, 이후 우리 양지병원에서 의사로 근무하게 했다. 한번 맺어진 좋은 인연이 오래도록 이어진 것이었다

긍정적 마인드는 훗날 큰 보답으로 돌아온다

나는 3년 2개월 동안 공군에서 위관급·영관급 군의관으로 복무했다. 그 기간은 무척 보람 있었으며, 내 인생을 한 단계 끌어올려 준 소중한 발돋움이었다. 군 복무를 인생의 낭비로 여기는 사람도 있지만, 그 기간을 어떻게 활용하느냐에 따라 결과는 전혀 달라진다.

나는 3년 후 전역하는 단기 장교였음에도 모든 일에 적극적·긍정적으로 임했으며, 사람들과의 관계도 폭넓고 진솔하게 맺었다. 사병부터 장교, 장교의 가족들 나보다 계급이 한참 높은 장성들까지, 모두 내 형제라는 마음으로 공평하게 진료했다. 내 진료실에 들어오면 이등병이나 장성이나 똑같은 대우를 받았다.

그 성실성과 공평함, 그리고 의료 실력을 인정받아 퇴역 시 〈공군 참모총장 표창패〉를 받았으며, 주 총장님이 국방부 장관을 마치고 물러날 때 〈공로패〉도 받았다. 나의 군 복무는 인생 전체를 성장시킨 도약의 기간이었다. 의료 실력을 높일 수 있었고, 항공의학 전문의 자격도 취득했다. 공군·해군·육군을 아우르는 각 분야의 리더들과 돈독한 관계를 맺으며 교류의 폭이 넓어졌고, 그 인맥은 내 인생 전체에 지대한 영향을 끼쳤다. 그들에게서 배운 것들과 쌓아간 인연은 〈김철수 내과〉와 〈김란희 산부인과〉가 H+양지병원으로, 나아가 효천曉泉의료재단으로 발전하는 데 큰 밑거름이 되었다.

누구에게든 어떤 조직에 의무적으로 들어가 일해야 할 때가 있다. 그 일이 마음에 들지 않을 수도 있고, 어쩔 수 없이 해야 할 때도 있다. 그러나 모든 것은 마음먹기에 달려 있다. 그 일을 즐겁게, 배움의 시간으로, 인간관계를 넓힐 수 있는 기회로 여기면 인생에 큰 도움이 된다. 나는 군이라는 조직에서 언제나 즐겁고 감사한 마음으로 지냈다. 그 긍정적 마인드가 내 삶을 업그레이드시켜 주었고, 내공을 깊어지게 했다.

지금의 젊은이들에게 당부하고 싶은 것은 "어느 곳에서 무슨 일을 하든 긍정적 마인드로 적극적으로 일하라"는 조언이다. 직장을 떠나 자신의 사업을 시작하는 사람들을 보면 두 부류로 나뉜다. 성공하는 사람과 고전을 면치 못하는 사람이다. 그런데 직장에서 열심히 일했던 사람은 대부분 사업에서도 성공하고, 그렇지 않았던 사람은 사업에서도 실패한다. '열심히' 하는 사람은 어느 곳에서든 열심히 하기 때문이다. 무엇이든 열심히 하면 습관이 되고, 그 습관이 모든 일을 이루게 해준다.

자신의 목표를 이루고 꿈을 실현하고 싶다면, 언제 어느 곳에서 무슨 일을 하든 긍정적 마인드로 최선을 다해야 한다. 그러면 반드시 보답을 받는다.

14. H+양지병원의 탄생

작은 '의원'에서
글로벌 메디컬 그룹으로

1975년, 아내는 전문의 시험을 치른 뒤 1976년 관악구 신림동에 〈김란희 산부인과〉를 개원했다. 신림동에 터를 잡은 이유는 수원비행단에서 복무 중이던 내가 출퇴근하기에 편리했기 때문이다. 우리 부부는 사실상 맨손으로 출발했다. 그동안 모은 돈과 수유리 땅을 판 돈을 합해 500만 원을 마련했으나, 수유리 집 문간방을 50만 원에 전세로 내놓고 나니 손에 쥔 돈은 450만 원이었다. 여기에 세금 50만 원을 내고 나자 400만 원으로 줄었다. 그 400만 원에서 나의 대학원 박사학위 논문비와 이사 비용 등을 제하고 나니, 실제로 남은 돈은 350만 원 남짓이었다.

병원을 개원하기 위해 신림 사거리에 있는 2층짜리 40평 건물을 보증금 200만 원에 월세 3만 원으로 얻었다. 25평은 산부인과 의원으로, 15평은 살림집으로 썼다. 아내에게는 집과 직장이 하나로 붙어 있는 셈이었다. 그러나 남은 돈은 150만 원에 불과했다. 그 돈으로는 병원 장비를 마련할 수도, 인테리어를 할 수도 없었다. 마침 건재상을 운영하던 고교 선배의 도움으로 자재를 거의 외상으로 들여올 수 있었고, 그 덕분에 수술실과 산모실을 갖출 수 있었다. 산모실은 온돌방이었고, 연탄으로 난방을 했다. 당시 병원 의사와 직원들에게는 연탄불을 꺼뜨리지 않고 제때 갈아주는 일이 중요한 일과 중 하나였다. 인테리어는 마쳤지만 장비를 구입할 돈이 없어 친구와 외삼촌에게서 돈을 빌렸다. 그 돈으로 장비를 들이고 간판도 달았다. 앞면에 가로로 길게 하나, 옆면에 세로로 길게 하나, 두 개를 다는 비용도 결코 만만치 않았다. 그렇게 어렵사리 〈김란희 산부인과〉가 첫발을 내디뎠다. 빌린 돈은 6개월 후 모두 갚았다.

나는 1974년에 전문의 시험에 합격했지만, 아내는 나보다 학번이 늦어 1975년 말에 시험을 치렀다. 결과는 1976년 4월에야 발표되었다. 보통은 합격 여부를 확인한 뒤 개원하는 것이 일반적이지만, 아내는 결과 발표 전부터 개원을 서둘렀다. 합격을 확신했기 때문이다. 그만큼 실력이 뛰어났다.

아내는 성품이 너그럽고 인품이 좋았을 뿐 아니라 의술도 탁월했다. 나와 마찬가지로 언제나 적극적이었기에 개원한 지 얼마 지나지 않아 환자와 산모들의 발길이 끊이지 않았다. 당시 관악구에는 유명한 산부인과가 여럿 있었지만, 아내의 병원은 개원 1년 만에 1위를 차지할 정도로 명성을 얻었다. 그 결과 1977년에는 병원을 40평에서 80평으로 확장하고, 살림집도 30평으로 넓혔으며 병실도 추가로 늘렸다. 이어 1978년 4월, 나는 공군에서 예편(豫編)한 뒤 〈김철수 내과〉를 개원했다.

음지를 양지로, 고통받는 이들에게 햇살을

내가 운영하는 의원에도 곧 환자들이 넘쳐나기 시작했다. 나는 '언제나', 그리고 '누구에게나' 성심을 다해 진심으로 대했다. "모든 환자는 공평하다"는 것이 나의 신념이자 변치 않는 모토였다. 내 의원을 찾는 환자들은 바깥에서 권력자일 수도, 거부(巨富)일 수도, 빈민층일 수도 있었다. 그러나 병원 문을 들어서는 순간부터 모든 사람은 공평해진다. 그 철칙 덕분에 환자들의 발길이 끊이지 않아 거의 매일 눈코 뜰 새 없이 바쁜 나날이 이어졌다.

아내와 나는 머리를 맞대고 상의한 끝에 두 의원을 하나로 합치기로 결심했다. 신림동 일대를 샅샅이 돌아다닌 끝에 순대골목 인근의 한적한 곳에서 적합한 부지를 찾았다. 롤러스케이트장이었던 400여 평을 정비해 6층 건물을 세웠다. 그 부지에는 오래된 백일홍 나무가 한 그루 있었다. 동네 사람들은 영험한 나무라며 기도를 드리던 나무였다. 나는 그 나무를 주저 없이 베어냈다. 오래된 나무를 베어내면 화가 미친다는 생각은 미신에 불과하다. 나는 기독교 신자이고, 결혼할 때 궁합도 보지 않았다.

1980년, 드디어 양지陽地병원을 개원했다. 6개 과, 33실, 51병상이었다. 아내가 〈김란희 산부인과〉를 연 것이 1976년 3월이었으니, 불과 4년 만에 의원에서 병원으로 도약한 셈이었다. 병원 이름을 두고 여러 사람이 저마다 의견을 냈다. 한문 이름, 한글 이름, 영어 이름 등 제안은 다양했지만 그 무엇도 썩 내키지 않았다. 그러던 어느 날, 버스를 타고 집으로 돌아오던 중 무심코 창밖을 내다보았다. 큰 건물 아래 한쪽은 햇볕이 가득한 양지였고, 한쪽은 그늘이 진 음지였다. 나는 문득 그 음지를 양지로 만들어주고 싶었다.

나는 무릎을 탁 치며 말했다.

"그래, 양지로 하자." 그렇게 '양지병원'이라는 이름이 탄생했다.

우리 부부는 질병에 신음하는 이들을 치료하여 음지에 처한 삶을 양지로 이끌어준다는 소명 하나로 일해 왔다. 우리 병원에서 일하는 모든 사람들 역시 그 소명을 공유한다. 그 소명이 세상에 인정받아 2007년 6월, 양지병원은 종합병원으로 승격했다. 1976년으로 거슬러 올라가면 꼭 31년 만의 일이었다. 이제 병원은 지역과 국경을 넘어 세계 각지에서 환자가 찾아오는 글로벌 병원이 되었다.

코로나19가 기승을 부리던 2021년 2월, 치료차 병원을 찾은 언론인 오풍연(전 서울신문 문화홍보국장)은 깊은 감동을 받아 신문 칼럼에 다음과 같이 썼다.

양지병원은 전국 중소병원 중 그냥 1등이 되지 않았다

대한민국은 의료선진국이라 할 수 있다. 세계가 부러워할 정도이다. 우수한 의료진과 최신 장비를 갖춰 최고의 의료서비스를 제공하기 때문이다. ○○○은 최근 류마티스 관절염 치료를 받으러 서울 신림동 에이치플러스 양지병원에 들렀다. 이 병원은 처음 방문했다. 이름 정도만 알고 있었다. 그런데 병원 입구에 들어서면서부터 깜짝 놀랐다. 코로나19에 맞춘 맞춤형 서비스가 이루어지고 있었다. 온라인 시스템이 거의 완벽했다. 얼마 전 보호자 자격으로 서울 유수의 두 대학병원을 방문한 바 있었지만, 그곳보다 오히려 더 나았다.

중소병원이 살아남을 수 있는 방법은 두 가지 정도로 본다. 하나는 편리성, 또 하나는 친절이다. 양지병원은 무척 친절했다. 직원들의 표정도 밝았다. 의료진도 마찬가지였다. 병원 분위기 역시 일반 병원과 달랐다. 마치 카페에 온 느낌이랄까. 모든 것이 환자와 가족 등 이용자 위주였다. 바로 고객 만족이다. 이용자 편에서 들여다보면 답이 나온다. 그 답의 중심에는 이 병원 설립자인 김철수 이사장이 있었다. 병원 곳곳에서 김 이사장의 숨결이 느껴졌다.

김 이사장은 새벽 4시 30분~5시면 병원에 출근한다고 했다. 그는 올해 78세. 여전히 내과 의사로 환자들을 돌보고 있다. 이사장이라 해서 진료실이 클 줄 알았다. 그러나 진료실은 다른 의사와 마찬가지로 작고 아담했다. 화려함보다는 내실을 추구하는 것 같았다. 의료진과 직원들 한 사람 한 사람을 직접 챙겼다. 이런 병원은 잘 될 수밖에 없다. 그 결과는 '대한민국 최고의 직장 2021'에 선정되며 의료 및 사회복지 부문에서 비대학·비공공병원 중 전국 1위를 차지했다. 독일의 평가기관 '스태티스타'의 조사 결과다. 양지병원은 이 부문 전체 순위에서도 28위를 기록했다. 양지병원이 지역 거점 병원에서 대학병원과도 당당히 겨루는 병원으로 발돋움하고 있다 하겠다.

— 〈금융소비자뉴스〉 [오풍연 칼럼] 2021년 2월 22일

양지병원은 2023년 서울효천曉泉의료재단을 출범시켜 산하에 5개 기관을 둔 글로벌 메디컬 그룹으로 성장했다. 돌이켜보면 의학을 공부하는 과정, 전문의를 취득하는 과정, 자신의 병원을 여는 과정, 어느 것 하나 쉬운 것이 없었다. 그럼에도 우리 부부가 작은 의원에서 출발해 병원, 종합병원, 그리고 글로벌 메디컬 그룹으로 성장할 수 있었던 원동력은 단 두 가지, '부지런함'과 '정직'이었다. 나는 아버지에게서 책임감을 배웠고, 어머니에게서 부지런함과 정직을 배웠다. 아내 역시 북한을 탈출한 부모님에게서 근면과 성실을 배웠다.

세상에서 성공하는 요인은 여럿이다. 물론 나는 스스로를 성공했다고 여기지 않는다. 다만 목표를 이루었다고 생각할 뿐이다. 그 모든 것의 바탕에는 어머니께서 말씀하신 "부지런하라, 정직하라."는 가르침이 있다. 그 말씀은 그 어떤 성공 비결보다도 단단하고 진실되다.

제 2 부
의사의 책무

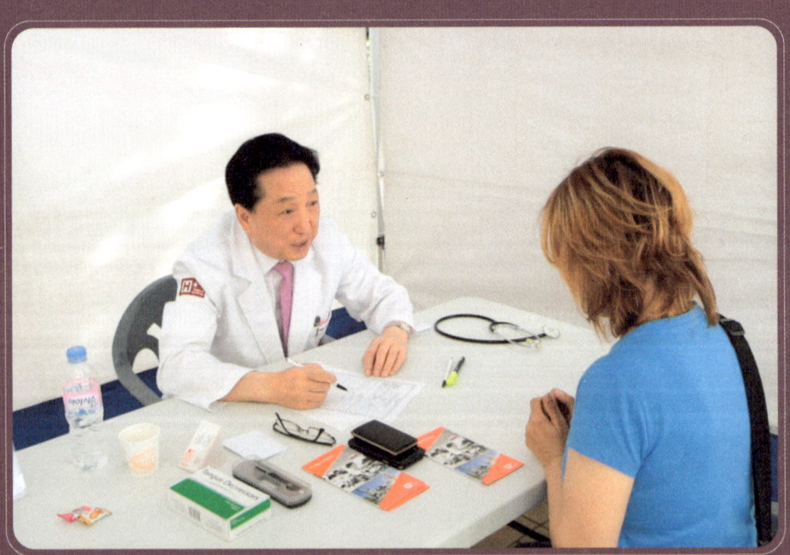

국내 거주 외국인을 위한 H+양지병원 나눔진료

15. 의사와 환자

차별 없는 손길,
그것이 의사의 길이다.

나는 학창 시절 두뇌가 특별히 명석한 편은 아니었다고 생각했다. 그러나 남들이 한 시간 공부해 터득하는 것을 나는 두 시간을 투자해 익혔고, 덕분에 성적은 늘 상위권에 머물렀다. 친구도 많았고, 그들에게 인기도 좋았다. 고등학교 때는 친구들의 성화에 못 이겨 1학년 말에 학생회 부회장이 되었다. 그때 나의 큰형님이 같은 학교에 영어 교사로 재직하고 계셨다. 2학년이 되면서 전교 학생회장 선거에 출마할 뜻을 품고 있었는데, 뜻밖에도 형님께서 나에게 출마하지 말라고 간곡히 당부하셨다. 며칠을 고민하다 결국 포기하고 말았다.

그때 나와 단짝이던 친구들이 지금도 심심하면 시도 때도 없이 찾아오거나 전화를 해댄다. 그중 한 친구는 국민학교 동창인데, 그에게는 국졸國卒이 유일한 학력이다. 그는 내가 환자 진료에 바빠 눈코 뜰 새가 없어도 아랑곳하지 않고 장황한 이야기를 풀어놓는다. 더구나 술 한잔이라도 했다 하면 아예 전화기를 놓을 줄 모른다. 때로는 함께 밥도 먹으면서 그의 이야기를 끝까지 들어준다. 거기에는 그만한 이유가 있다. 그 친구는 아마 가족이나 다른 사람들에게 이렇게 말할 것이다.

"나 말이야, 오늘 김철수라는 동창을 만났는데, 저녁 먹고 술도 마시고... 그 녀석이 큰 종합병원을 운영하는데, 짜쓱이 나한테는 물론이고 친구들한테도 격이 없고 참 잘해준단 말이야."

그의 눈에는 내가 '높은 사람'으로 보이고, 그 높은 사람을 만난 자신을 은근히 과시하는 것인지도 모른다. 나 또한 속칭 '높은 사람'들을 종종 만난다. 대통령 혹은 도지사, 시장, 장관, 대기업 회장 등 사회 저명인사들을 만나 차를 마시거나 밥을 먹기도 한다. 그럴 때면 집에 돌아와 "오늘 누구와 차 한잔 했어." 하고 자랑 아닌 자랑을 늘어놓기도 한다. 사실 냉정히 따지고 보면 자랑할 일은 아니다. 이것을 인간의 과시욕으로 본다면 할 말이 없지만, 어떻게 보면 인간은 평등하다는 것을 은연중에 드러내는 행동이 아닌가 생각한다. 이른바 저명인사나 바닥을 기며 살아가는 사람이나 모두 똑같은 사람이다. 비록 사회적 지위에는 높낮이가 있을지언정, 인간의 원초적 측면에서 보면 우리는 계급도, 지위도, 허물도 없는 존재다.

어릴 때 읽었던 콩트에 이런 이야기가 있다.

일등병이 첫 휴가를 나와 목욕탕에 들어갔다. 바닥에 앉아 열심히 때를 밀고 있는데, 옆에 앉은 중년 남자가 온몸에 비누칠을 하고 있었다. 그 남자의 비누 거품이 자꾸 튀자 일등병은 옆으로 자리를 옮겼다. 그래도 거품이 계속 튀어오자 참다못해 소리쳤다.

"이봐요, 거품 좀 조심해서 씻을 수 없어요!"

중년 남자는 무안한 표정으로 얌전히 비누 거품을 씻어냈다. 목욕을 마친 일등병이 탈의실로 나와 옷을 입기 시작했다. 잠시 후 그 중년 남자도 밖으로 나왔다. 몸을 닦고 옷장을 여는 순간, 그 안에는 군복이 걸려 있었다. 계급장을 본 순간 일등병은 그 자리에서 얼어붙었다. 무궁화 세 개가 붙어 있었다. 일등병은 사색이 되어 부동자세로 냅다 경례를 올렸다.

"추웅 성!"

손을 내릴 줄 모르는 일등병에게 대령은 빙그레 웃으며 손을 내려주었다.

이 이야기가 시사하는 것은 인간은 평등하다는 것이다. 그럼에도 계급이 필요한 조직이 존재하는 이유는, 우리 자신을 위한 질서가 있어야 하기 때문이다.

진료실 안에는 계급이 없다

내가 환자들을 진료하다 보면 달동네에 사시는 할머니부터 전직 장관, 대기업 회장, 참모총장 출신에 이르기까지 실로 다양한 사람들을 만난다. 그러나 그들은 내게 모두 한결같이 '환자'일 뿐이다. 만약 내가 그들의 사회적 지위를 머릿속에 담아 차등 대우를 했다면 벌써 병원 문을 닫았을지도 모른다.

우리 병원에 나보다 더 유능한 전문의가 있음에도 유독 나를 찾아오는 분들이 많다. 그래서 종종 그들에게 묻는다.

"다른 의사 선생님에게 진료받으면 더 빨리 나을 텐데, 왜 저한테만 오십니까?"

"이사장님에게 받으면 편하고, 제 병력과 체질을 잘 아시니까요."

그 '편하다'는 말을 다시 생각해보면, 환자를 차별 없이 대하는 나의 태도를 환자 스스로 느끼고 있다는 뜻이기도 하다.

하루는 점심을 마치고 진료실로 들어가려 할 때였다. 낯익은 얼굴이 여러 사람들 틈에 섞여 대기실 의자에 앉아 있었다. 그를 알아보고 반갑게 악수를 청하자 그도 일어나 내 손을 잡았다. 동향 사람으로 과거 차관을 지낸 고위 공직자 출신이었다. 내가 그의 팔을 이끌어 진료실로 안내하려 하자, 그는 자신의 번호표를 내밀며 손사래를 쳤다.

"제 앞에 두 분이나 더 계십니다."

나는 그 순간 얼굴이 화끈거렸다. 내가 먼저 나의 평등 정신을 잊어버린 것이었다. 그의 의연한 행동에 저절로 존경심이 일었고, 고개가 절로 숙여졌다.

　사람은, 그 자체로서 평등하다. 사람이 평등하기 때문에 환자 또한 평등하게 대우받아야 한다. 인종, 종교, 성별, 학벌, 재산에 따라 달리 대우받아서는 안 된다. 단, 예외는 있다. 촌각을 다투는 위급 환자는 마땅히 가장 먼저 진료를 받아야 한다. 이 원칙은 병원뿐 아니라 우리 사회 어디에서나 적용되어야 한다. 그러나 아직 그렇지 못하다는 것을 우리 모두 안다. 이 원칙이 자연스럽게 지켜지는 사회가 진정한 선진 사회다. 우리는 그런 사회를 만들기 위해 다 함께 노력해야 한다.

16. 초인적인 힘

무거운 산소통을 번쩍 들고

남자아이가 승용차에 깔리는 사고가 일어났다. 모두 당황해 어쩔 줄 몰라 하던 그 순간, 한 여자가 앞으로 나서 두 손을 뻗더니 승용차를 번쩍 들어올렸다. 그리고 차 아래 깔린 아이를 구해냈다. 순식간에 일어난 일이었다. 사람들은 너무 놀라 그 여자를 바라보았다. 혹시 슈퍼우먼이나 원더우먼이 아닌가 해서... 그러나 그 여자는 지극히 평범한 사람이었다. 보통의 키에 보통의 몸을 지닌, 어찌 보면 연약해 보이기까지 하는 여자였다. 다른 사람들과 한 가지 다른 점이 있다면, 차에 깔린 아이의 어머니라는 사실뿐이었다. 건장한 남자도 들어올리기 힘든 승용차를 여자 혼자서 번쩍 들어올린 것은 미스터리가 아닐 수 없다.

그러나 우리는 일상생활에서 물리학의 법칙을 거스르는 그러한 미스터리를 종종 접한다. 1978년, 내가 공군 소령으로 군 복무를 마치고 서울 관악구 신림동에서 〈김철수 내과의원〉의 개원을 준비하던 때였다. 아내는 2년 전인 1976년에 이미 〈김란희 산부인과〉를 개원해 진료를 하고 있었다. 아내가 먼저 개원한 것은 자라나는 아들 둘의 양육과 가난한 군인 남편의 생활을 뒷받침하기 위해서였다. 신림동은 물론 봉천동을 포함한 관악구에서 〈김란희 산부인과〉를 모르는 주부가 없을 정도로 유명했고, 그만큼 인정받고 있었다. 무엇보다 아내는 종합병원에서 산부인과 수련을 충실히 받았다. 갈고닦은 경험으로 환자들을 대했기에 입소문을 타고 손님들이 밀려오다시피 했다. 요즘은 산부인과가 분만이 많지 않아 어려움을 겪고 있지만, 당시에는 출생률이 높아 많은 임산부들이 찾아왔다.

어느 겨울날, 개원 준비로 바삐 움직이고 있을 때 전화벨이 울렸다. 받아보니 아내였다. 목소리가 다급했다.

"큰일 났어요! 제왕절개 수술을 하는 중인데 산소통에 산소가 떨어졌어요."

나는 하던 일을 팽개치고 부랴부랴 밖으로 뛰쳐나갔다. 수술 중이든, 출산 중이든 산소통에 산소가 떨어졌다면 임산부는 물론 아기까지 생명이 위태로울 수 있다. 나는 사거리를 향해 냅다 뛰었다. 아내의 산부인과로 가는 것이 아니라 신림사거리에 있는 선배의 의원으로 곧장 달려갔다. 살을 에는 찬바람이 몰아쳤지만 그것을 느낄 겨를이 없었다. 내 가슴과 머릿속에는 오직 산소통 하나뿐이었다. 선배의 2층 의원으로 뛰어 들어가 곧바로 산소통을 부여잡았다. 선배에게 자초지종을 설명할 여유가 없었다.

"제가 급해서 이 산소통 들고 갑니다. 곧 돌려드리겠습니다."

말이 끝나기도 전에 커다란 산소통을 두 팔로 끌어안았다.

"이 사람아, 그 무거운 것을 자네 혼자 어떻게 들어!"

휘둥그레지는 선배의 눈을 뒤로하고 나는 2층 계단을 구르듯이 내려갔다. 그리고 아내의 의원을 향해 달렸다. 안고 뛰었는지, 굴리며 뛰었는지, 등에 업고 뛰었는지 정확히 기억나지 않는다. 이윽고 아내의 의원에 당도했다. 또 2층으로 올라가야 했다. 그러나 나는 거친 숨을 고를 여유도 없이 산소통을 번쩍 들고 단숨에 2층으로 올라가 수술실 문을 열었다. 아내와 간호사 모두 깜짝 놀라 뒤로 물러섰다. 나는 그 자리에 산소통을 내려놓고 털썩 주저앉았다. 두 사람의 눈에 담긴 놀라움과 감탄을 지금도 잊지 못한다. 정신을 차려보니 문득 의아함이 들었다. '저 무거운 것을 정말 나 혼자 들고 여기까지 왔단 말인가?'

지금도 산소통을 보면 그날의 '괴력'이 떠오른다.

누구에게나 잠재된 초인적인 힘

　이러한 괴력, 혹은 초인적인 힘은 어디에서 오는 것일까? 3층 베란다에서 놀던 어린이가 아래로 떨어지는 것을 보고, 근처에 있던 여고생이 아이를 무사히 받아낸 사건이 뉴스에 나오기도 했다. 그 여고생과 아이 모두 한 군데도 다치지 않았다. 과학적으로 따진다면, 낙하하는 어린이는 중력 가속도의 영향으로 실제 무게보다 몇 배나 더 무거워지기 때문에 두 사람 모두 생명의 위험에 처할 수 있는 상황이었다. 그러나 두 사람 모두 상처 하나 없었고 골절도 없었다. 이러한 인간의 괴력은 의학적으로 명확히 설명하기 어렵다.

　인간의 근력은 뇌를 통해서만 움직인다. 뇌가 작동하지 않으면 팔과 다리가 움직이지 않는다는 뜻이다. 하지만 과거의 사례를 보면, 비상 상황에서는 뇌의 지시나 제동 없이도 근력 자체가 먼저 발동해 최대치로 발휘된다는 이론이 있다. 에페드린Ephedrine 같은 약물로 이러한 순간적인 근력 강화를 도모할 수 있으나, 이는 국제적으로 금지된 약물이다.

　간혹 운동선수들이 이 약을 몰래 복용하고 각종 대회에 출전하다가 발각되어 처벌받기도 한다. 그러나 자동차를 번쩍 들어올린 어머니나 3층에서 떨어지는 아이를 받아낸 여고생이 그 약물을 먹었을 리 없다. 마찬가지로 산소통을 들고 수백 미터를 달려가 2층까지 단숨에 올라간 나 역시 그 약물과는 무관하다. 나 자신도 어디에서 그런 괴력이 나왔는지 지금도 의문이다. 그 힘은 도대체 어디에서 나온 것일까. 나는 그 답을 '생명'에서 찾는다.

　생명은 무엇보다 소중하고, 무엇보다 위대하다. 자신의 생명뿐 아니라 타인의 생명, 나아가 모든 생명체의 존재 자체가 존귀하다. 그 생명을 지켜야 하는 순간, 인간은 스스로의 한계를 넘어선다. 괴력이라 불리는 힘, 초인적인 힘은 바로 그 순간에 발현된다. 만약 자동차를 들어올렸던 어머니에게 다시 한 번 들어보라고 한다면 가능할까. 나와 비슷한 체구의 사람에게 산소통을 들고 수백 미터를 뛰어보라고 한다면 해낼 수 있을까. 상금이 걸려 있어도 쉽지 않을 것이다. 그때는 이미 뇌가 먼저 작동해 계산과 판단을 하기 때문이다. 그러나 생명이 눈앞에 놓인 순간에는 다르다. 생각보다 본능이, 뇌보다 근력이 먼저 움직인다. 나는 믿는다. 누구에게나 초인적인 힘은 존재한다는 것을. 그리고 그 힘은, 생명을 살리려는 순간에 께어난다는 것을. 그 믿음을 가지고 살아간다면, 우리가 이루지 못할 일은 그리 많지 않을 것이다.

17. 휴머니즘과 의사

할머니가 주고 간 담배 한 갑

IMF 한파가 몰아치던 추운 겨울이었다. 여느 때와 다름없이 나는 새벽 4시경에 일어나 병원으로 향했다. 마침 전날 내린 눈이 병원 마당에 소복이 쌓여 있었는데, 아무도 지나가지 않아서인지 한 사람의 발자국만 찍혀 있었다.

그런데 이상한 것은, 한쪽 발자국은 조그마했는데 다른 한쪽은 커다랗고 눈 위에 끌린 자국이 나 있다는 것이었다. 참으로 이상한 족적이었다. 문득 한 사람이 떠올라 급히 4층 병실로 올라갔다. 지금은 이름이 기억나지 않지만, 이씨 성을 가진 중년 남자 환자였다. 다리 골절로 입원 중이었다.

병실 문을 열어보니 아니나 다를까 침대에 그의 모습은 보이지 않았다. 이불은 가지런히 개어져 있었고, 그 위에 흰 종이가 놓여 있었다. 펴보니 볼펜으로 쓴 편지였다.

"원장님, 원장님의 사랑을 외면하고 가는 철면피가 되었습니다. 용서해 주십시오."

편지를 읽자마자 드는 생각은, 이제 모레면 깁스를 풀 텐데 지금 가버리면 염증이 생기지 않을까 하는 걱정이었다. 하지만 밤사이에 떠나버린 그를 되돌아오게 할 수는 없었다. 편지를 호주머니에 넣고 원장실로 와서 진료 준비를 했다. 한참 후 간호사 A가 쪼르르 달려와 걱정스럽고 다급한 표정으로 보고했다.

"원장님, 4층에 이○○ 환자가 없어졌어요. 아마도 병원비 때문에……."

나는 '큼' 하고 헛기침을 한 번 했다.

"그 사람은 내가 아침 일찍 퇴원시켰어요. 병원비를 안 내고 사라질 그럴 사람이 아닙니다."

간호사는 무안하고 겸연쩍은 표정으로 '휴~' 하고 안도의 한숨을 내쉬었다. 물론 환자가 갑자기 없어졌다면 간호사에게도 책임이 있는 것이어서 걱정했을 것이다.

80세가 훌쩍 넘은 단골 할머니가 계셨다. 숨이 차다며 병을 고쳐달라고 우리 병원을 찾아오신 분이었다. 나는 어머니처럼 생각하고 극진히 보살펴서 낫게 해드렸다. 어느 날, 접수도 하지 않고 진료실 문을 밀고 들어오셨다. 그리고는 손수건에 싸인 무언가를 내밀더니 말없이 돌아서 나가시는 것이었다. 궁금증이 들어 손수건을 펼치자 담배 한 갑이 들어 있었다.

나는 담배를 피우지 않았지만, 그 담배는 한동안 내 책상 위에 자리를 지켰다. 내 진료실에 처음 온 사람들은 그 담배를 보고 '의사도 담배를 피우네' 하고 오해했을지도 모른다. 그 오해에도 불구하고 할머니의 따뜻한 사랑이 깃든 정성을 오래 간직하고 싶어서였다.

휴머니즘과 의사는 동전의 양면과 같다. 의사는 병을 치료하는 사람이지만 동시에 돈을 벌어야 하는 직업인이다. 너무 휴머니즘에 집착해서도 안 되지만 직업의식도 잊어서는 안 된다. 만일 의사가 병원 경영을 소홀히 해 병원이 문을 닫는다면, 그 자신도 손해지만 그 지역 주민들에게도 큰 손해를 끼치게 된다.

따뜻한 말 한마디와 손길이 그리운 사람들

휴머니즘을 실천한 의사의 이야기는 많지만, 우리에게 특히 잘 알려진 인물은 다큐멘터리 〈울지마 톤즈〉(Don't Cry for Me Sudan)로 유명한 이태석李泰錫 신부다. 안타깝게도 2010년 47세로 요절했다. 인제대학교 의대를 졸업했으나 의사가 되지 않고 신부 서품을 받아 종교인의 길을 걸었다.

〈울지마 톤즈〉를 통해 국내외 많은 사람들의 심금을 울렸고, 지금도 아프리카 수단(현재의 남수단)에서는 한국의 슈바이처로 불린다. 신부이면서도 의료 봉사로 삶을 보냈기에 의사의 길을 걸었다고도 할 수 있다.

그는 대를 이은 가톨릭 집안 출신으로 형도 신부였고, 여동생은 수녀였다. 자신만은 어머니의 염원대로 의사가 되기로 했었으나, 어느 날 하나님의 부르심을 받아 신부가 되었다. 신부 서품을 받자마자 달려간 곳은 내전이 끊이지 않는 수단이었다. 그때부터 자신이 배운 의학 지식으로 병든 이들을 진료하였다. 하루에 300여 명이 넘는 환자를 진료하다 보니 몸에 무리가 왔지만, 100리 길을 걸어온 환자들을 외면할 수 없었다.

가난한 그곳 어린이들을 위해 학교를 짓고 먹을 것을 주었으며, 남들이 외면하는 한센병 환자의 짓무른 몸을 끌어안고 보듬어주면서 극진한 사랑의 인술을 폈다.

그런 그에게 병마가 찾아왔다. 한국으로 돌아와 진단을 받아보니 대장암 4기라는 충격적인 결과가 나왔다. 말기암 선고를 받고도 아프리카로 돌아가겠다는 그를 만류하느라 주변 사람들이 무척 애를 먹었다고 한다. 결국 2010년 1월 14일 새벽 5시 35분, 향년 47세로 하늘나라로 돌아갔다. 그가 남긴 마지막 말은

"Everything is good."

이었다. 그 말은 지금도 많은 이들의 가슴에 깊은 울림이 되고 있다.

진료를 제때 받지 못하는 사람들이 어찌 아프리카에만 있을 것인가. 내가 사는 신림동에도 가정형편 때문에 의료 혜택을 받지 못하는 사람들이 적지 않다. 조그마한 단칸방에서 바깥을 나오지 못하는 독거 노인들을 위해 다른 의사들과 함께 종종 진료 봉사를 나간다. 그들은 진료도 받아야 하지만, 먼저 따뜻한 말 한마디와 사람의 손길이 그리운 것이다.

내가 슈바이처 박사나 이태석 신부처럼 만사 제쳐두고 세상의 환자들을 돌보는 것은 사실상 어렵다. 그러나 지금 내가 서 있는 이 자리에서, 최선의 정성으로 환자들의 질병을 치유하기 위해 노력하는 것이 나의 소명이다. 내 나이 열일곱 살 때 맞은 어머니의 갑작스러운 임종은 나의 인생을 바꾸었다. 그때 품었던 결심, 그 초심을 잃지 않고 의사 본연의 자세를 가다듬으며 살아가는 것이 의사의 도리이자 본분이라 믿는다.

18. 대한병원협회 회장

대한민국 의료,
세계의 중심에 서다

　나는 양지병원을 운영하면서 더 건강한 우리나라를 만들고 병원들의 발전을 위해 더 큰일을 해야겠다는 목표를 세웠다. 그중 하나가 1984년에 대한중소병원협회를 만든 것이다. 국민 보건과 사회복지에 기여하고 중소 병원들의 발전을 이루는 것이 목적이었다. 협회에 가입할 수 있는 병원은 30~200 병상으로 제한했다.

　처음에 서울에서 출발한 협회는 곧 전국으로 확대되었으며, 나는 처음에 총무를 맡았다가 부회장이 되었고, 회장에 취임했다. 3회 연속 회장으로 일하면서 중소병원 발전을 위해 최선을 다했다. 그 공로를 인정받아 2006년 4월 대한병원협회 회장직에 출마해 당선되었다.

　의료인들의 협회는 여러 가지가 있는데 나는 1980년대부터 다양한 협회에 가입하여 국민 보건 향상과 병원 발전을 위해 다양한 노력을 해왔다. 1992년에 서울중소병원장협회 회장을 맡았고, 동시에 대한중소병원장협회 부회장도 했다. 1999년에는 한국병원경영학회 부회장이 되었고, 2001년에는 서울시병원회 회장이 되었으며, 2002년에 한국병원협동조합 이사장, 한국항공우주의학협회 회장을 지냈다. 이러한 경력을 바탕으로 2006년 5월 제33대 대한병원협회 회장에 취임했다. 동시에 한국의학교육협의회 회장도 맡았다.

내가 회장에 출마했을 때 후보는 2명이었다. 나와 경쟁을 벌인 분은 서울 유명 대학교의 의료원장 겸 대학 의무부총장 A였다. 대부분의 협회 병원장들은 그가 당선될 것이라 예상했지만 결과는 나의 당선이었다. 선거 결과가 발표된 후 의료 관계자들과 기자들은 "김철수가 되리라 생각하고 있었다."고 입을 모았다. 실천력과 인화력이 그 누구보다 뛰어나다는 것을 잘 알기 때문이었다.

대한병원협회는 1959년 12월 설립된 사단법인이다. 정관 제3조에서 밝힌 것처럼 "병원제도와 운영에 관한 연구 및 개선, 의사 및 병원 종사자 등에 대한 수련교육의 향상을 통하여 병원의 발전과 그 사명을 완수함으로써 국민보건과 사회복지에 기여하고 인류 번영에 이바지함"을 목적으로 한다. 임기 2년 동안 나는 병원일보다 협회일을 더 많이 하여 몇 가지 보람있는 성과를 남겼다. 2025년 6월 〈병원신문〉과 인터뷰를 하면서 당시 성과들을 돌아볼 수 있었다.

■ **회장 재임 시절 가장 보람 있었던 성과는 무엇이었는지요?**

2007년 제35차 국제병원연맹총회의 성공적 개최가 가장 기억에 남습니다. 서울총회 때 세계 석학들을 초청하여 성공적으로 총회를 치렀습니다. 특히 총회 예산 21억원 중 15억원을 사용하고 6억원은 병원협회 발전기금으로 기부했습니다. 아울러 매년 개최하던 병원관리종합학술대회를 더욱 성장시켰고 해외 관계자, 정부, 국회, 언론 등이 국내의 우수한 병원 연구·교육·산업에 더욱 관심을 갖도록 참여를 유도했으며, 또 학술대회 등록인원과 병원 관련 산업전시회 참여 업체를 대폭 늘려 행사의 질적·양적 성장을 이뤄냈습니다. 그리고 내부적으로는 적자가 이어지던 병협 재정의 안정화와 투명성을 높여 흑자로 전환시켰습니다.

2025년 6월 <병원신문>과의 인터뷰 내용

국제병원연맹총회는 미국 애틀랜타에 본부를 두고 있는 국제병원연맹International Hospital Federation: IHF이 2년마다 개최하는 가장 중요한 행사다. 보건의료, 특히 병원산업과 관련한 다양한 의견과 정보를 교환하고, 회원국 간의 친목을 다지는 기회를 제공한다. 대륙별로 열리기 때문에 한 나라에서 총회가 열리면 그 다음 대회를 유치하기가 매우 어렵다.

나는 병원협회장을 맡기 이전부터 제35차 국제병원연맹총회 및 학술대회를 서울에서 열기 위해 부단히 노력했다. 일본, 중국, 말레이시아, 그리고 스위스, 브라질 등 여러 나라를 찾아가 적극적인 참여를 요청했다. 또한 국회, 정부, 서울시, 유관단체, 언론사에도 부지런히 방문해 한국의 의료기술을 세계에 알릴 수 있는 기회라며 국제적 행사의 지원을 당부했다.

이 행사를 유치할 때 첫 번째 직책인 조직위원장은 병협 회장인 내가 맡아야 했다. 그러나 나는 조직위원장을 A에게 양보하고 스스로 준비위원장을 했다. 병협의 발전과 융합, 대회를 성공적으로 치르기 위해서였다.

그 결과 2007년 11월 6~8일에 걸쳐 코엑스에서 총회와 대회가 대대적으로 열릴 수 있었다. 의료계에서 이처럼 큰 행사는 1885년 4월, 최초의 근대 병원인 광혜원廣惠院 개원 이래 122년 만에 처음이었다. 미국, 일본, 영국 등 전 세계 48개국 의료계 최고 석학들과 병원 최고경영자들이 참가했으며, 외국인을 포함해 3천여 명이 참석했다. 이는 IHF 총회 역사상 가장 성공적이고 큰 행사로 기록되었다. 특히 서울총회 주제인 '유비쿼터스 의료'에 부합되는 각종 의료정보 시스템을 전 세계 병원 최고경영자들에게 선보이며, 우리나라 의료서비스의 높은 수준을 보여주었다. 대한민국 의료의 우수성을 세계로 널리 알리는 기폭제가 된 것이다.

병원협회의 궁극적 목표,
국민들의 건강 증진

2년의 임기 중에 했던 또 다른 일은 '의료기관평가제도'의 개선이다. 2004년 시작된 의료기관평가제도는 대한병원협회가 운영하는 방식이었다. 초기에는 분분한 의견들이 나왔고, 이를 해결하기 위해 인프라를 꾸준히 쌓아갔다. 병원협회는 평가과정에서 드러난 문제점을 짚어보고 개선 사항을 모색하는 등 대응 전략을 찾아갔다.

2011년부터 의료기관인증제로 전환돼 환자의 안전과 의료의 질 향상을 위해 의료기관이 자발적이고 지속적인 노력을 하는 제도로 자리잡았다. 의료기관의 전반적인 진료과정을 환자 중심으로 평가하며 일회성이 아닌 지속적 평가를 통해 의료기관 평가의 질을 높였다.

나아가 EDI, B2B 사업 등 병원 경영 합리화와 회원 권익 향상을 위해서도 꾸준히 노력했다. 당시 요양기관의 97% 정도가 사용해왔던 진료비 전자청구방식인 VAN-EDI의 계약이 만료되면서 의약 5단체와 건강보험심사평가원은 공동 EDI 사업자를 선정하지 않기로 결정했고, 대한병원협회는 KT를 EDI 사업자로 선정했다. 이에 따라 각급 병원급 이상 의료기관들은 평균 31% 가량 인하된 요금으로 EDI 서비스를 제공받았고, 연간 50억원 정도를 절감하는 수혜를 얻었다.

B2B 사업은 회원 병원들에게 도움을 주기 위해 시작됐다. 병원 종사자들을 대상으로 전문 인터넷 쇼핑몰을 오픈하여 병원용품은 물론 최신 가전제품까지 회원들에게 질 좋은 상품을 최저가로 공급했다. 이는 병원협회 포털사이트의 방문자 수를 급증시켜 국민들에게 '병원협회'를 인식시키는 효과를 부가적으로 가져오기도 했다. 이러한 노력들이 지금까지 이어져 현재 병원협회는 다양한 사업을 추진하고 있다. 2년의 임기를 마치고 2008년 5월에 물러난 뒤, 대한병원협회 명예회장으로 이름을 남기게 되었다.

병원협회의 궁극적 목표는 국민들의 건강 증진이다. 국민들이 편안한 마음으로 병원에서 진료를 받고, 질병을 치료하여 일상의 행복한 삶을 유지하는 것이 의료인에게는 큰 보람이다. '병원 발전= 국민행복 증진'이라는 등식이 성립하는 것이다.

우리나라에서 몇 개의 국가 병원을 제외하고 병원(의원)은 개인 혹은 법인의 소유이다. 개인이 운영하는 병원이라 할지라도 공공성을 염두에 두고 운영하는 것이 옳다고 생각한다. 아울러, 병원은 지역사회와 상생하며 지역민들을 위해 봉사와 나눔을 실천하며 기여할 수 있는 방법을 고민해야 한다.

인공지능과 챗GPT 시대, 급격한 변화 속에서 많은 이들이 조급함을 느끼고 있을 것이다. 그런 분들에게 나의 좌우명을 전하고 싶다.

"천천히 가더라도 바르게 가자."

대한민국의 모든 의료인들이 이웃을 돌보는 따뜻한 마음을 잃지 않기를 바란다.

19. (사)대한에이즈예방협회 회장

치유가 불가능한 질병은 없다

지금까지 인류가 경험한 최악의 질병이라면 후천성면역결핍증 AIDS Acquired Immune Deficiency Syndrome, 後天性免疫缺乏症와 암을 들 수 있다. 에이즈는 유엔 통계에 따르면 전 세계적으로 약 7천만 명이 감염되었으며 그중 약 5백만 명이 사망하였다. 우리나라의 경우 2024년까지 누적 감염인(내국인)은 20,451명으로, 남자 19,171명(93.7%), 여자 1,280명(6.3%)이다. 밝혀지지 않은 사람, 혹은 밝히기를 꺼려하는 사람까지 포함하면 이 숫자는 더 늘어난다. 최근 5년 동안 감염자 숫자는 꾸준히 증가하고 있다. 전염 속도와 사망률 측면에서 보더라도 에이즈는 매우 치명적인 질병이라 할 수 있다. 전쟁, 기아, 사고와 같은 외적 요인을 제외한다면, 이처럼 결정적인 피해를 주는 질병도 드물다. 에이즈의 발생 원인과 감염 경로를 살펴보면, 인간이 자연의 순리, 즉 창조주의 섭리를 거스른 결과라고 해석하는 시각도 있다. 다소 강한 표현일 수 있으나, 인간의 삶과 윤리에 대해 다시 생각하게 만드는 질병임은 분명하다.

에이즈는 1970년대 말 미국과 아프리카에서 발생하였을 것으로 추정하지만 1950년대 말 중앙아프리카에 서식하는 녹색원숭이Chlorocebus sabaeus에서 유래되어 미국과 유럽으로 전파되었을 것으로 추정하는 설도 있다. 에이즈 환자는 1981년 미국에서 처음 발견된 것으로 기록되어 있다. 아프리카 오지의 녹색원숭이가 지니고 있던 에이즈의 원인균HIV-1이 왜, 어떻게 인간의 몸으로 옮겨가게 되었는지 정확한 추적은 어렵다.

한편, 북미와 유럽 등 이른바 선진 문화권에서 초기 감염 사례가 보고된 점도 주목할 필요가 있다. 동성애(양성애), 마약, 성윤리의 붕괴 등은 문화의 발달과 함께 증가하는 복합적 현상으로 보이기도 한다. 에이즈를 흔히 '천형天刑의 질병'이라 부르기도 한다. 그러나 나는 그렇게 생각하지 않는다. 예방할 수 없는 질병은 없으며, 치료가 어렵다고 해서 반드시 치유가 불가능한 것은 아니기 때문이다.

나는 2010년 2월, 에이즈 예방과 감염인에 대한 사회적 편견 해소, 그리고 그들의 건강 증진을 위해 사단법인 대한에이즈예방협회 제7대 회장을 맡았다.

이 협회는 1993년 10월 '에이즈의 예방과 감염인 및 환자의 권익을 옹호하고 복지를 증진함으로써 국민보건 향상에 기여'함을 목적으로 설립되었다. 슬로건은 "편견과 차별을 넘어 에이즈 예방에 최선을 다하겠습니다"이다. 협회가 하는 일은 에이즈 예방을 위한 홍보 및 계몽, 감염인 재가 지원 및 간병 지원, 감염인 및 환자를 위한 쉼터의 설치 운영, 에이즈에 관한 조사 연구, 국제기관 및 외국과의 정보 교류 및 상호 협조 등 다양한 활동을 수행하고 있다.

감염인과 환자들이
차별받지 않는 세상을 위해

우리나라에서 에이즈 감염인이 처음 발견된 것은 1985년(외국인 남성)이었고, 같은 해 말 내국인 감염 사례가 처음 보고되었다. 에이즈 감염인은 인체면역결핍바이러스Human Immunodeficiency Virus; HIV에 감염되어 체내에 HIV를 가지고 있는 사람이며, 타인에게 전파가 가능하다. 치료하지 않는 경우 에이즈로 진행되기까지 평균 8~10년이 소요된다. 그러나 적절한 항바이러스제 치료를 받으면 에이즈로 진행되는 것을 막을 수 있을 뿐 아니라 정상적인 삶을 유지할수 있다. 완치는 현재까지 불가능에 가깝지만, 관리만 잘하면 오랜 기간 스스로의 건강과 수명을 유지할 수 있다.

그래서 나는 회장 취임 이후 에이즈는 불치병이 아니라 '관리 가능한 난치병'이며, 조기에 치료하면 일반인과 다름없이 생활할 수 있다는 점을 적극적으로 알렸다. 또한 감염인들이 차별받지 않고 자신의 삶을 이어갈 수 있도록 다양한 지원을 펼쳤다. 당시 협회 김경선 국장은 나의 활동을 이렇게 평가했다.

화환 대신 쌀로 가져오세요

<대한에이즈예방협회 김경선 국장>

에이즈예방협회 회장으로 취임한 김철수 회장님은 취임할 때 찾아올 내빈들에게 일일이 전화를 걸어 화환 대신 쌀을 가져오라고 부탁했습니다. 그 쌀을 모아 생활이 어려운 환자들에게 나누어주고 격려하는 모습을 보자, 과연 김 회장님은 그동안 들어온 것처럼 남다른 분이라는 것을 알 수 있었습니다.

에이즈라 하면 무슨 천형을 받은 사람들로 대부분 인식하고 있습니다. 그렇지 않다는 것을 널리 홍보하고 에이즈 환자가 힘차게 살아갈 수 있도록 용기를 북돋아준 사람도 바로 김 회장님이었습니다.

암이나 기타 다른 질병과 마찬가지로 에이즈는 꾸준히 치료하면 자신의 수명까지 살 수 있다는 것이 이미 의학적으로 나타난 사실입니다. 에이즈라는 병이 난치병이지 불치병은 아니며, 어떻게 보면 다른 질병보다 관리만 잘하면 정상인과 똑같은 생활을 할 수 있습니다.

김 회장님은 이러한 사실들을 홍보하면서 환자들을 직접 만나 상담하고 따뜻한 말로 용기를 주었습니다. 협회에 상담하러 온 젊은 남자 환자에게 들려준 말이 지금도 기억에 남습니다.

"이봐요, 당신 감기 걸려봤지? 에이즈도 감기와 다름없어. 물론 잘 낫지 않는 감기라고 보면 돼. 당뇨 환자나 암 환자는 죽을 때까지 약을 먹는 사람들이 많아. 일반 사람들도 건강이 나쁘거나 몸이 쇠약해서 사회활동을 못하는 사람이 많아. 그렇지만 지금 자네는 멀쩡하고 건강하거든… 그러니까 지금부터 나라에서 주는 약을 거르지 말고 먹어야 해. 그러면 건강하게 살다가 수명이 다해서 죽는 거야. 알겠지?"

그 청년의 어깨도 두드려주고, 손도 잡아주었습니다. 이러한 행동은 타고난 천성이 선하고 부드럽지 않으면 절대 할 수 없는 것입니다. 환자들이 직장을 잡지 못했거나 직장에서 부당한 대우를 받는다면, 즉시 관계기관에 전화를 걸어 시정토록 조치를 취해주었습니다.

특히 국민들에게 잘못 알려진 에이즈 상식과 각 언론기관의 보도 내용에까지 일일이 관심을 가지고 홍보물을 제작하여 배포했습니다. 환자들의 권익과 활발해진 사회활동이 바로 이러한 김 회장님의 노력의 결실이라 생각합니다.

회장으로 재직하던 2011년 7월에 에이즈상담센터를 개소했으며, 2012년 2월에 8대 회장을 연임했다. 그리고 2015년 2월에 퇴임했다. 5년 동안 에이즈 예방, 감염인 건강 증진과 복지 향상을 위해 노력한 것은 의료인으로서의 책임을 다한 기간이었다.

우리에게 널리 알려지지는 않았으나 12월 1일은 '세계 에이즈의 날'이다. 1988년 영국 런던에서 열린 세계보건장관회의에 참가한 148개국이 에이즈 예방을 위한 정보 교환, 교육 홍보, 인권 존중을 강조한 〈런던선언〉을 채택하면서 제정되었다. 이 날은 에이즈에 대한 정확한 정보와 예방책을 알리기 위해 다양한 행사를 마련하고, 에이즈에 대한 편견을 깨고 차별을 없애기 위한 운동을 벌인다. 특히 혈액과 따뜻한 마음을 의미하는 '붉은 리본 캠페인'도 전개한다.

지금도 우리나라에는 1만 5천 명이 넘는 감염인과 환자들이 있다. 그들은 우리와 똑같은 대한민국 국민이다. 그들이 국민으로서 떳떳하게 생활하고 건강하게 살아갈 수 있도록 관심을 기울여야 한다. 나아가 감염인과 환자는 믿음을 바탕으로 희망의 곳간을 채워나가야 한다. 치유까지 먼 길을 가야 하기 때문이다. 난치병 진단을 받았거나, 혹 시한부 생명의 절망적 선언을 들었다 할지라도 포기하지 말아야 한다. 절망은 끝이 아니라, 새로운 출발점이다. 그 믿음이야말로 삶을 지탱하는 가장 큰 힘이기 때문이다.

김철수 단장과 함께한
치유와 희망의 여정

고영우 (민주평통 의료봉사단 간사)

민주평통 의료봉사단이 출범한 2014년부터 지금까지, 현장에서 지켜본 김철수 단장님은 단순한 의료인을 넘어 '통합과 상생'이라는 가치를 실천하는 진정한 리더였습니다. 박근혜 대통령의 지시에 의해 제16기 민주평통 자문위원을 주축으로 출범한 의료봉사단은 김철수 단장님 (前 대한적십자사 회장, 現 H+양지병원 이사장)을 초대 단장으로 모시며 '통일맞이 하나-다섯 운동'의 일환으로 북한 이탈 주민을 위한 실질적인 지원 활동의 닻을 올렸습니다.

지난 여정을 되돌아보면, 단장님과 함께 일궈낸 성과는 크게 '의료를 통한 치유'와 '장학사업을 통한 미래 투자'라는 두 가지 축으로 요약됩니다. 바로 '의료를 통한 치유'와 '장학사업을 통한 미래 투자'입니다.

첫째, 의료 사각지대에 놓인 북한 이탈 주민들에게 '찾아가는 인술'을 펼쳤습니다. 김철수 단장님의 지휘 아래 의료봉사단은 전국을 순회하며 총 12회의 북한 이탈 주민을 위한 대규모 진료 봉사를 실시했습니다. 이 과정에서 내과, 정형외과, 신경외과, 치과, 이비인후과, 한방진료 등 필수적인 진료 과목은 물론, 흉부 X선 검사와 혈액검사 등 종합병원 수준의 검진 시스템을 제공했습니다. 단순한 진료에 그치지 않고 약 6억 원 규모의 약품과 치료비를 지원하여 경제적 어려움을 겪는 탈북민과 다문화가정의 건강권을 지켜냈습니다. 또한 구급약품 키트와 생활·건강 물품을 지속적으로 지원함으로써, 그들이 우리 사회의 따뜻한 정을 느낄 수 있도록 세심하게 배려했습니다. 이는 전문 의료인이 포함된 봉사단의 재능기부를 통해 지속가능한 봉사 체계를 확립했다는 점에서 큰 의미가 있습니다.

둘째, 장학사업을 통해 '통일 미래 세대'를 육성했습니다. 김철수 단장님께서는 항상 "자녀들을 위한 장학사업은 그들이 미래를 향해 나아갈 수 있는 실질적인 디딤돌"이라고 강조하셨습니다. 이러한 철학을 바탕으로 2016년부터 시작된 장학사업은 의료봉사단의 또 다른 핵심 과업이 되었습니다. 2025년 6월까지 진행된 제17차(21기 4차) 장학금 수여식을 포함하여, 우리는 지금까지 대학생 268명, 초·중·고생 339명 등 607명의 학생에게 배움의 기회를 제공했습니다. 누적 장학금 지급액은 총 7억 5,710만 원에 달합니다. 이는 단순한 금전적 지원을 넘어, 탈북민 자녀와 다문화가정 학생들이 우리 사회의 건전한 일원으로 성장하여 통일 미래의 주역이 되도록 돕는 확실한 투자였습니다.

셋째, '사회적 통합'의 가교 역할을 수행했습니다. 우리 봉사단의 활동은 북한 이탈 주민의 자립 기반을 마련하고, 그들을 우리 사회로 포용하는 사회적 통합에 기여해 왔습니다. 김철수 단장님은 의료지원과 장학사업이 민주평통의 핵심 가치인 '통합과 상생'을 실현하는 길임을 항상 주지시키셨고, '취약계층에 대한 보호'의 철학을 몸소 실천해 오셨습니다.

지난 10여 년 동안 단장님을 보좌하며 의료봉사단의 간사로서 현장을 누빌 수 있었던 것은 저에게도 큰 영광이었습니다. 단장님의 열정을 통해, 우리가 함께 흘린 땀방울이 통일의 밑거름이 되고 사회적 약자들에게 희망의 빛이 되었음이 널리 전해지기를 소망합니다.

2026년 2월

21. 생과 사의 갈림길

생명은 의사를 기다려주지 않는다

수련의 생활은 의사에게 대단한 시련의 기간이다. 나에게는 아주 오래전 일이지만 수련修練과 시련試鍊은 닮은 말이라는 생각이 저절로 든다. 의사에게 긴장이라는 것은 늘 따라다니는 꼬리표 같은 것이지만 수련의 긴장은 상상을 초월한다. 선배 의사들 눈치 보기, 과장 선생님의 혹독하리만큼 엄한 말씀, 응급실에서 수시로 만나는 생사의 비상사태... 그 모든 시간들은 분초를 다툴 뿐 아니라 입술이 바싹 마르고, 눈썹이 타들어가는 긴장의 연속이다. 병원에 가면 한번 유심히 보라. 의사들의 걸음걸이는 무조건 속보 스타일이다. 앞으로 쏠린 듯한 자세로 종종걸음이다. 긴장 속에 걷다 보니 느릿느릿한 걸음을 모른다. 수련의 시절에 밴 속보 습관이 평생을 가는 경우도 있다. 그래서 나는 늘 누구보다 빨리 걷는다.

서양 격언에 "시간과 조류潮流는 사람을 기다려주지 않는다."는 말이 있다. 이 말을 "생과 사는 의사를 기다려주지 않는다."로 바꿔 말한다. 나는 관악산에 오를 때면 젊은이들 못지않게 빨리 오르내린다. 평소 병원에서 천천히 걷지 못하고 빨리 걷는 습관이 몸에 배어 산에 빨리 오르는 것이다. 한편으로 병마病魔는 그 이름에서도 알 수 있듯 마귀의 본성을 지니고 있어 환자가 잠들고 의사가 쉬고 있으면 더욱 기승을 부릴 것 같은 느낌이다.

1970년대 초, 서울 한일병원에서 수련의로 근무할 때다. 어느 날 응급실로 고3 여학생이 실려왔다. 입시의 중압감을 견디지 못하고 다량의 음독을 한 소녀는 응급실에 왔을 때 이미 죽음의 문턱을 막 넘기 직전의 상태였다. 여러 의사들이 팔을 걷어붙이고 즉각 응급조치와 소생술을 취했으나 가늘게 숨만 붙어있을 뿐 소생할 기미가 없었다. 의사들 모두 고개를 돌리며 포기하는 상황이었다. 그때 나마저 포기해버리면 이제야 피어나는 예쁜 꽃 하나가 세상에서 영영 사라질 것이라는 안타까운 마음이 들어 병상을 떠날 수 없었다. 흔히 말하는 수련의의 별칭인 '새끼의사'가 선배 의사들이 손을 뗀 환자에 미련을 갖는다는 것은 하극상이라 할 수도 있었다. 그러기에 무척 조심스러웠으나 나는 끝까지 병상을 지켰다.

정성껏 몇 가지 처치를 더하고 관찰을 계속한 끝에 소녀는 3일 만에 현저히 호전된 상태를 보였다. 그리고 마침내 목숨을 보전할 수 있었다. 그간의 긴장과 초조 속에서 내 몰골은 말이 아니었고, 몸은 물 먹은 솜처럼 무거웠다. 그러나 가슴 깊이 차오른 보람은, 유럽을 정복한 나폴레옹에 비할 만큼 컸다.

삶과 죽음의 문턱을 넘나드는 환자의 위급함을 대부분의 환자 스스로는 알지 못한다. 대개 의식불명이거나 비몽사몽 같은 상태에 있는 경우가 많기 때문이다. 흔히 말하는 식물인간과 다름없다. 살아야 한다는 의지마저 산소호흡기의 작동이나 오실로스코프에 나타나는 미약한 그래프 모양으로 표현될 뿐이다. 이때 한 인간의 생명은 신의 손에 의존하거나 절대적이라 할 만큼 병상을 지키는 의사의 마음가짐에 달려있다 해도 지나친 말이 아니다. 생과 사의 갈림길을 결정하는 의사의 몫이 크고 무거울 수밖에 없다.

누구든 '이것이 최선인가?'라고 물어야 한다

우리는 일상에서 "최선을 다한다."는 말을 자주 쓴다. 때로는 아무렇지도 않게 이 말을 쓴다. 어떤 일이 성사되지 못했음에도 "나는 최선을 다했다."고 말하는 것이다. 그 말에는 자기 책임을 회피하기 위한 변명이 담겨 있다. '최선이냐 아니냐'가 생명으로 이어지는가? 아니면 생명의 단절을 부르는가?의 갈림길에 이르면 의사는 스스로에게 물어야 한다.

"이것이 최선인가?"

그리고 또 물어야 한다.

"모자람은 없는가? 추호라도 소홀함은 없는가?"

이 질문은 의사뿐 아니라 모든 사람에게 적용된다. 어떤 일의 결과가 나왔을 때 "나는 정말 최선을 다했는가?"를 물어야 한다. 그 질문이 나오지 않도록 진심으로 최선을 다해야 한다.

죽음으로 가는 여학생의 길목에서 내가 혼신의 힘으로 막아서야겠다는 의지와 책임감이 있었기에 살릴 수 있었다는 생각이다. 선배와 동료 의사들이 포기하여 꺼져가던 소녀의 생명을 되살려 보려던 나의 생명에 대한 애착과 열정은 어디서 나온 것일까? 평상시 같으면 들어올리기에도 벅찬 무거운 산소통을 껴안고 오르락내리락 하던 초인적 에너지는 어디서 나온 것일까? 생명은 의사를 기다려주지 않는다는 소명의식과 책임의식에서 나온 것인가. 〈히포크라테스 선서〉에서 다짐하는 대로 인종, 종교, 국적, 정파, 사회적 지위 여하를 초월하여 오직 환자에 대한 나의 의무를 다하겠다는 것과 인간의 생명을 그 수태된 때로부터 지상의 것으로 존중히 여기겠다는 서약 때문인가. 아니면 아내를 온 세상만큼 사랑하기 때문인가.

나는 믿고 있다. 생명은 너무나 소중하기 때문에 잠시만 소홀이 다루어도 속절없이 떠나버릴 수 있다는 것을. 그래서 어떤 생명도 기다려주지 않음을 믿는다. 그러나 의사의 눈으로 보면, 오늘날 인간의 환경은 여전히 많은 문제를 안고 있다.

미숙아의 비율이 늘어나고 이른둥이(조산아)도 증가하여 불완전한 생명이 태어나고, 새 생명의 건강이 위협받고 있다. 환경이 열악해지고 경제·사회적 여건이 나빠진 탓이다. 나의 아내는 잘 알고 있다. 의사의 시간은 언제나 부족하며, 생명은 결코 기다려주지 않는다는 사실을.

언제인가 나는 아내에게 말했다. "우리 두 사람은 바쁜만큼 행복할 수 있음을 믿으며 살자."고. 그것이 우리 두 사람의 숙명이라고 말했다. 흰머리가 늘어나는 만큼 이웃과 사회와 나라의 건강한 행복을 지킬 수 있다면 우리는 행복할 것이라고.

22. 의사의 선서

히포크라테스 선서와 나의 소명
: 생명을 향한 긴 응답

전통적 히포크라테스 선서

"나는 의술을 가르쳐 준 스승을 부모처럼 여기며, 나의 능력과 판단에 따라 환자의 이익을 위하여 최선을 다하고, 해롭고 부정한 행위를 하지 않겠노라. 치명적인 약을 누구에게도 주지 않으며, 그러한 조언도 하지 않겠다. 환자의 비밀을 지키고, 나의 삶과 의술을 순결하고 경건하게 유지하겠다."

현대적 히포크라테스 선서

"나는 의학을, 인류 건강을 위한 사명으로 인식하고, 환자의 생명과 인격을 존중하며, 의학적 판단에 있어 양심과 학문적 원칙에 따라 행동할 것을 맹세한다. 환자의 비밀을 엄수하고 의사의 품위를 유지하며, 동료 의료인과 협력하여 국민 건강 증진에 이바지할 것이다."

의사의 길에 처음 들어서던 청년 시절, 나는 히포크라테스 선서 앞에 서서 한 인간이자 의료인으로서의 삶을 엄숙히 서약했다. 당시의 내게 그 선서는 단순한 직업적 지침이나 통과 의례가 아니었다. 그것은 생명을 대하는 근본적 태도이자 인간을 향한 무한한 존중을 담은 윤리적 선언이었으며, 평생의 삶을 이끌어갈 흔들리지 않는 나침반이었다.

기독교 신앙인으로서 내과의사의 길을 걷고, 서울효천의료재단 이사장과 대한병원협회장, 그리고 대한적십자사 회장으로서 공적 책임을 다해왔던 모든 시간의 중심에는 늘 그날의 약속이 살아 숨쉬고 있었다. "무엇보다 환자에게 해를 끼치지 말라."라는 선서의 첫 문장은 고비마다 내게 임하는 하나님의 음성이자 기도의 언어였다. 모든 생명은 창조주로부터 온 것이기에, 환자의 생명과 존엄은 그 어떤 의학적 판단이나 세속적 이해관계보다 절대적으로 앞서야 한다는 믿음이 나를 지탱해 주었다.

의학은 정교한 기술이지만, 그 기술을 완성하는 의술은 결국 사랑이다. 차가운 청진기와 날카로운 수술 도구가 오가는 현장이었지만, 병상 곁에서 마주한 환자들의 고통 앞에서 나는 유능한 의사이기 이전에 아픔을 함께 나누는 한 인간으로 서고자 노력했다. 환자가 맡긴 비밀을 내 몸처럼 소중히 지키고, 가장 낮은 곳에서 소외된 이들의 편에 서며, 그 어떤 극한의 상황에서도 인간의 존엄을 포기하지 않는 것, 그것이 내가 평생을 바쳐 실천하고자 했던 히포크라테스 선서의 진정한 본질이었다.

의사로 살아온 긴 세월은
히포크라테스 선서에 대한 응답

돌이켜보면 의료 현장과 인도주의적 실천, 그리고 우리 사회의 건강을 지키기 위한 공적인 발걸음들은 모두 이 선서라는 뿌리에서 피어난 꽃들이었다. 생명에는 국경이 없고 고통은 이념을 가리지 않는다. 의사의 책무 또한 국경과 이념의 경계를 넘어 인류 보편의 가치를 향해야 한다는 사실을 나는 수많은 구호 현장과 진료실에서 온몸으로 배웠다.

이제 인생의 황혼기에 서서 지난날을 되돌아보며 다시금 그 선서를 조용히 읊조려 본다. 의사로 살아온 나의 긴 세월은 결국 히포크라테스 선서에 대한 하나의 길고도 간절한 응답이었다. 나의 삶이 처음 품었던 그 순수하고 뜨거웠던 다짐에서 크게 벗어나지 않았기를, 부족한 인간이었으나 생명을 향한 경외와 책임을 끝까지 놓지 않고 살아왔기를 소망한다.

어느덧 세월의 무게가 어깨 위에 내려앉았으나, 나의 소명은 결코 멈추지 않는다. 나는 여전히 꿈을 꾼다. 남겨진 시간 동안 더욱 겸손하게 배우고, 더 뜨겁게 사람을 사랑하며, 생명을 살리는 고귀한 길 위에서 쉼 없이 정진할 것이다. 그것이 내게 주어진 생명의 부름에 마지막까지 응답하는 길이라 믿기 때문이다.

23. 서울효천의료재단

새벽의 옹달샘처럼
봉사하는 의료재단

나의 호 曉泉효천은 동수東洙 큰형님이 지어주셨다. '새벽 미명의 옹달샘'으로 풀이된다. 언제나 새벽에 일어나 하루 일과를 시작하는 나를 보고 지어주신 것이다.

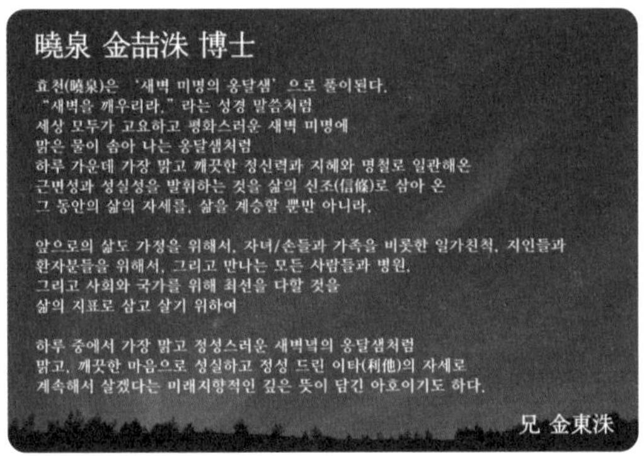

효천의 뜻(형 김동수)

"새벽을 깨우리라"라는 성경 말씀처럼

세상 모두가 고요하고 평화스러운 새벽 미명에

맑은 물이 솟아나는 옹달샘처럼

하루 가운데 가장 맑고 깨끗한 정신력과 지혜, 명철로 일관해 온

근면성과 성실성을 발휘하는 것을 삶의 신조로 살아온
그동안의 삶의 자세를, 삶을 계승할 뿐만 아니라
앞으로의 삶도 가정을 위해서,
자녀 자손들과 가족을 비롯한 일가친척, 지인들과
환자분들을 위해서, 그리고 만나는 모든 사람들과 병원,
그리고 사회와 국가를 위해 최선을 다할 것을
삶의 지표로 삼고 살기 위하여
하루 중에서 가장 맑고 정성스러운 새벽녘의 옹달샘처럼
맑고 깨끗한 마음으로 성실하고 정성 들인 이타利他의 자세로
계속해서 살겠다는 미래지향적인 깊은 뜻이 담긴 아호이기도 하다.

맑은 물을 아낌없이 주는 옹달샘처럼 사람들과 세상에 감사하고 봉사한다는 의미도 담겨 있다. 그러하기에 나는 늘 효천의 마음가짐으로 살아가려 노력한다. 이 마음을 담아 〈기로문학〉耆老文學 창간호에 시 '새벽'을 게재했다.

<새벽>

나의 하루는
고요한 창을 여는 것
하늘의 꿈을 꾸는 것

나의 걸음은
긴 새벽 별 따라
세상을 향해
첫발을 내딛는 것

나의 삶은
새벽을 열며
세상의 빛이 되는 꿈을 꾸는 것

하루에 감사하고

'세상의 빛이 되라'

행복을 찾아가는 그 길

- <耆老文學> 창간호 초대작가 시선, 2025년 6월

이 시의 구절처럼 나는 '새벽의 길은 행복을 찾아가는 길'이라 생각하며 언제나 새벽과 함께 하루를 시작한다.

새벽 4시, 가장 먼저 병원을 돌아보는 이사장

나는 전날 저녁에 몇 시에 자는 것과 상관없이 새벽 4시가 되면 어김없이 일어난다. 고등학교 때부터 오래 몸에 밴 습관이다. 병원으로 출근해 한 바퀴 둘러보는 것으로 하루 일과를 시작한다. 어젯밤 구급차에 실려 온 교통사고 환자는 용태가 좋아졌는지, 얼음에 미끄러져 골반을 다친 신림6동 할머니는 오늘쯤 걸을 수 있을지… 이러한 생각을 하면서 1층 응급실에서부터 10층까지 돌아본 다음에야 내 집무실로 간다. 그 다음에 할 일은 전 직원들이 환자들을 대할 준비가 되어있는지를 점검한다.

옛말에 있듯 '창업이수성난'創業易守城難은 틀린 말이 아니다. 병원을 세우기는 쉬울 수 있으나 사람들에게 사랑받고 인정받는 병원으로 성장하기는 결코 쉽지 않다. 오직 돈을 버는 것이 목적이라면 병원의 진정한 성장은 기대하기 어렵다. 1976년, 내가 군복무 중일 때 아내가 〈김란희 산부인과〉를 먼저 개원하고 2년 후인 1978년에 〈김철수 내과〉가 문을 열었다. 그리고 또 2년 후인 1980년 6월에 〈양지병원〉으로 통합 개원하였고, 2007년에 종합병원으로 승격되었다.

양지병원은 지역사회를 넘어 서울 안에서도 우수한 병원으로 인정받았으며, 2008년 병원 원장으로 취임한 김상일 병원장에 의해 H+가 추가되어 'H+양지병원'으로 재탄생했다. H는 3가지 뜻이 담겨 있다. Hope(희망), Humanity(인간 존중), Healing(치유)이다. "환자들과 세상에 희망을 주고 인간 존중의 따뜻한 마음으로 치유한다."라는 의미를 담고 있다. (+) PLUS는 "더한다, 함께한다, 더 나은 것을 추구한다."라는 뜻으로 1976년부터 이어온 양지병원의 역사를 넘어 새로운 H+양지병원으로 거듭났다는 것을 표명했다. 그 이념에 따라 H+양지병원은 앞선 의학과 사람을 먼저 생각하는 따뜻한 마음으로 사랑을 실천하고 있는 병원이다.

김상일 원장이 병원장으로 취임하면서 나는 효천의료재단 전반을 이끄는 이사장을 맡았다. 병원의 신념과 운영 방침을 홈페이지에 게재하여 앞으로 나아갈 바를 밝혔다.

<우리의 약속>

최상의 의료서비스를 제공하여 인류의 건강한 삶에 기여한다.
누구에게나 가장 신뢰 받는 병원, 최적의 의료를 제공하는 병원, 직원 모두가 행복하고 긍지를 느끼는 병원, 건실한 경영으로 성장·발전하는 병원을 만들어 가겠습니다.

1. 환자 중심의 혁신적인 병원

H+양지병원은 '사랑의 실천'이라는 경영 이념 아래 1980년 개원한 이후, 끊임없는 혁신과 발전을 통해 환자 중심의 의료 환경을 만들어 왔습니다. 2007년 종합병원으로 승격되었고, 지역응급의료기관으로 선정된 이래로, 2013년에는 17개 진료과와 278병상으로 그랜드 오픈하였으며, 같은 해 인턴수련병원으로 지정되었습니다.

우리 병원은 환자 중심으로 설계된 첨단 의료정보시스템을 도입하고, 제2 임상시험센터 증축과 의생명연구원을 발족하여 연구에서도 중요한 역할을 하고 있습니다. 또한 세계 최초로 음압형 워크스루를 발명하여 선별진료소를 혁신적으로 운영하고 있으며, 서남부권 종합병원 최초 보건복지부 4주기 의료기관 인증을 획득하였습니다.

2019년부터 미국 시사주간지 <뉴스위크>가 선정한 '한국최고병원'으로 7회 선정되었습니다. 최근에는 다빈치 로봇 수술을 본격 시행하여 수술 후 합병증 및 감염 위험을 줄이고, 환자들이 일상생활로 빨리 복귀할 수 있도록 돕고 있습니다.

H+양지병원은 대한민국 비대학·비공공 병원 분야에서 선도적인 역할을 인정받고 있으며, 앞으로도 지속적으로 혁신과 발전을 추구해 나가겠습니다.

2. 신뢰받는 최고의 병원

우리는 항상 환자분들의 편의를 최우선으로 고려하여 병원을 새롭게 단장하고, 우수한 의료진과 첨단 의료 장비를 갖추어 의료의 질과 서비스 향상을 위해 끊임없이 노력하고 있습니다. 2.5개 병상당 1명 이상의 전문의를 확보하여, 병상 대비 전문의 수가 매우 많은 비대학 종합병원으로, 환자 안전과 질 향상에 있어서도 혁신적인 평가를 받고 있습니다. 응급의학과와 중환자의학과에서는 24시간 상시 대기하는 전문의를 통해 신속하고 정확한 진료를 보장하고 있습니다. 연간 8만 명 이상의 건강검진을 실시하며, 차별화된 의료서비스와 특성화센터를 통해 지역 거점병원의 역할을 충실히 수행하고 있습니다.

우리 병원은 '가장 신뢰받는 병원'이라는 비전을 가지고, 진실된 고객 중심의 병원으로서 여러분을 주인처럼 모시고, 병원 이용의 편의를 극대화하겠습니다. H+양지병원에 오시는 모든 분들께 만족을 드리고,

신뢰받는 병원으로서 지역사회 의료의 큰 축을 담당하며, 건강한 사회를 향한 끊임없는 열정으로 선진 종합병원으로 나아가겠습니다.

"여러분 모두의 건강을 기원합니다."

에이치플러스 양지병원 이사장 김철수

50년의 뿌리 위에 세운 세계적 의료재단

H+양지병원은 환자의 질병을 치료하고 건강을 증진시키는 본연의 일 외에도 인재 양성, 지역사회 봉사, 노사문화 정착 등 여러 분야에서 다양한 일을 하고 있다. 이는 우리 병원뿐 아니라 모든 병원과 의원들이 추구해야 할 소명이라 생각한다.

이를 더욱 확장시켜 글로벌 메디컬 그룹으로의 도약을 위해, 2023년 3월, 의료법인 서울효천의료재단이 탄생했다. 재단 산하에는 H+양지병원, H+의생명연구원, H+재활자립병원, H+인터내셔널 메디컬센터(H+하노이), 강남구립 행복요양병원 등 5개의 기관이 있다.

H+양지병원은 28개 진료과, 120여 명 전문의, 1,200여 명의 직원들이 근무하며 국가검진자는 관악구 1위, 서울시 전체 5위이다. 국제병원은 131개 나라에서 많은 환자들이 오고 있다. H+의생명연구원은 2011년 임상연구센터로 출발해 2019년 의생명연구원으로 성장했다. '초기임상실험' 부분에서 14년 연속 1위를 지키고 있으며, 그동안 '생물학적 동등성시험' 1,800건 이상, '1상 임상시험' 280건 이상을 수행해 세계적 수준의 임상시험기관으로 인정받고 있다. 비대학병원 중 최초로 보건복지부 '기관생명윤리위원회(IRB)' 평가·인증을 획득한 것도 그 신뢰의 방증이다.

인공신장실은 13년 연속 적정성평가 1등급으로 전국 5위 규모의 투석 시설을 갖추고 있다. 신장내과 전문의 3명과 전문간호사 23명이 대학병원과 동일한 수준의 시설과 처치로 환자를 돌봐 우수 인공신장실 인증을 획득했다.

진단검사의학과는 2025년 우수검사실 신임 인증평가에서 매우 우수한 성적으로 2년 연속 인증을 획득하였다. 유전자 검사 인증평가에서도 매우 우수한 성적을 거두었다. 또한 진단검사 적정성관리위원회에서 주관하는 사례공모에서 우수상을 받았으며, 대한진단검사 정도관리협회에서 시행하는 신빙도조사사업에서도 우수한 성적을 거두었다. 2025년 진단검사 건수는 520만 건으로 병상수 대비 최고 건수다.

H+양지병원에 대한 평가는 모든 부분에서 앞서고 있다.

2024년 적정성 평가에서 만성 폐쇄성 폐질환(2023년 평가), 결핵(2023년 평가), 급성상기도감염(2023년 평가), 급성기 뇌졸중(2022년 평가), 대장암(2022년 평가), 수혈(2023년 평가), 수술의 예방적 항생제(2023년 평가), 중환자실(2023년 평가), 우울증 외래(2023년 평가). 마취 적정성 평가(2023년 평가)에서 1등급을 받았다. 2025년 적정성 평가에서 만성 폐쇄성 폐질환(2024년 평가), 결핵(2024년 평가), 혈액투석(2023년 평가), 급성상기도감염(2024년 평가), 유방암(2023년 평가), 폐렴(2023년 평가), 영상검사(2023년 평가)에서 1등급을 받아 다시 한번 H+양지병원의 우수성을 인정받았다.

내시경실센터는 대한소화기내시경연구재단에서 주관하는 '우수내시경실' 인증을 4회 연속 획득하였으며, 대한소화기내시경학회 내시경 세부 전문의 수련병원 및 대한췌장담도학회 수련병원으로 지정되어 전문의 양성에 기여하고 있다.

또한 건강보험심사평가원 평가에서 위암 적정성평가 1등급 5회 연속, 대장암 적정성평가 1등급 4회를 획득하며 진료의 우수성을 입증하였다. 내시경 AI 추적 장비를 비롯한 최신 진단·치료 내시경 장비를 갖추고, 소화기내과 전문의 11명과 전문간호사 31명이 협력하여 연 4만 례 이상의 진단 및 치료 내시경을 시행한다.

비만센터 김용진 교수님은 고도비만 수술 분야 최고 권위자이다. 2025년 12월 기준 국내 최다 수술 5,000례를 달성했고, 국내 최초로 미국 SRC 〈마스터 서전〉에 선정(아시아 5번째)되었다. 환자 맞춤형 수술(위 우회술, 위절제술, 십이지장 치환술 등 개인 상태에 맞춰 선택) 경험이 풍부한 전문인 력으로 구성된 전담팀(전문의 3명, 간호사, 임상영양사)의 배치로 수술 전·후 및 장기 사후관리까지 책임 관리하고 있다.

로봇수술센터는 선구적인 시스템 도입을 통해 비뇨의학과, 외과, 비 만대사외과, 산부인과 등 주요 진료과에서 로봇수술을 안정적으로 운 용하고 있다. 정교한 기술력과 풍부한 임상 경험을 바탕으로 쉼 없이 정 진한 결과, 마침내 로봇수술 500례 달성이라는 유의미한 금자탑을 쌓 아 올렸다. 위암·대장암·간암 등 주요 소화기계 암을 비롯해 전립선암, 신장암 등 비뇨기계 암, 담낭 질환과 탈장 수술에 이르기까지 넓은 질 환 영역에 로봇수술을 적용하고 있다. 진료 범위를 지속적으로 확대하 여 안전성과 치료 성과를 높이기 위해 수술 전 정밀 진단과 체계적인 준 비 과정을 거친다. 환자 맞춤형 수술 계획을 세우고, 수술 후에는 표준 화된 회복 관리 프로토콜과 다학제 협진 시스템을 통해 환자의 빠른 일 상 복귀를 지원한다.

나아가 H+양지병원은 세계적 시사주간지 〈Newsweek〉가 선정한 '한국 최고병원'에 7회 선정(2019~2023 / 2025~2026)되었다. 코로나19 초 기에 세계에서 처음으로 '워크스루'를 개발해 〈워싱턴포스트〉 1면에 소 개되었으며, 〈내셔널지오그래픽〉, NHK, ABC, BBC 등 30여 나라, 50 여 언론사가 극찬했다.

H+의생명연구원은 2011년 임상연구센터로 출발해 2019년 의생명연구원으로 성장했다. 10여 년 넘게 국내 임상시험의 발전을 선도하고 있으며, 비대학병원 중 최초로 보건복지부 '기관생명윤리위원회(IRB)' 평가·인증을 획득했다. 국내 최다 임상시험 수행, 국내 최고 임상시험 서비스, 국내 최대 임상시험 인프라를 갖추고 있다.

구로구에 위치한 H+재활자립병원은 18층 규모의 단독 건물(연면적 5,185㎡) 내에 121개 병상을 갖춘 전문 재활 의료기관이다. 170여 명의 숙련된 의료진이 합심하여 뇌졸중, 척수손상, 근육병, 뇌성마비 등 전문적인 치료가 필요한 환자들에게 맞춤형 재활 서비스를 제공하며 환자의 자립을 돕고 있다.

강남구립 행복요양병원은 우리 재단이 수탁을 받아 운영하는 요양병원이다. 양지병원이 50여 년 동안 여러 의료기관을 성공적으로 운영해온 전문성을 인정받아 2025년 1월부터 운영을 시작했다. 서울 강남구에 307병상, 7층, 연면적 18,607㎡(약 5,600평) 규모의 요양병원으로 220여 명의 직원이 근무하고 있다.

H+메디컬센터 하노이는 베트남 하노이의 롯데몰에 자리한 병원이다. 2024년 12월에 문을 열어 건강검진센터와 폴리클리닉을 운영하고 있다. 현지 파트너 없이 병원급 의료기관으로 해외시장에 독자 진출한 첫 사례이다. 국제다학제 진료를 도입하여 한-베 원격진료 시스템을 구현하고 있다. 효천의료재단이 세계를 향해 그리는 의료 혁신의 첫 번째 해외 거점이다.

내 병을 치료한다는 마음으로 진료해야

효천의료재단의 뿌리는 1978년 신림동에서 개원한 〈김철수 내과〉이고, 그 2년 전에 아내가 〈김란희 산부인과〉를 개원하면서 시작되었다

할 수 있다. 작은 산부인과와 내과가 50년 후에 종합병원이 되고 세계에서 주목받는 글로벌 메디컬 그룹이 되리라고는 아무도 상상하지 못했을 것이다. 그러나 우리 부부는 한결같은 마음으로 한 장소에서 쉬지 않고 사람들을 돌보았다. 그 정성이 하늘에 닿아 의료재단으로 성장할 수 있었다. 우리가 잘 아는 진인사대천명盡人事待天命을 실천한 것이다.

그 바탕을 이루는 것은 감사와 봉사이다. 병원은 누군가가 아파야 돈을 번다. 아픈 사람이 많을수록 번창해지는 모순의 업종이기도 하다. 나는 50여 년 동안 아픈 사람이 한 명도 없기를 바라는 마음으로 늘 진료를 했다. 아픈 사람이 없어도 병원은 질병 예방과 건강 증진으로 계속 유지될 수 있다. 나는 사람들에게 늘 감사의 마음을 지니고 있고, 실제 그것이 행동으로 나타났기에 지역사회에서 사람들의 신뢰를 받을 수 있었다. 환자의 아픔 너머에 있는 삶의 모습을 보려 노력했다. 그래서 항상 새벽 일찍부터 병원에 출근해 봉사의 마음으로 진료를 한다. 적십자 회장을 맡은 것도 그 감사와 봉사의 연장이었다.

누구나 알고 있듯 이제 병원도 변하지 않으면 유지가 어렵다. 의료 기기가 좋다 해서 유지되는 것도 아니며, 진료비를 할인해 주어서 환자가 늘어나지도 않는다. 건물이 멋지다 해서 세계적인 병원이 되는 것도 아니다. 병원의 본질은 '내 자신이 환자가 되는 것'이다. 환자에게 감사의 마음으로 봉사하고, 내 병을 치료한다는 마음으로 진료해야 한다. 효천의료재단은 바로 그 마음으로 봉사하는 세계적 의료재단을 향해 오늘도 나아가고 있다.

24. H+ 하노이 병원

새로운 기준을 제시하는
최상의 의료 플랫폼

H+ 인터내셔날 메디컬센터 하노이(이하 H+하노이병원)는 베트남 하노이 서호(Tay Ho)의 랜드마크인 롯데오피스 타워 6·7·8층에 걸쳐 약 1,000평 규모의 대단위 공간으로 조성되었다. 하노이를 넘어 베트남 최고 수준의 프리미엄 클리닉을 지향하는 이곳은, 고급 갤러리를 연상시키는 격조 높은 인테리어와 예술적 감성을 건축 철학에 담아냈다.

특히 한국 종합병원의 엄격한 의료 기준과 현대적인 건축 디자인을 결합하여, 단순한 병원을 넘어선 고품격 치유 환경을 구현했다. 세련되고 아늑한 분위기 속에서 환자의 프라이버시를 완벽히 보장하며, 최첨단 의료 설비를 통한 정밀한 진단과 치료를 제공한다. H+하노이병원은 이제 베트남 프리미엄 헬스케어의 새로운 기준을 제시하는 최상의 의료 플랫폼으로 자리매김하고 있다.

H+하노이 병원의 핵심 경쟁력은 한국의 외래 진료 운영 기준을 기반으로 한 '일관된 품질관리'와 '고객 중심 진료 동선'이다. 다진료과 체계에서 진료-검사-영상진단이 자연스럽게 연계되도록 설계하여 대기 시간을 줄이고, 고객 경험을 표준화하는 데 중점을 두었다. 특히 MRI 3.0테슬라, CT 128슬라이스 등 첨단 영상장비와 디지털 유방촬영 등

진단 인프라를 통해 조기 진단과 정밀 평가 역량을 강화했다.

　나아가 H+하노이 병원은 AI 기반 디지털 헬스케어 개념을 진료 흐름에 접목하여, 영상 판독 보조 및 결과 도출의 정확도·속도를 높이는 방향으로 운영 체계를 고도화하고 있다. 이러한 디지털 기반 진료 지원은 한국 교민을 비롯한 외국인들과 베트남 환자들에게 '예측 가능하고 이해하기 쉬운 의료 서비스'로 연결되도록 설계되어 있다.

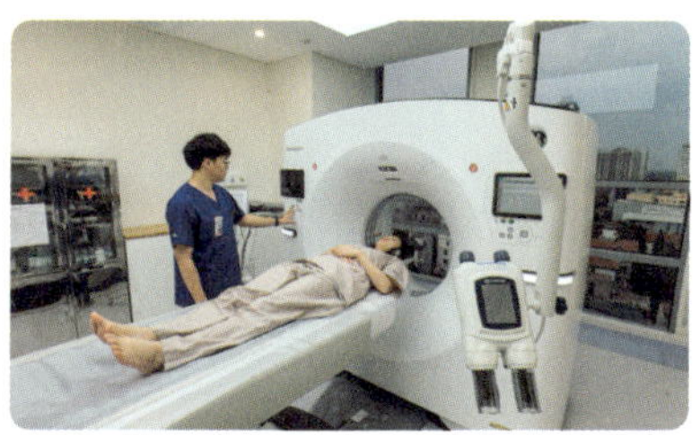

한국적인 감각의 현대적인 디자인과 첨단 장비의 조화

　H+하노이 병원은 개인 고객의 건강검진·외래 진료뿐 아니라, 기업 고객을 위한 B2B 건강관리 솔루션을 적극적으로 확대하고 있다. 기업 인력 구성, 직무 위험도, 예산에 따라 맞춤형 검진 패키지를 설계하고, 다국어 결과 제공 등 해외 주재원들의 수요를 반영한 서비스를 운영한다. 특히 외국인 근로자·학생의 체류 및 업무 수행에 필요한 건강검진(예: 워크퍼밋, 스쿨체크업 등) 서비스를 제공하며 한국형 진료 프로세스와 첨단 영상·검사 인프라를 기반으로 개인과 기업 고객의 건강관리를 통합적으로 제공한다.

신뢰받는 국제 의료 허브로 성장해 나가는
H+하노이 병원

　대외 협력 측면에서 H+하노이 병원은 베트남 의료계와의 연계를 통해 임상 역량을 확장하고 있다. 2025년 11월, H+하노이 병원은 하노이 의과대학병원Hanio Medical University Hospital과 전략적 협력 체계를 구축하여 진료·진단 협진, 의료진 교육·역량 강화 등 전문적 교류 기반을 마련했다. 이는 공공의료(대학병원)와 국제 표준의 외래형 의료기관이 협력하는 모델로, 환자에게는 보다 탄탄한 연계 진료 경로를 제공한다는 점에서 의미가 있다.

하노이의과대학병원과 H+하노이병원의 환자이송과 진료협력 계약 체결식

H+하노이 병원은 의료기관의 사회적 책임을 중요한 가치로 두고 있다. 2025년에는 지역사회 대상 건강 지원 활동을 지속 확대하며 의료 접근성이 낮은 지역(예: 박깐성, 꽝찌성, 박닌성, 푸토성 등)에서의 진료·상담 및 의약품 지원을 진행했다.

2025년 3월에는 H+브릿지케어라는 이름으로 박깐성의 소수민족 주민들에게 고품질 의료서비스를 제공하고 의약품 패키지를 지원하는 의료봉사 활동을 수행했으며, 이는 단발성 행사가 아니라 '예방·기초 의료 접근성 개선'이라는 장기 방향성 속에서 추진되고 있다.

이처럼 H+하노이 병원은 한국의 임상 운영 경험, 첨단 진단 인프라, 베트남 의료기관과의 협력, 고객 친화 서비스를 유기적으로 결합하여 하노이에서 신뢰받는 국제 의료 허브로 성장해 나가고자 한다.

앞으로도 H+하노이 병원은 개인과 기업, 내국인과 외국인을 아우르

는 통합 건강관리 플랫폼으로서 베트남-한국 간 의료 협력의 실질적 성
과를 만들어 가는 데 기여할 것이다.

H.PLUS는 지역사회의 건강 증진을 위해 적극적으로 기여한다.

내 가　만 난　김 철 수　이 사 장 님

"

한결같이 부지런하고 성실한 모습으로
환자들을 돌보는 참된 의사

최순희(H+양지병원 의생명연구원 임상관리팀장)

오늘도 여지없이 1층 입구에서 이사장님과의 조우로 하루를 시작한다. 업무 시작 전 "전등은 최대한 *끄라*"고 말씀하시고, 그 다음에 "오늘은 임상시험이 어떻게 진행되는가?" 물으신다.

우리 병원은 2011년부터 임상연구센터를 운영 중인데 생물학적 동등성 시험과 임상시험에서 대한민국 최대의 시험을 진행하며 부동의 1위를 지키고 있다. 나는 6년 전인 2019년에 이곳으로 부서 이동을 했다. 1층에 사무실이 있다 보니 거의 매일 아침 이사장님을 뵙고 하루를 시작하는 일상을 반복한다.

부서 이동 전 검진센터에서 근무할 때도 이사장님의 첫 번째 주문은 전기 절약이었다. 석유 한 방울 안 나는 나라에서 전기 절약은 기본이라며 소등을 하라고 하셨었는데 여전히 똑같은 주문을 하시고 당신이 먼저 실천하신다. 절약이 몸에 밴 분이라서 항상 같은 모습이다.

절약은 다른 부분에서도 강조하시는데 바로 종이 절약이다. 나무 한 그루가 소중한 현실이라며 이면지 사용은 기본이고 벽에 거는 달력도 달이 바뀌면 작게 잘라서 메모지로 활용하신다. 처음에는 이해가 안 되었는데 그것이 환경을 생각하는 마음이라는 것을 알고는 나도 따라서 실천하게 되었다. 물론 요즘 젊은 직원들은 이해 못 하는 부분이고. 개인정보가 중요시되면서 이면지 사용도 조심스러운 부분이 되기는 하였다.

　20년 넘게 보아온 이사장님은 한결같이 부지런하고 절약이 몸에 밴 검소하신 분이라는 점이다. 부지런함 못지않게 성실함 또한 이사장님의 대표되는 모습이다.

　2004년 내가 처음 인연을 맺은 건강증진센터는 병원의 성장과 함께 발전하여 국가검진기관으로는 서울에서 다섯 손가락 안에 들 정도로 성장하였다. 그만큼 찾는 고객이 많았는데 매일 아침 오셔서 고객분들에게 5~10분의 건강 강의를 해주셨었다. 주로 대장암 예방법이나 육류 선택 방법 등 내과 의사로서 진료하면서 느끼는 점들을 강의하셨다. 일반인들이 들으면 참으로 유익한 내용이었는데 코로나19 시절을 보내며 현재는 잠시 중단되었다.

　전체 병원 라운딩을 거의 매일 하시는 일과도 놀랍기만 하다. 외국에 출장이나 여행을 갔다 오실 때도 공항에서 바로 병원으로 출근하실 정도로 직접 라운딩을 하신다. 그만큼 병원과 환자들을 챙기시는 모습을 익숙하게 보아왔다. 60대 초반에 처음 뵈었던 이사장님은 80대가 되셨음에도 한결같이 부지런하고 성실한 모습을 나는 존경한다. 아마 이런 결과로 1976년 작은 내과와 산부인과 의원으로 시작하여 현재의 종합병원으로 키우시고 의료재단으로까지 성장시킨 원동력이라 생각한다.

　현재 든든한 연구센터와 검진센터를 보유하고 질 높은 진료를 하고 있는 H+양지병원은 물론 베트남 하노이 메디컬센터나 재활자립병원 등을 키우신 것은 그만큼 달려온 50여 년 피땀의 결과물이지 않을 수 없다. 그 배경에는 아직도 산부인과 진료를 하시는 김란희 부이사장님을 비롯해 혁신과 투자를 아끼지 않은 김상일 병원장님, 경영을 잘 아시는 김상한 행정원장님의 도움도 물론 따랐으리라.

　이러한 점만 보면 이사장님은 다소 비인간적일 것 같은데, 전혀 그렇지 않게 정이 많은 분이며 동네 어르신 같은 소탈하신 성격이다. 오랜 환자들과 격의 없이 지내시는 것을 보면 참 소탈하신지라 어떤 환자는 이사장님이 손만 잡아줘도 낫는 것 같다고 말씀하셨다. 의사로서의 권위보다는 이웃집 편한 어르신이다. 나는 이사장님의 이러한 모습을 검진센터에서 고객을 대할 때 익히 보아왔으며 진료실에서도 자주 본다.

또한 이웃에게도 많이 베푸신다. 내가 검진센터에서 근무할 때 고객이 밀려들어 업무가 아무리 바빠도 무료검진을 많이 했다. 복지관 아이들이나 새터민들 무료검진을 여러 차례 했고 중국 동포가 많은 대림동 지역으로 의료봉사도 자주 나갔다. 신림역에서 간호사들과 1004데이도 진행하며 이웃의 건강을 챙겼다. 전 직원이 참여하는 바자회 수익금을 불우이웃에게 전달했고, 김장철에는 모두 강당에 모여 김장을 하여 불우이웃들에게 전달했다. 아쉽게도 코로나19 이후에 중단되었지만 재개될 날을 기다린다.

나는 지금도 급여에서 아주 작지만 일정 부분을 후원기금으로 내고 있다. 이사장님이 주가 되어 2018년에 시작한 '따뜻한 마음 후원회' 회원이기 때문이다. 의료지원이 절박한 환자들에게 도움을 주는 원내 후원단체로, 직원이 참여하는 만큼을 병원에서도 지원한다. 내가 개인적으로 유일하게 후원하는 단체인데 그 이유는 회비 사용처가 명확하기 때문이다. 이사장님과 직원들이 뜻을 함께해서 도움을 필요로 하는 사람을 가까이서 도울 수 있으므로 매우 좋은 활동이다.

2004년 4월에 면접 보던 때가 생각난다. 1층 원무과 앞에 이사장님 진료실이 있었으며, 그 옆에 응급실이 있는 아주 작은 지역 병원이었다. 20여 년 동안 직원의 숫자와 진료과, 진료 수준 등 많은 변화를 같이 겪어왔다. 여러 번의 이사를 했고 기쁨의 순간을 함께했으며 검진센터 위층 임대 사무실에서 불이 났던 아찔한 순간까지도 같이 해왔다.

초등학생이던 아들은 이제 33살 청년이 되었고 나는 어느덧 정년을 바라보는 나이가 되었다. 긴 시간 인연을 맺고 병원의 성장과 함께 나도 성장하면서 계속 보아온 이사장님은 부지런하고 열정적이며, 매사에 성실하고 절약과 검소함이 몸에 밴 소탈하고 격의 없는 참 어른이시다.

앞으로도 건강하게 그 모습 지켜주시기를 응원합니다. 감사합니다.

2026년 2월

최 순 희

구호의 현장에서

이 책 〈새벽의 옹달샘〉은 대한적십자사의 인도주의 정신을 실현하기 위해 각자의 자리에서 최선을 다해주신 모든 분들께 깊은 감사와 그동안 함께했던 우리들의 여러 이야기를 담아서 드립니다.

재임 기간 동안 저는 한 사람의 생명을 살리기 위한 헌신, 고통받는 이들에게 다가가는 용기, 그리고 침묵 속에 주어지는 수많은 선행을 통해 인도주의의 진정한 가치를 다시금 깨달았습니다. 이 뜻깊은 여정을 함께해주신 여러분께 깊은 경의를 표합니다.

임직원 여러분

조직의 책임과 사명을 묵묵히 감당해 온 여러분의 노력은 대한적십자사의 기반이자 성장의 원동력이었습니다. 여러분의 전문성과 충성된 봉사는 언제나 제게 큰 힘이 되었습니다.

기부자 여러분

여러분의 고귀한 나눔은 어려움 속의 이웃들에게 실질적인 희망이 되었습니다. 여러분의 따뜻한 마음은 적십자사가 걸어온 인도주의 역사에 깊이 새겨져 있습니다.

전국의 봉사원 여러분

현장에서 몸소 봉사정신을 실천해 주신 여러분은 적십자사의 꽃이자 얼굴이고 자부심입니다. 여러분의 헌신적인 봉사활동은 우리 사회를 더욱 따뜻하게 만드는 데 큰힘이 되고 있습니다.

여성봉사특별자문위원 여러분

여러분의 지혜와 헌신적인 지원, 특히 봉사원들에 대한 특별한 지원은 인도주의 사업을 더욱 역동적이고 안정적으로 활동할 수 있도록 해주었습니다. 그리고 취약계층을 돕는 선행은 노블레스 오블리주의 모범이 되었습니다.

헌혈자 여러분

여러분의 생명 나눔은 수많은 환자들에게 새로운 희망을 선물했고 또한 생명을 살려냈습니다. 여러분의 숭고한 결단이 우리 사회의 생명안전망을 지탱해 오고 있습니다.

RCY 단원 여러분

여러분의 순수한 열정과 배움의 지혜는 대한적십자사의 미래를 밝히는 희망입니다. 여러분이 앞으로 펼쳐갈 인도주의 활동이 더 큰 세상을 향해 나아가길 기대합니다.

이 책 〈새벽의 옹달샘〉은 대한적십자사 회장으로서 경험한 시간뿐 아니라 여러분과 함께할 수 있었던 소중한 순간들을 담았습니다. 퇴임하며 그동안 함께해주신 모든 분들께 깊은 존경과 감사의 마음을 다시 한번 전합니다. 여러분의 헌신과 열정이 앞으로도 대한적십자사의 빛이 되어 계속 이어지기를 기원합니다.

감사합니다.

사랑과 나눔의 정신을
실천하고 계승하다

2023년 여름, 모처에서 연락이 왔다.

"현재 적십자사 신희영申熙泳 회장님이 곧 퇴임하신다."라는 말과 함께 "차기 적십자 회장을 맡아주면 좋겠다."라는 내용이었다.

나는 주저 없이 "네."라고 대답했다.

신 회장님은 나와 같은 의료인으로서 서울대 연구부총장, 한국조혈모세포은행협회 회장을 지내신 훌륭한 분이시다. 2020년 제30대 대한적십자사 회장으로 취임해 임기 만료를 눈앞에 두고 있었다.

나는 1978년 〈김철수 내과〉를 개원한 이래 의료인의 길을 걸으면서 언제나 감사와 봉사 정신으로 일해왔다. 그 바탕에는 7살 때 아버지의 순국, 고등학교 1학년 때 어머니의 갑작스러운 별세라는 슬픈 가족사가 있다. 형님과 누님의 따뜻한 배려로 고교와 의과대학을 마칠 수 있었으며 이후 1970~74년에 서울대와 고려대에서 석사와 박사 학위를 받으면서 훌륭한 교수님들의 지도를 받았다. 어느덧 50여 년이 흘렀지만, 나는 지금도 그분들에게 깊은 감사의 마음을 지니고 있다.

아내가 1976년 관악구 신림동에 〈김란희 산부인과〉를 개원하고 내가 2년 후에 〈김철수 내과〉를 개원했을 때, 그곳은 번화한 동네가 아니었다. 서민들이 모여 사는 동네였는데 나는 그분들을 만나면서 언제나 나의 가족이라 생각했다. 의사와 환자의 관계를 넘어 친구, 동생, 선배의 입장에서 진료하고 때로는 인생 조언도 했다. 손님이 늘어 병원이 커지면서 다른 곳으로 이전할 수도 있었지만, 정든 사람들과 동네를 떠날 수 없어 신림동에서 양지병원으로 새롭게 문을 열었다. 내가 만약 돈을 벌기 위해서만 의원을 운영하려 했다면 진즉에 다른 곳으로 이전했을 것이다.

1980년부터 민주평화통일자문회의^{평통} 위원으로 활동했다. 그러나 나는 통일 전문가가 아니며 학자도 아니었기에 의료봉사에 역점을 두었다. 의료봉사단장이 된 후에는 탈북민 의료봉사를 비롯해 다문화가정의 학생들에게 장학금을 지급하는 일들을 주력 사업으로 추진했다. 2022년 7월 4일 〈MED WORLD〉에 실린 기사 역시 그 활동의 한 단면이다.

김철수 민주평통 의료봉사단장, 탈북민 및 다문화가정 자녀 장학금 전달

민주평화통일자문회의 김철수 의료봉사단장(H+양지병원 이사장)은 탈북 및 다문화가정 모범학생을 대상으로 '민주평통 의료봉사단 장학금 수여식'을 열고 총 48명에게 4,800만 원의 장학금을 지급했다. 이 지원사업은 탈북민과 다문화가정의 성공적인 정착을 돕고 평화통일 기반 조성과 국민통합에 기여하는 취지로 마련되었다. --- 특히 2014년부터 12회에 걸쳐 탈북민 및 다문화가정 건강검진 나눔의료로 5억 원의 약품과 치료비를 지원했고 구급약키트 지원사업도 전개했다. 김철수 단장은 "탈북민과 다문화가정 자녀들의 건강하고 안정적인 대한민국 정착을 위해 봉사단은 최선의 지원을 아끼지 않겠다."라고 밝혔다.

이처럼 지역에서의 오랫동안의 의료 헌신과 봉사가 인정되어 적십자사 회장의 길로 들어서게 되었을 것이라 생각한다. 아울러 적십자사의 기본 임무가 '구호'救護이기 때문에 50년 넘게 의사로 봉직한 경력 또한 중요 요인이 되었을 것이다.

적십자사는 국가와 국민
그리고 지구촌을 위한 봉사자

2023년 8월 16일, 나는 대한적십자사 제31대 회장으로 취임했다. 임기는 3년이다. 그동안 우리나라 정부 기관 중에서 장長의 호칭을 '총재'總裁라 하는 곳이 여러 곳 있었다. 적십자도 그중 하나였으나 2017년부터 총재라는 명칭이 지나치게 권위적이고, 실생활에서 거의 쓰이지 않는 단어라는 의견이 많아 '회장'으로 공식 변경되었다. 호칭이 총재이건, 회장이건 나는 중요하지 않다고 본다.

118년의 유구한 역사를 지닌 대한적십자사를 어떻게 이끌어가느냐가 중요한 임무이기 때문이다. 8월 17일 취임식에서 나는 〈취임사〉에서 어떠한 신념으로, 어떤 정책을, 어떻게 추진해 나갈 것인가를 밝혔다.

적십자 인도주의 활동에 최선을 다할 것

존경하는 대한적십자사 가족 여러분!

전 세계 191개국 적십자사와 인도주의 운동을 함께하면서 정부의 인도주의 사업을 실천하고 재난의 아픔과 평화를 위협받고 있는 인류에게 희망이 되어주는 대한적십자사 회장이라는 중책을 맡게 되어 자부심과 함께 한편으로는 무한한 책임감을 느낍니다.

국민의 생명과 안전을 지키는 인도주의 목적하에 1905년 탄생한 대한적십자사는 118년의 긴 여정을 대한민국 역사와 함께해 왔습니다.

한국전쟁 중에는 부상자와 난민의 생명을 보호하였으며, 재난과 재해, 그리고, 감염병 등 인류의 평화와 생명이 위협받는 상황에서는 현장에서 함께하며 어려운 시기를 극복하는 데 기여해 왔습니다.

전국 곳곳에서 국민을 위해 인도주의 정신을 실천해 온 대한적십자사 가족이 있었기에 대한민국이 발전할 수 있었다고 생각합니다. 저도 적십자 가족의 일원으로서 사랑과 나눔의 정신을 실천하고 계승할 수 있도록 최선을 다할 것을 약속드립니다.

대한적십자사의 모든 활동은 국민과 함께하고 국민이 체감할 수 있어야 합니다. 따라서 재난구호와 사회봉사, 그리고 RCY, 안전교육, 혈액 수급 등에 다양한 프로그램을 만들고 활성화해서 국민 참여를 이끌어내야 합니다. 아시는 바와 같이 우리는 수혜를 받던 국가에서 어려운 나라를 돕는 선진국으로 발전했습니다. 우리 주변과 지구촌에는 대한적십자사의 인도적 지원을 필요로 하는 사건들이 끊임없이 일어나고 있습니다.

국내적으로는 지난 강릉 산불을 비롯하여 장마와 태풍 폭우로 많은 지역에서 인명과 재산 피해가 있었습니다. 국제적으로는 하와이 대형 산불과 튀르키예와 시리아의 대형 지진으로 수십만 명의 사상자와 큰 재산 피해가 발생하였습니다. 우크라이나 분쟁과 수단 내전 등 세계 각지에서 무력충돌 상황이 이어지고 있습니다. 이들 지역에서도 대한적십자사는 지속적으로 인도적 활동을 전개하고 있습니다.

존경하는 대한적십자사 가족 여러분!

저는 어려운 가정환경 속에서 학창 시절을 보냈기에 힘겹게 살아가는 이웃의 마음을 누구보다 잘 알고 있습니다. 사회복지 분야에 관심을 가지고 북한이탈주민과 다문화가정을 위한 다양한 의료봉사와 장학사업을 지속적으로 실행해 온 것도 어린 시절의 어려움이 있었기 때문입니다. 이러한 마음가짐으로 임기 동안 인도주의 사업은 물론 복지 사각지대 해소와 소외 이웃들에게 희망을 찾아주는 데 최선을 다하겠습니다.

먼저, 적십자병원의 변화와 지속가능한 공공의료 기반을 확충하겠습니다. 지난 3년간 코로나19의 재난 상황에서 적십자병원이 감염병 전담병원으로서 확진자 진료와 감염병 확산 방지에 적극 참여해 온 사실을 잘 알고 있습니다.

저는 47년간 환자를 진료한 내과 의사로서 코로나19 대유행 당시 세계 최초로 '워크스루' 선별 진료소를 개발해 코로나19 진단 검사 시간을 단축하고 현장 감염의 위험을 줄여 K-방역의 위상을 전 세계에 전파한바 있습니다. 이러한 경험을 바탕으로 의료사업을 특성화하여 적십자병원이 시대적 변화에 적응하는 의료기관으로 거듭날 수 있도록 최선을 다하겠습니다.

두 번째는, 국민의 생명을 살리는 혈액사업에 힘쓰겠습니다. 고령화 저출산으로 인해 헌혈인구가 지속적으로 감소하고 있습니다. 이를 해결하기 위해 혈액수급 체계를 개선하고 인프라를 확충하여 헌혈인구를 늘려 안전한 혈액을 충분히 확보하겠습니다. 또한 헌혈자들이 사회적으로 존경받고 예우받는 환경을 만들어 가겠습니다.

세 번째는, 조직의 변화입니다. 경쟁력 있고, 미래 지향적인 조직으로 바꾸어 나가겠습니다. 조직의 활동 범위를 확대하고, 사명감과 능동적 자세로 사업을 신속하고 현실성 있게 추진하면, 국민들에게 많은 신뢰를 얻을 수 있기 때문입니다. 그리고, 적십자회비와 모금 시스템을 보다 체계화하고, 국민들이 모금에 자발적으로 참여할 수 있게 만들겠습니다.

네 번째는, 이산가족 상봉 등 남북 간 인도주의적 현안을 풀어, 평화로운 한반도를 만들어 가는 데 이바지해야 한다고 생각합니다. 정부, 각계각층의 전문가 그리고 대한적십자사 임직원과 함께 고민하며 해결 방안을 모색해 나가겠습니다.

적십자운동은 자발적으로 참여해 주시는 수많은 적십자사 가족이 있어 가능합니다. 20만여 명의 봉사원과 RCY 단원, 3백만 명의 헌혈자, 그리고 5백만 명의 후원자가 계시기에 적십자사 인도주의 운동이 지속될 수 있었습니다. 봉사원, 헌혈자, 후원자분들이 우리 사회에서 존경받고 우대받을 수 있도록 힘쓰겠습니다.

존경하는 대한적십자사 가족 여러분!

저는 진정한 명의란 환자의 아픔에 공감하고, 언제 어디서든 환자와 소통하며 함께하는 것이 기본자세라는 믿음으로 생활해 왔습니다. 이제, 대한적십자사의 일원으로 임직원 여러분과 함께 낮은 자세로 소통하며, 소외된 이웃을 살피고 사회 각 분야의 목소리에 귀를 기울이겠습니다.

아울러 국제적십자운동의 일원으로서 7대 기본원칙인 인도, 공평, 중립, 독립, 자발적 봉사, 단일, 보편을 충실히 이행하며, 국가와 국민을 위한 봉사자라는 소명의식을 가지고 적십자 인도주의 활동에 최선을 다할 것을 다짐합니다.

미국의 시인 사무엘 울만은 78세에 발표한 시 '청춘'에서 "청춘이란 인생의 어떤 시기가 아니라 마음의 상태다. 단지 나이를 먹는다고 늙는 것은 아니며 이상을 버릴 때 우리는 늙는다."라고 말했습니다. 저는 적십자사 인도주의 이상을 품고 '영원한 청춘'이라는 생각으로 소임을 다하겠습니다.

감사합니다.

2023년 8월 17일
대한적십자사 회장 김 철 수

봉사할 수 있다는 감사의 마음으로

취임사에서 나는 다섯 가지 약속을 했다. 첫째, 적십자병원의 변화와 지속 가능한 공공의료 기반을 확충하는 일, 둘째, 국민의 생명을 살리는 혈액사업에 힘을 쏟는 일, 셋째, 적십자사를 경쟁력 있고, 미래지향적 조직으로 바꾸는 일, 넷째, 이산가족 상봉 등 평화로운 한반도를 만들어가는 일에 중점을 둘 것이라 표방했다. 아울러 적십자사 봉사원들과 RCY단원, 3백만 명의 헌혈자, 그리고 5백만 명의 후원자들이 우리 사회에서 존경받고 우대받을 수 있도록 힘쓰겠다고 천명했다.

물론 이 일을 나 혼자만의 힘으로 3년 안에 이루기는 어렵다. 적십자사의 모든 직원과 23만여 명의 봉사원과 RCY단원들, 나아가 국민의 지지와 참여, 지원이 뒷받침되어야 한다. 그러나 그것을 기다리지 않고 나의 오랜 경력을 바탕으로 가장 시급하고, 가장 중요한 일부터 해나갔다.

적십자사가 하는 일은 보통의 사람들이 생각하는 것보다 훨씬 많다. 내가 회장이 된 이후 수많은 사람을 만나 적십자사에 관해 설명하면 "그런 일도 하느냐!"고 놀라는 사람들이 대부분이다. 재난 현장에서의 구호와 헌혈이 전부인 것으로 알고 있는 사람들도 있다. 그러나 적십자사는 수십 가지에 달하는 일을 한다. 그리고 그 일은 우리 사회를 지탱하는 중요한 일들이다.

나는 적십자사 회장을 맡으면서 '어쩌면 내 인생에서의 마지막 공적 봉사'가 될 것이라 생각했다. 그와 별개로 내가 재직하는 H+양지병원에서의 봉사와 개인적인 봉사는 죽는 날까지 계속될 것이다. 나에게 공적 봉사의 마지막 자리로 대한적십자사 회장직이 주어진 것에 대해 나는 무한히 감사하다. 그러하기에 오늘도 새벽 4시에 눈을 뜨면서 '오늘은 어디에서 무슨 봉사를 할 것인가'를 생각하면 가슴이 요동친다.

26. 참상의 땅 우크라이나

전쟁의 땅에 평화가 찾아오기를

테러, 무력분쟁, 전쟁이 일어나면 먼저 피해를 보는 사람은 어린이, 장애인, 여성, 고령자들이다. 사망자와 부상자는 군인들에게서 가장 많이 발생하지만 지속적인 피해는 전쟁과 아무런 관련이 없는 평범한 사람들에게 일어난다. 갑작스러운 죽음은 물론 부상을 당하고, 살던 집이 파괴되고, 직장이 문을 닫고, 학교도 파괴되어 배움이 중단된다. 지금 당장 먹을 음식도 없고, 추위와 비를 피할 집도 없으며 심지어 마실 물도 없다.

2022년 2월 24일 러시아와 우크라이나의 무력충돌이 시작되면서 전 세계에 큰 혼란이 찾아왔다. 두 나라의 직접적인 피해 외에도 물가가 폭등하여 세계 경제가 치명타를 입었다. 가장 큰 피해를 본 곳은 침공을 당한 우크라이나이며, 큰 희생을 치른 사람들은 우크라이나 국민들이다. 이 전쟁은 역사적·정치적으로 뿌리 깊은 원인이 있지만, 세계에 끼치는 부정적 영향이 너무 많아 모든 나라가 종전을 권하고 있으나 쉽지 않은 상황이다.

러시아는 침공 당시 이를 '특별 군사작전'에 불과하다고 주장했으나 2024년 3월 이후 '전쟁'임을 인정했다. 러시아는 개전 초기, 빠르게 우크라이나의 수도 키이우(Kyiv, 키예프)를 점령하려 했지만 우크라이나의 강력한 저항으로 실패하였고, 전쟁은 장기화되었다. 우크라이나 전역이 전쟁터가 되면서 1천만 명가량의 난민이 발생하였다. 또 790개 이상의 의료시설과 1,600여 학교가 파괴되면서 피해는 더 커졌다.

민간인 사망자는 어린이 670명을 포함해 12,600명에 달한다. 이 수치는 UN에 의해 확인되었으나 실제 사망자 수는 더 많을 것이다. 부상자는 29,000명을 넘어섰다. 모든 전쟁이 그러하듯 전쟁에서 몇몇이 사망하고, 부상당했는지를 정확히 밝히기는 어렵다. 근사치가 알려질 뿐이다.

군인들의 인명 피해는 더 심각하지만, 양측 모두 공개하지 않고 있다. 다만 젤렌스키 대통령은 미국 NBC와의 인터뷰에서 2022년 2월 이후 병사 46,000명 이상이 사망하고, 38만 명이 부상을 입었다고 밝혔다. 일부 언론들은 전사자 수가 5만~10만이라고 보도했다. 러시아는 14만~21만 사이의 전사자가 발생한 것으로 추정된다.

전쟁은 사람의 죽음과 부상에서 그치지 않는다. 가옥 파괴, 건물 파괴, 도로 파괴, 산업시설 파괴, 가정 파괴, 농업 피해, 전 세계적 물가 폭등, 학교 파괴, 그로 인한 교육 중단… 등 피해는 이루 말할 수 없다. 2025년 12월 기준, 전선은 드니프로강을 사이에 두고 고착된 양상이다. 전쟁이 언제 끝날지 예측하기도 어려울뿐더러 복구 비용은 전체적으로 600조 원 이상 필요할 것으로 추정된다.

1,800만 명의 피란민에게
구호품과 생활비, 의료품 지원

이들을 누가 도와주어야 하는가? 가장 먼저 손길을 내미는 곳은 적십자이다. 국제적십자는 전쟁 발발 직후부터 물품을 보내고 인력을 파견해 민간인 돕는 일을 시작했다. 이 일에는 세계 여러 나라의 적십자가 참여해 포탄이 떨어지는 전선에서 다양한 구호와 지원을 펼쳤다. 그중 하나가 '실종자 찾기'이다. 전쟁 발발 2년 동안 실종자를 추적해 가족에게 알려주는 일을 하고 있다. ICRC International Committee of the Red Cross 국제적십자위원회의 중앙심인尋人사업본부CTA는 실종자 23,000여 명의 행방을 파악해 가족에게 알려주는 일을 한다. CTA는 전쟁 실종자를 수색해 가족과 연락하도록 돕기 위해 1870년 창설한 기구이다. 우크라이나에서 실종자를 찾는 11만 건 넘는 신청을 받아 8천 가족에게 전해주었다. 노력에 비해 실적이 적은 이유는 곳곳에서 격전이 벌어지고 있고 통제가 많기 때문이었다.

ICRC는 2014년부터 우크라이나 전역에서 750여 명의 직원들이 피난민 등을 구호하고, 실종 가족 생사 확인, 보건의료 활동을 하는 한편 식량, 구호품, 의약품 등을 제공해 왔다. 그러나 2022년 10월, 안전으로 인해 구호 활동을 며칠간 일시적으로 중단해야 했다. 당시 키이우를 비롯한 우크라이나 전역의 주요 도시와 에너지 기반시설에 대한 미사일 및 드론 공격이 가해지고 있었다. 이때, 현장에서 활동하던 ICRC 요원들의 생명이 직접적인 위협을 받는 상황이었고, 무리한 활동은 오히려 더 큰 희생을 초래할 수 있었기 때문이었다.

그러한 상황에서 세계 곳곳에서 우크라이나를 도우려는 손길이 이어졌다. 대한적십자사는 러시아-우크라이나 무력분쟁 발생 직후부터 2024년 말까지 326억 원을 모금해 폴란드 등에 체류하던 해외 난민을 비롯해 국내 피란민에게 의료 서비스와 숙소를 제공하고 현금을 지원했다. 이를 위해 IFRC(국제적십자사연맹), ICRC를 비롯해 각국 적십자사와 협력했다.

발생 초기, 우리 국민과 기업이 지원해 준 국민 성금을 활용하여 구호식량, 긴급구호키트 등을 지원하고, 유아를 위해 분유 1만 팩과 기저귀, 이유식을 긴급 공수하기도 했다. 피란민의 일상 적응을 위해 루마니아에 있는 인도적 지원센터 4곳의 운영을 지원했으며, 11월에는 유난히 길고 추운 현지의 겨울나기를 위해 전기히터 1만2천 대를 제공했다. 한국에 들어온 피란민에게는 13억 원의 생계비와 의료비를 전달했다.

구　　분	금액 (원)
긴급구호식량(10,238개) 구매 지원	3억9천만
피란민 구호물품 915점 현지 구매	114만
긴급구호키트 구매	9억1천만
구호물품 운송비(담요 2,100장, 위생키트 등)	2억3천만
유아 분유(1만 팩)	2억3천만
루마니아 인도적 지원센터 4곳(1, 2차)	5억6천만
우크라이나 긴급구호 차량(19대)	13억5천만
월동물품(전기히터) 12,000대	13억3천만
매트리스 81,240개, 토퍼 4,500개, 침대 프레임 540개	231억3천만
피란민(고려인) 생계비 및 의료비(1,484명)	13억1천만
헤르손 지역 사회보호 및 안전환경 개선	5억4천만

지원 상황을 개략적으로 살펴보면 다음과 같다.

우크라이나 적십자사와 함께 어떻게 협력할 것인지를 협의하던 중에 현지에서 시급히 필요한 것이 구호활동을 위한 구급차라는 것을 알 수 있었다. 공습으로 수많은 사상자가 발생하고 있어 신속하게 부상자를 이송해야 하는 상황에서, 많은 구급차들이 파괴되었다는 소식이 들려왔다. 적십자사의 회장이기 이전에 의료인으로서 구급차가 얼마나 큰 역할을 하는지 잘 알고 있던 나는 전문가들과 여러 차례 협의한 후 구급차를 직접 지원하기로 결정했다.

대한적십자사의 구급차는
생명을 구하는 데 꼭 필요한 활동

그 일은 결코 단순하지 않았다. 국민성금으로 구급차를 현지에서 구매·조달하는 방안을 검토했으나, 관세 문제로 이 방법은 불가능했다. 대한적십자사, 우크라이나적십자사, 주한 우크라이나 대사관, 우크라이나 보건부 등과의 논의가 밤낮없이 끊임없이 이어졌고, 결국 국내에서 차량을 조달해 우크라이나 현지로 보내는 것으로 결론이 났다.

관세를 비롯한 여러 현안을 조율하면서, 구급차 40대를 대한적십자사에서 우크라이나 보건부로 직접 기부하기로 하고 차량 생산과 구급차 특장特裝 작업에 돌입했다. 현대 스타리아STARIA 20대, 봉고Bongo 20대, 모두 40대의 구급차가 제작되었다. 이 구급차들은 2024년 1월 부산항에서 선적되어 길고 긴 항해를 거쳐 4월 말 루마니아를 거쳐 우크라이나 레니항에 도착했다. 이어 육로를 거쳐 서쪽 국경을 넘어 우크라이나 수도 키이우에 무사히 전달되었다. 제작과 운송에 들어간 총비용은 23억이 넘었다. 2023년 7월에 시작된 9개월에 걸친 대장정이 마무리되고 있었다.

대한적십자사는 우크라이나 보건부에 구급차를 전달하는 한편, 현지 상황을 파악해 향후의 지원책을 마련하고, 활동하고 있는 자매 적십자사들과 협의하기 위해 6박 8일의 일정으로 5월 12일 한국을 출발했다. 외교부로부터 예외적 여권 사용허가를 받고, 대사관과 우크라이나 적십자사URCS, 국제적십자사연맹IFRC, 국제적십자위원회ICRC 등 다양한 기관과의 업무협의 일정을 정하고, 안전교육, 보험까지… 석달 가까이 걸린 준비 끝에 떠나는 길이었다. 인원을 최소화하여 나를 포함한 적십자사 직원 4명, 전쟁 실상을 보도하기 위한 기자 1명, 기부자 1명, 모두 6명이었다.

5월 12일 한국을 출발해 꼬박 하루가 지나 폴란드 바르샤바에 도착했다. 바르샤바에서 하룻밤을 보낸 뒤, 다음 날 오전 7시, IFRC에서 준비해 준 차량에 탑승했다. 우크라이나는 현재 전쟁으로 인해 항공 노선이 중단되어, 입국을 위해서는 육로를 이용해야 한다. 바르샤바에서 우크라이나 국경까지 쉬지 않고 달려온 차량은 첫 관문부터 우리의 발목을 잡았다. 차량 통과 문제로 인해 폴란드와 우크라이나 대사관, IFRC 관계자들과 긴급히 연락하며, 다른 국경검문소로 경로를 수정해 1시간을 더 이동해야 했다. 미리 방문 목적과 일정을 협의한 구호요원임에도 전쟁 중이었기에 입국 심사는 철저했다.

우크라이나로 들어서니 널따란 평원이 눈앞에 펼쳐졌다. 우크라이나는 봄이 한창이어서 숲이 우거지고 들에는 꽃들도 많이 피어났지만 도로를 달리면서 사람들을 보기는 드물었다. 평소라면 너른 논과 들, 밭에서 일하느라 바쁘고, 아이들은 학교에 다니며 뛰어놀겠지만 그런 모습을 볼 수 없었다. 밤 8시, 바르샤바에서 출발한 지 13시간 만에 우리 일행은 키이우의 한 호텔에 도착했다.

다음 날 아침, 안전교육을 받은 우리는 IFRC와 ICRC 우크라이나 사무소를 방문하여 언론에서 접하지 못했던 생생한 현장 이야기를 들을 수 있었다. ICRC는 가족 찾기, 포로, 억류자 지원, 민간인 보호를, IFRC는 우크라이나 적십자사와 함께 긴급구호, 실향민 지원, 월동 지원 등을 하고 있었다. 전쟁 이전 400여 명에 불과했던 작은 적십자사, 우크라이나 적십자사URCS는 2년 만에 5,000여 명의 직원을 갖춘 대규모 조직으로 성장하여 1,250만 명의 국민에게 서비스를 제공하고 있었다.

또한 전 세계 약 20개국의 적십자사가 현지에 파견되어 URCS와 협력하며 구호사업을 전개하고 있었다. 인도주의 원칙에 따라 진행되는 모든 사업은 인류애가 살아있음을, 인도주의의 등불인 적십자가 빛을 비추고 있음을 다시 한번 상기시켜 주었다.

많은 환자에게
희망과 안정을 가져다주기를

5월 15일 아침, 구급차 40대의 인도식이 대통령 관저 마린스키 궁에서 열렸다. 무력 충돌로 550대 이상의 구급차가 파괴되었다는 보고가 잇따르는 가운데, 인도식이 열린 궁 한쪽에는 폭격에 불타고 총탄에 파괴된 구급차 잔해가 전시되어 전쟁의 상흔을 여실히 드러내고 있었다. 국제인도법이 무시되는 현실이 얼마나 많은 사람들을 고통으로 몰아넣는지, 다시 한번 온몸으로 느끼는 순간이었다.

우크라이나 대통령궁 앞 광장에서 열린 앰뷸런스 전달식

인도식에는 우리 대표단, 빅토르 랴쉬코 우크라이나 보건부 장관과 차관, 막심 도첸코 우크라이나적십자사 사무총장, IFRC 유럽지역본부장, 주지사, 한국 대사, 구급대원 등 수십 명이 참석했다. 나는 "우크라이나를 보면 74년 전의 한반도가 떠오릅니다. 세계 최빈국이었던 대한민국은 한국전쟁으로 인한 폐허를 딛고 세계 경제 10대 강국으로 발돋움했습니다. 이 같은 비약적인 발전을 이룩할 수 있었던 이유는 국제 사회의 원조와 재건을 위한 협력 덕분이었습니다. 다시 한번 우크라이나의 조속한 평화를 기원하며 대한적십자사의 이번 구급차 기증이 많은 환자들에게 희망과 안정을 가져다주기를 바랍니다."라고 격려했다.

빅토르 랴쉬코 우크라이나 보건부 장관도 "오늘 한국 국민이 보내준 구급차는 전쟁터에서 더 많은 생명을 구할 것입니다."라며 고개를 숙였다. 우리의 작은 지원이 우크라이나의 어려움을 해결하는 데 보탬이 되기를 기대하며, 전국 각지에서 모인 구급대원들에게 구급차 열쇠를 직접 건넸다. "댜쿠유Дякую, 고맙습니다."라는 짧은 인사만을 남기고 긴박하게 격전지로 떠나는 그들의 뒷모습을 보며, 조속한 안정과 평화를 더욱 간절히 바라게 되었다.

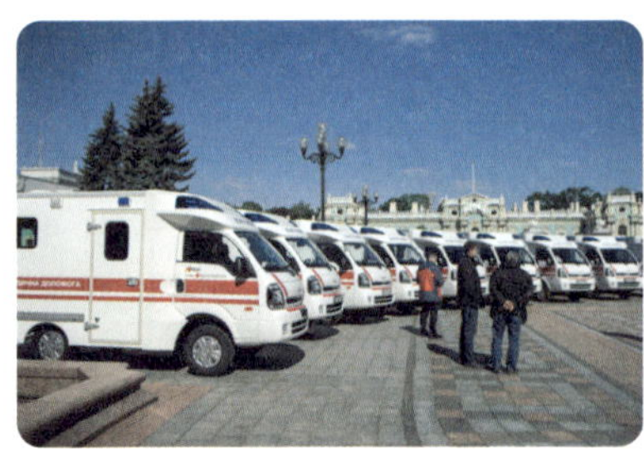 

　　이 차량들은 격전지이거나, 과거 전투로 인한 피해가 발생한 곳의 응급병원에 배치되었다. 체르니히우(5), 미콜라이브(5), 오데사(5), 드니프로페트로우스크(3), 하르키우(2), 헤르손(3), 키로보흐라드(2), 폴타바(3), 수미(3), 자포리자(3), 도네츠크(1), 자카르파티아(1)에 투입되었고, 지금도 전쟁터와 산야, 폐허가 된 도시를 쉬지 않고 달리면서 부상병과 시민들의 생명을 구하는 일에 큰 기여를 하고 있을 것이다.

모든 분쟁지에서 총성이 멈추고
평화의 꽃이 피어나기를

　　다음 날, 키이우에서 30분 거리의 부차와 이르핀을 방문했다. 전쟁 초기 수많은 민간인 학살이 발생한 비극의 현장이다. 길거리마다 선명한 포탄과 총탄 자국, 무너진 건물 잔해들이 가득했다. 우리가 방문한 우크라이나 적십자사 건물 외벽에 남은 총탄 자국은 그날의 잔혹함을 말없이 웅변하는 듯했다.

　　나는 한국전쟁을 직접 겪은 세대로서 74년 전의 비극을 결코 잊을 수 없다. 아버지는 서른아홉 살의 경찰 경위이셨는데 자신의 임무를 다하기 위해 도시를 지키다가 북한군의 흉탄에 의해 순국하셨다. 그때 나는 일곱 살이었다. 그날 밤의 일을 지금도 또렷이 기억하고 있으며, 이후 우리 가족은 지독한 가난과 고통을 겪었다.

전쟁은 한 사람은 물론 한 가족을 순식간에 파괴하며, 살아남은 사람은 평생 슬픔을 안고 살아간다. 74년이 지난 지금도 그날의 기억이 이토록 선명하다는 것은, 전쟁이 준 충격과 비극이 그만큼 크다는 것을 방증한다. 지금, 이 순간에도 전쟁터에서 아슬아슬하게 생존을 이어가는 피란민들, 특히 어린이들이 받는 충격은 이루 말할 수 없을 것이다. 그 상처를 최대한 줄이는 것이 바로 적십자사의 소명이 아닐까.

키이우로 돌아오는 길, 소도시 부차에 위치한 성안드레아성당 추모 시설에서 잠시 발걸음을 멈추었다. 이곳에는 희생된 민간인 1,300여 명의 추모비가 마련되어 있다. 추모비에는 10대부터 80대에 이르는 수많은 희생자의 이름이 적혀 있었는데, 하나하나 읽어가며 그들의 짧은 생을 되새겼다. 현장에서 우연히 만난 신부님께서는 우리에게 직접 찍은 영상을 보여주시면서, 당시의 가슴 아프고 잔혹했던 상황을 공유해 주셨다. 언론이나 글이 아닌, 인간이 인간에게 가할 수 있는 잔인함을 두 눈으로 목격하는 순간이었다.

모든 일정을 마치고 17일, 우리는 키이우를 출발해 다시 바르샤바로 향했다. 국경 검문소에 도착하자, 생각보다 많은 자동차로 인해 출국 수속에 예상보다 많은 시간이 소요되었다. 징집 등을 피해 우크라이나를 떠나려는 국민이 많아 심사가 지연되기 때문이었다. 약 30여 분의 초조한 대기 끝에 여권을 돌려받고 우크라이나 국경을 통과하며, '안정'이라는 단어와 '국제 사회에서 약소국의 현실'이 떠올랐다. 더불어 현재 대한민국의 안정된 지위에 대한 감사까지.

한국으로 돌아오는 비행기 안에서 나는 아버지를 떠올렸다. 1950년 7월 31일 밤, 북한군에게 끌려가시면서도 의연함을 잃지 않으셨던 모습을 결코 잊지 못한다. 그리고 몇 시간 후 아버지는 흉탄에 별세하셨다. 그날 이후 우리 가족이 겪은 가난과 고난은 이루 말할 수 없다.

전쟁이 일어나는 곳의 모든 사람들은 크건 작건 나와 똑같은 고통과 충격을 겪는다. 우크라이나도 마찬가지다. 아버지를 잃은 아이들, 어머니를 잃은 아이들, 남편을 잃은 아내, 자식을 잃은 부모가 수십만 명을 넘는다. 정확한 통계조차 잡히지 않는 희생자들이 계속 늘어나고 있는 것이다. 수십만 명의 사망과 부상은 수십만 개의 비극을 만들어낸다. 그 비극을 없애야 하고, 줄여야 한다.

지금 당장 총탄을 멈추게 할 수는 없지만, 그로 의해 희생되는 선량한 사람들이 없도록 해야 한다. 대한적십자사의 수백억 원에 달하는 지원은 희생자를 줄이고, 고통에 처한 사람들이 삶의 희망을 갖는데 디딤돌이 되리라 믿는다. 특히 구급차는 위급한 생명을 구해 그들이 조국을 다시 일으켜 세우는 데 중요한 역할을 할 것이다. 한국으로 돌아온 후 지금까지, 나는 매일 러시아-우크라이나 전쟁 상황을 주시하면서 두 나라 모두에 참된 평화가 깃들기를 간절히 소망한다.

어찌 나만 그럴 것인가! 전 세계 82억 모두가 지구상의 모든 분쟁지에서 총성이 멈추고 평화의 꽃이 피어나기를 간절히 바랄 것이다.

27. 튀르키예 지원

피로 맺은 '형제의 나라' 튀르키예 그 폐허에 희망을 심다

땅이 한번 흔들리는 순간 모든 것이 파괴된다. 그 위에서 살아가는 사람들은 죽거나, 다치거나, 매몰되고, 건물들과 도로, 다리는 맥없이 무너진다. 이 모든 일들은 순식간에 일어난다. 지진의 결과는 매우 처참하다.

미국 지질조사국USGS 통계에 따르면 1900년 이후 최악의 지진으로는 1976년 7월, 25만 명이 숨진 중국 탕산 대지진이 꼽힌다. 10대 지진에는 2004년 인도네시아 수마트라 지진과 쓰나미(22만 명), 1923년 일본 관동대지진(14만 명), 2008년 중국 쓰촨四川성 지진(8만 명) 등이 올라 있다. 이 순위마저 바꾸어 놓은 대지진이 2023년 2월 발생했다.

이른바 '튀르키예·시리아 대지진'은 2023년 2월 6일 오전 4시 17분, 튀르키예 가지안테프Gaziantep 인근에서 발생한 진도 7.8의 대지진이다. 이 지진으로 튀르키예와 시리아 두 나라가 인적·물적으로 큰 피해를 입었다. 9시간이 지난 오후 1시경에는 진도 7.5의 두 번째 지진이 카흐라만마라쉬Kahramanmaras에서 발생했다. 이 지진으로 튀르키예 남동부와 시리아 북부 국경지대가 큰 타격을 입으며 레바논, 키프로스, 이란, 이라크, 이스라엘, 이집트 등에서도 진동이 감지되었다. 튀르키예 현대사에서 가장 사망자가 많은 자연재해였다.

지진 이후 두 나라에 대한 국제사회의 지원이 이어졌으며, 진행 중

이던 국제 분쟁도 잠시 중단된 채 전 세계가 한마음 한뜻으로 지원에 나
섰다. 유엔인도주의업무조정국UNOCHA, 유엔재난평가조정국UNDAC, 국제
수색구조자문그룹INSARAG, WHO, 북대서양조약기구 등 국제기구를 포함
해 70여 나라가 지원에 참여했다. 국제적십자사를 비롯해 세계 각 나라
의 적십자사가 파견되어 다양한 활동을 펼친 것은 두말할 나위가 없다.

우리나라도 정부 차원에서 즉각 지원에 나섰다. 지진 발생 다음 날인
2월 7일, 국군 수송기로 대한민국긴급구호대KDRT 118명과 긴급 의약품
을 싣고 현지로 날아가 구호 활동을 개시했다. 당시 많은 국민들과 기관
들이 후원금을 보내왔다. 서울시와 아산사회복지재단이 각각 30만 달러
를 지원했고, 경기도는 대한적십자사를 통해 100만 달러의 구호금을 전
달했다. 우리나라를 포함해 세계 각국에서 온 지원단은 즉각 활동을 시작
해 현지인들과 협력하여 매몰된 사람들을 구조하고, 치료했다. 또 이재민
이 임시 거주할 쉘터도 마련했다. 2월 15일 이후로는 일부 생존자들이 구
조되기는 했으나 치안 악화, 장비 부족, 추위, 전염병 우려 등으로 일부에
서는 구조 작업이 중단되거나 종료되었다. 현지 주민들은 "구할 수 있는
사람은 대부분 구한 것 같다."라며 담담하게 상황을 받아들였다. 이에 따
라 각국에서 파견된 구조팀들은 3월 이후 순차적으로 철수하고, 복구 작
업 및 이재민 구호 활동으로 전환되었다. 4월까지 사망자는 6만여 명, 실
종자는 최소 300여 명, 부상자는 13만여 명, 이재민은 약 2,300만 명에
달했다. 건물은 26만 4,000채가 파괴되었으며, 피해 총액은 1,636억 달
러가 넘을 것으로 추정되어 튀르키예를 통탄에 빠뜨린 처절한 재해였다.

삶과 희망을 이어주는 '우정의 마을'

대한적십자사는 튀르키예·시리아 지진 이재민 168만 명을 지원했
다. 지진 발생 후 긴급대응팀을 현지에 파견해 국제적십자사연맹, 튀르

키예적신월사·시리아아랍적신월사와 함께 긴급 구호활동을 펼쳤다. 이재민을 위해 구호품 15만 점을 전달하고, 봉사원과 이재민을 위한 무료 급식은 96만 회가 넘었다.

긴급 상황이 지나자, 다음 과제는 거주할 집이었다. 무너진 집과 건물, 아파트 등을 다시 지어 이재민들이 그곳으로 돌아가려면 최소 3~4년의 시간이 필요하다. 그동안 임시로 거주해야 할 집을 대한적십자사가 지어주기로 했다. 진앙지와 가까운 카흐라만마라쉬에 조성한 이 마을은 〈한국-튀르키예 우정의 마을〉Turkiye-Kore Dostluk Kenti Acilis Toreni로 이름이 붙여졌다. 거주지만 마련하는 것이 아니라 한국의 냉장고, TV, 에어컨 등 가전제품과 가구를 갖춘 컨테이너 주택 1,000동을 2023년 10월에 건립해 이재민들이 안정적으로 살아가도록 했다.

나는 대지진이 일어난 8개월 후인 2023년 10월 4일 지진 현장을 찾아갔다. 참사가 일어난 현장을 방문해 이재민들을 위로·격려하고, 튀르키예 적신월사와 협력해 무엇을 더 지원해 주어야 하는지를 논의하기 위해서였다. 현지에 도착한 날 우멋켄트Umut Kent 커뮤니티센터를 방문하고, 파괴된 헌혈의 집, 혈액공급소 복구를 지원해 주기로 했다. 이어 가지안테프 구호창고를 찾아 봉사원들을 격려하고 더 지원해야 할 물품을 점검했다. 다음으로 시리아 국경을 넘어 인도적지원센터Humanitarian Aid Center를 방문해 협력 사안에 대해 논의했다.

그리고 10월 7일에 여러 관계자들이 모여 〈우정의 마을〉 입주식을 가졌다. 나는 그날 감사의 말을 통해 튀르키예와 한국은 형제의 나라임을 강조하며 이재민 구호를 위해 적십자사가 더 많은 일을 하겠다고 약속했다.

카르만마라쉬 <우정의 마을> 입주식 인사말

--- 대한적십자사를 대표하여, 지진과 여진으로 많은 인명과 재산 피해를 입은 튀르키예 국민들과 카르만마라쉬 주민들께 진심으로 위로를 전합니다. 8개월 동안 아픔을 딛고 잘 견뎌내신 이재민들께 진심으로 응원의 메시지를 보냅니다.

튀르키예는 한국전쟁 시기에 가장 먼저 손을 내밀어준 형제의 나라입니다. 튀르키예 참전 병력은 21,212명으로 16개 참전국 중 네 번째로 많았으며, 전사자를 비롯한 인명피해는 총 2,365명으로 미국, 영국에 이어 세 번째로 많은 희생을 치렀습니다. 튀르키예 군인들은 전쟁터에서 잠시 전투만 하고 떠난 것이 아니라 한국인과 진심으로 어우러져 살았습니다. 튀르키예 군인들은 전쟁 후에도 경기 수원에 '앙카라 학교'를 짓고, 10년간 전쟁고아 640여 명을 돌봤습니다. 이러한 튀르키예를 비롯한 동맹국들의 도움으로 이제 대한민국은 세계 10대 강국이 되었습니다. 다시 한번 튀르키예 국민들께 머리 숙여 감사드립니다.

한국과 튀르키예의 역사는 1,500년 전부터 시작되었으며, 한국의 고서 <삼국사기>에 튀르키예와 고구려가 협력한 증거가 나옵니다. 1957년 3월 한국과 튀르키예는 공식적으로 외교관계를 수립하고, 66년 이상을 함께 하고 있으며, 2012년부터는 전략적 동반자 관계를 수립해 외교뿐 아니라 경제, 군사 등 다방면에서 협력하고 있습니다.

이러한 튀르키예를 향한 대한민국 국민들의 감정은 특별합니다. 대한민국 국민 모두가 튀르키예 국민들이 사랑하는 가족을 잃고, 피해를 입은 것에 대해 함께 눈물을 흘리고, 아파하며 튀르키예를 돕겠다고 자발적으로 나섰습니다.

대한적십자사 역시 지진 발생 초기부터 튀르키예에 대한 인도적 지원을 신속히 추진했습니다. 그런 결과로 오늘 이렇게 한국-튀르키예 우정의 마을에 따뜻한 보금자리 1,000동을 건립하여 정식으로 입주식을 갖게 되어 감개무량합니다. 튀르키예 정부와 적신월사 임직원과 봉사원들, 대한적십자사 재건복구지원단의 헌신적 활동에 깊은 존경과 신뢰를 보냅니다. 또한 따뜻한 마음과 성금을 전해주신 대한민국 국민들, 포스코, LG, 현대자동차, 경기도, GS, 한화, 한진, 한국전력을 비롯한 기업들에게도 깊이 감사드립니다.

앞으로도 대한적십자사는 튀르키예적신월사와 함께 지진 피해 이재민들이 신속하게 일상생활로 복귀할 수 있도록 최선을 다해 돕겠습니다. 또한 튀르키예와 대한민국의 끈끈한 형제의 우정을 더욱 돈독히 하기 위해 계속 노력할 것입니다. 참석해 주신 모든 분들의 건강과 축복을 기원합니다.

감사합니다.

2023년 10월 7일

168만 명의 이재민을 도운 것은
대한민국 국민들의 따뜻한 마음

2025년 3월에는 〈우정의 마을〉 안에 생활시설도 문을 열었다. 7,600여㎡(2,310평)에 유치원, 도서관, 지역센터, 각종 체육시설 등으로 이뤄졌다. 70여 명의 아동을 수용할 수 있는 유치원과 컴퓨터 및 책이 구비된 도서관은 어린이와 청소년들에게 큰 사랑을 받았다. 300평 운동장에 시소, 미끄럼틀, 철봉 등을 갖춘 놀이터와 농구장, 배구장 등이 만들어져 거주민 3,000여 명의 일상 회복에 크게 기여했다.

아울러 지진 이후 약화된 지역사회 유대감을 강화하고 결속력을 높이기 위해 커뮤니티 기능의 지역센터를 설치하고, 쉼터와 산책로 등도 조성해 이재민의 생활 환경을 개선했다. 추운 겨울을 안전하게 보낼 수 있도록 난방기를 제공하고, 구호 차량도 45대를 지원했다. 우정의 마을을 비롯한 이재민 거주지에는 많은 사람들이 살아가고 있기에 감염병 예방을 위해 위생 시설을 개선하는 일도 전개했다.

초기 긴급 구호활동을 마친 후에는 재건복구를 위해 대한적십자사 상주 현장 대표단을 파견해 복구와 자립 지원에 주력했다. 피해를 입은 소상공인과 농가를 지원하고, 지진 피해가 심했던 8개 지역에 지역사회 서비스센터를 지어 큰 도움을 주고 있다. 또한 지진으로 붕괴된 혈액 시스템을 재건하기 위해 헌혈·혈액공급 시설의 건설도 진행하고 있다.

이 모든 일들은 많은 국민과 기업들에서 보내준 후원금이 있었기에 가능했다. 400억 원이 넘는 후원금 덕분에 적십자사는 168만 명이 넘는 이재민을 지원할 수 있었다. 앞으로도 복구와 자립 지원을 꾸준히 해 나갈 것이다.

우리가 가장 어려웠던 한국전쟁 시기에 우리를 도운 혈맹의 나라 튀르키예를 인도적으로 돕는 것은 결초보은結草報恩의 정신이기도 하다. 저들이 피를 흘리며 공산주의를 막았기에 오늘날의 대한민국이 있다. 튀르키예 참사 현장에서 만난 사람들은 모두 재건 의지를 안고 분투하고 있었다. 그것은 이 참사를 딛고 한국과 '형제의 나라'로서 함께 번영하리라는 밝은 희망이었다.

28. 산불 재난

매년 발생하는 산불,
그 끔찍한 현장에서 분투하는 이들

산불은 거의 매년 일어난다. 도시에서의 화재는 사고와 인재人災가 대부분이지만, 산불은 그 정확한 원인을 찾지 못하고 끝나는 경우도 간혹 있다. 그러나 밝혀진 원인의 90% 이상은 사람에 의한 사고이다.

2025년 3월, 전국에서 동시다발적으로 대형 산불이 발생했다. 사상 초유의 이른바 '영남 대형 산불'은 강수량 부족으로 인한 건조한 날씨와 성묘객 실화, 농가의 예초기에서 튄 불씨, 용접 스파크 등 다양한 원인에서 시작된 것으로 추정된다.

산불은 엄청난 피해를 남긴다. 일단 산불이 발생하면 그 범위가 무한정으로 늘어날 수 있다. 대응을 적절하게 하지 못하면 읍邑이나 군郡 전체를 태워버릴 수도 있는 것이 산불이다. 또 인명피해도 심각하며 진화 이후의 회복 과정도 길고 복잡하다. 자연에 끼치는 악영향은 아주 오래 간다. 산불은 한마디로 자연과 인간 모두에게 치명적인 재앙이다. 생사가 오가는 그 산불 현장에서 분투하는 사람들이 있다. 경찰과 119 대원들, 때로는 군인들, 그리고 빠지지 않는 사람들이 적십자사 봉사원들이다.

특히 2025년 3월 21일 오후 3시 26분쯤, 경남 산청군 시천면에 일어난 산불은 무서운 속도로 번져나가 18일 동안 인근 일대를 황폐화시키고 4월 7일에야 완전히 진화되었다. 산청군 시천면, 단성면, 삼장면,

하동군 옥종면, 진주시 수곡면, 의성, 울주까지 산불이 번졌고, 산불 연기가 멀리 번져 사천시, 광양시에서도 타는 냄새가 진동하고 미세먼지 농도가 치솟는 등 간접 피해도 잇따랐다.

피해는 여러 곳에서 여러 형태로 나타났다. 산청과 하동에서 주택·사찰·창고 등 3,000여 채에 달하는 건축물이 순식간에 소실되고, 차량은 산불에 휩쓸려 전소되었으며, 옥종면에서는 무려 900년의 풍파를 이겨내며 마을의 수호신 역할을 해온 시도기념물 은행나무조차 거센 불길을 이기지 못하고 타들어 갔다. 화재 현장에 있던 산소들은 모조리 불에 탔으며 일부는 잿더미에 파묻혀 형체조차 찾기 힘들었다. 제1호 국립공원인 지리산 260㏊의 산림이 소실되었고, 주왕산과 함께 2곳의 국립공원도 피해를 입었다. 이외에도 피해 사례는 일일이 열거하기 어려울 정도이다.

소방청은 산불대응단계 3단계(최고)와 국가소방동원령을 내려 산불 진화에 총력을 기울였다. 2,000명 넘는 인원이 동원되었고, 장비는 250여 대, 진화 헬기는 55대가 동원되었다. 그들의 노력으로 발화 9일이 지난 3월 30일에 초기 진화가 되었고, 4월 7일에 완전히 불길을 잡았다. 재산 피해는 2,300억 원 이상, 이재민은 2,150여 명이 발생했다. 중앙재해대책본부에 따르면 인명피해는 사망자 30명을 포함해 모두 75명의 사상자가 발생했다. 사망자 중에는 불길에 고립된 창녕군 소속 산불진화대원과 공무원도 포함되었다. 4만 8,000㏊가 불에 탔고, 주택 3천여 채가 전소되었으며, 국가유산 피해 30건, 농업시설 2천여 건 등 우리나라 역사상 가장 큰 피해였다.

적십자사는 마지막까지 남는다

대형 재난이 발생하면 모든 국민에게 안전문자가 전달된다. 또 하나의 문자를 받는 사람들이 있다. 적십자사 봉사원들이다. 그들의 핸드폰에는 재난 구호와 봉사를 위해 "어느 곳에서 몇 시에 모여 출발한다."라는 안내문이 온다. 동洞 조직, 시市 조직 전체가 모여 출발하기도 하고, 3~4명이 팀을 이뤄 먼저 달려가기도 한다. 가장 가까운 곳에 거주하는 봉사원은 한 시간도 지나지 않아 현장에 도착한다.

대한적십자사 봉사원들에게는 지난 120년이라는 유구한 세월 동안 전국 방방곡곡의 재난 현장을 누비며 체득한 구호와 봉사의 DNA가 각인되어 있다. 그들은 현장에 발을 내딛는 즉시, 굳이 별도의 지시 없이도 활동을 개시한다. 대형 산불이 발생했다는 연락을 받고 나는 즉시 산청으로 내려갔다. 구호 현장에 도착해 소방대원들과 봉사원들을 격려한 후 이재민 대피소인 단성중학교를 찾아 이재민들을 위로했다. 나아가 이재민 구호를 위한 긴급 모금도 시작했다.

적십자사는 경남, 경북, 전북으로 지원 규모를 늘려 봉사대원을 급파하고, 구호물품과 비상식량도 지원했다. 발생 초기 하루에 3천~4천 명 규모였던 급식은 27일에 1만7,230인분으로 대폭 늘어났다. 급식을 마련하는 봉사대원은 말할 것도 없고 멀리서 쌀과 부식을 실어 나르는 대원들의 노고도 이루 말할 수 없이 컸다. 주불이 진화된 3월 30일에는 하루 급식 인원이 4,950명으로 줄었다. 4월 5일까지 급식 인원은 10만 2,255명으로 역대 최고 기록이었다. 산불의 규모, 피해의 규모가 얼마나 컸는지 가늠할 수 있는 숫자이다.

일상적 지원뿐 아니라 심리지원 활동도 큰 호응을 얻었다. 재난을 입지 않은 일반인들은 '심리지원이 굳이 필요할까?'라며 의아하게 여길 수도 있지만, 이재민에게는 아주 중요한 치유책이다. 적십자가 머물렀던 거의 1개월 동안 약 4,500회 심리상담을 실시했다. 또한 영주적십자병원은 의성 임시대피소에 이동진료소를 설치해 고령자와 만성질환자를 진료했다. 그 기간에 귀가를 미룬 채 이재민들과 함께 생활하면서 마지막까지 봉사활동을 펼친 봉사원들에게 깊은 감사를 전한다.

　　재난은 인간 역사에서 늘 직면하게 되는 불가피한 현실이다. 사회재난이나 자연재난이나 근본부터 철저하게 제거하여 '재난율 제로(0)'를 실현하면 좋겠지만, 사실상 그것은 불가능하다. 또 재난뿐 아니라 인간에게는 고통이 항상 수반된다. 그 재난과 재해, 고통에 어떻게 대처하느냐가 중요하다. 그 대처의 길목에서 만날 수 있는 사람들이 있다. 가족이 있고, 이웃이 있고, 공공기관의 도움을 받을 수도 있다. 잊지 말아야 할 곳은 적십자사다. 적십자사는 재난과 고통에 처한 사람들에게 따뜻한 손길을 내밀어주는 삶의 동반자이다. 건물이 무너진 곳, 다리가 무너진 곳, 홍수가 휩쓸고 지나간 곳, 대형 화재가 일어난 곳, 산불이 일어난 곳, 일상의 삶이 힘든 곳에 언제나 적십자사가 있다. 나에게 적십자사는 '나의 가족'이자 내 인생의 동반자이다.

산청군 산불피해지역 현장방문

제 4 부

인도주의 실천의 참모습, 적십자

대한적십자사 창립 120주년 기념식

사랑을 실천하는 평화의 선봉

다음 노래를 아는 사람은 그리 많지 않을 수 있다.

1. 주는 정 받는 정의 따뜻한 손길 / 슬픔도 서러움도 모두 스러져 / 가슴마다 봄바람 새꿈은 핀다 / 휘날리는 깃발 아래 보람찬 봉사 / 우리들은 적십자 평화의 선봉 / 사랑의 메아리가 울려 퍼진다.
2. 밀어주고 끌어주는 포근한 인심 / 외로움도 괴로움도 모두 스러져 / 마을마다 새 낙원 꿈이 자란다 / 휘날리는 깃발 아래 보람찬 봉사 / 우리들은 적십자 평화의 선봉 / 사랑의 메아리가 울려 퍼진다.

가사에도 나와 있듯 〈적십자 봉사원의 노래〉다. 유달영 작사, 김희조 작곡으로 1987년 3월 20일 제정되었다. 이 노래를 부르는 사람은 많지 않고, 불리는 횟수도 드물다. 그러나 이 노래는 희망의 노래이고, 사랑의 노래다. 이 노래가 전국 방방곡곡에서 울려 퍼질 때 대한민국은 따뜻한 봉사, 격려와 위로, 새로운 삶을 살아가는 힘이 된다.

적십자는 '기부'와 '참여'로 움직인다. 두 개의 바퀴가 있기에 구조와 구호, 보살핌, 희망이 피어난다. '참여'는 적십자를 빛나게 하는 원동력이다. 자발적으로 봉사와 구호에 참여하는 봉사원들이 있기에 적십자는 오늘도 본연의 사명을 다하고 있다. 적십자봉사회는 1947년 처음 결성된 이래 지금까지 헌신적인 봉사활동을 하고 있다. 봉사활동의 규모가

커지고 참여자가 늘어나면서 체계적인 봉사조직 운영이 요구되어 1985
년 6월에 봉사회 중앙협의회를 설치하였다.

현재 적십자 봉사원은 RCY 단원을 포함해 23만 명에 달한다. 누가
강요한 것도 아니며, 혜택이 주어지지도 않는다. 그 반대로 자신의 노력
과 시간을 쏟아야 한다. 가장 중요한 것은 생면부지의 사람에게 정성과
사랑을 쏟아야 한다는 점이다. 봉사원은 정기적 또는 비정기적으로 적
십자 운동을 위해 자원봉사 활동을 하는 사람이다. 7세 이상 77세 이하
는 누구나 봉사원이 될 수 있다. 가입원서를 작성해 제출한 후 기본교육
을 받으면 봉사원이 된다. 그때 〈봉사원 서약〉을 한다.

하나, 나는 적십자의 인도주의 정신을 구현하기 위하여 성실한 마음으
　　　로 봉사하겠습니다.
하나, 나는 어려운 이웃과 더불어 밝은 사회를 이룩하는 데 이바지하
　　　겠습니다.
하나, 나는 언제나 적십자의 명예와 전통을 빛내도록 힘쓰겠습니다.

이 서약에 따라 가장 먼저 '단위봉사회'에 가입하여 활동을 시작할
수 있다. 단위봉사회는 적십자의 기초조직으로서 10인 이상의 봉사회
원으로 구성되며, 모든 봉사활동의 주체가 된다. 일반적인 봉사활동 외
에도 자신의 특별한 기술이나 능력을 발휘하여 봉사하고 싶다면 기능
또는 분야별 전문봉사회를 만들어 활동해도 된다. 예컨대 요리봉사회,
이미용봉사회 등이다.

단위봉사회 위에는 협의회가 있다. 봉사회들을 지역별로 묶은 큰 조
직이다. 마을 봉사회→ 시군市郡 봉사회→ 도道 봉사회→ 전국 봉사회 순
으로 생각하면 된다. 이름만 다를 뿐 재난 현장에 달려가 구호 활동을
하고, 평시에는 다양한 이웃사랑 활동을 하는 것은 똑같다. 적십자에는

3,554개의 단위봉사회, 236개의 시군구협의회, 15개의 시도협의회가 있으며 이들을 총괄하는 전국협의회가 있다.

37년 동안 재난 현장을 누비며 봉사활동

적십자 봉사원이 하는 일은 무척 많다. 크게 나누면 1) 구호, 2) 희망풍차, 3) 취약계층 지원, 4) 지역사회 봉사이다.

첫 번째는 적십자의 기본 임무인 구호 활동이다. 재난이 발생한 곳에 신속하게 모여 구호 활동을 펼친다. 화재, 수해, 대형 사고, 지진, 폭설 등 재난이 닥치는 곳에는 언제나 적십자 봉사원이 있다.

두 번째는 희망풍차 활동이다. 우리 사회에서 소외되고 고난에 처한 이웃들을 돌보는 평상시 봉사활동이다. 위기가정을 돕는 긴급지원으로 노인, 아동·청소년, 이주민 등 어려움에 처한 사람들에게 봉사한다. 나아가 위기가정과 결연을 맺고 김장, 명절 함께 보내기, 장학금 등 맞춤형 지원도 한다.

세 번째는 취약계층 지원활동이다. 경제적으로 어려운 노인, 장애인, 한부모가정 등 가난에 머물러 있는 사람들을 지원하고 사회복지시설에서 봉사를 펼친다.

네 번째는 지역사회 봉사활동이다. 급수 봉사, 제빵 봉사, 밑반찬 만들기, 급식, 모금 및 홍보, 노인 생활체조 보급 등 다양한 활동을 한다.

이러한 활동들은 대부분 특별한 기술을 요구하지 않는다. 산불로 집을 잃은 피해 가정을 위해 쉘터^{임시대피소}를 설치하고, 생수를 전달해 주고, 다친 사람을 치료소로 안내하는 일은 누구나 할 수 있다. 또 어려움에 처한 이웃을 찾아가 물품을 건네주고 이야기를 나누는 일도 할 수 있다. 그러므로 적십자 봉사원은 어느 곳에서나 사랑의 손길을 펼치는 숭고한 '현장의 일꾼'이라 할 수 있다.

2024년 10월, 대한적십자사 창립 119주년 기념식에서는 임영자(81, 서울지사 오륜봉사회) 봉사원이 '적십자 인도주의 활동' 공로로 국민훈장 동백장을 받았다. 임 봉사원은 5만8천 시간 동안 봉사를 실천하며 지역사회 복지 증진에 헌신했다. 또한 37년간 기부와 봉사에 헌신해 당시 누적 기부액이 43억 원에 달하는 김영자(85) 승산나눔재단 이사장이 국민훈장 목련장을, 749회에 이르는 헌혈로 생명나눔을 실천한 황의선(70) 씨가 국민훈장 석류장을 받았다. 이 외에도 많은 봉사원들이 정부포상과 장관표창을 받았다. 그리고 2025년 10월 27일에는 창립 120주년을 기념하여 30개의 국민훈장과 정부 포장, 표창이 수여되었다.

대한적십자사 창립 120주년 기념식

삶이 무너지는 그 순간,
가장 먼저 손을 내미는 사람들

2024년 경기도 화성의 한 공장에서 대형 화재가 발생했다는 연락을 받고 나는 즉시 현장으로 갔다. 그 자리에는 당연히 나보다 더 먼저 도착한 사람들이 많았다. 소방관과 경찰관 그리고 적십자 봉사대원들이었다. 나는 그날 구호현장에서 겪은 일을 며칠 후 신문에 기고했다.

재난 구조의 영웅 '소방관과 봉사원'

대한적십자사는 재난이 발생하면 소방관과 경찰 다음으로 일찍 현장에 출동해 구호활동을 시작한다. 2024년 6월 24일 경기 화성 공장에서 발생한 화재 현장에서도 접근 통제를 위해 설치된 레드라인 안에서 구조 지원을 한 것은 적십자가 유일했다. 이 화성 화재로 23명이 숨지고, 8명이 다쳤다.

그날, 법정 재난관리 책임기관이자 긴급구조 지원기관인 대한적십자사의 책임자로서 화성 피해 현장으로 달려갔다. 잠시 후, 구조를 마치고 두꺼운 방화복과 무거운 산소통을 멘 채 땅바닥에 털썩 주저앉아 긴 숨을 내뱉는 소방관이 보였다. 구조 현장 한쪽에 마련된 적십자 구호 텐트에서 얼른 생수 한 병을 들고 가 소방관에게 건넸다. 군데군데 그슬린 방화복을 입은 채 서둘러 목을 축이는 모습에 가슴이 뭉클해졌다.

고개를 돌려 보니 소방 및 구조 인력을 지원하러 나온 적십자 직원과 봉사원들이 있었다. 화재 발생 후 불과 몇 시간 만에 구호 물품과 이동 급식 차량, 회복 지원 차량 등 장비를 챙겨 현장에 도착한 것이다. 이처럼 대한적십자사는 생명을 살리는 인도적 가치를 119년간 한결같이 이어왔다. 그렇기에 전담 부서가 24시간 재난 상황을 모니터링하고, 언제든지 빠르게 대응할 수 있도록 적십자봉사회를 전국 읍·면·동 단위로 조직해 운영한다.

또한 재난에 대비해 긴급 구호품을 제작해 비축하고 매년 재난을 가정해 교육과 훈련을 반복하며 재난 심리상담 활동도 병행한다. 그리고 이렇게 준비된 적십자 봉사원은 재난이 발생하면 곧바로 현장으로 달려간다. 세월호 참사 직후부터 369일간 전남 진도 팽목항과 체육관·분향소에서 유가족의 든든한 버팀목이 돼 준 2만4,000여 봉사원, 산불로 집이 불에 타 긴급 대피소에서 생활하면서도 봉사원들과 함께 급식소를 운영하며 이재민들을 도운 엄기인 봉사원, 그리고 이번 화성 화재 현장과 분향소에서 아침부터 저녁까지 바쁘게 활동한 적십자 봉사원들이 소방관 못잖은 영웅이 아닐까 생각했다.

소방관들은 2023년에만 130여만 회 출동해 11만7,000여 명의 목숨을 지켰다. 평균 24초마다 재난 최전선에 뛰어든 셈이다. 지난 10년 동안 매년 4명꼴로 직무를 수행하다 목숨을 잃기도 했다. 적십자사도 지난해 각종 재난 현장에서 6만7,000여 명을 구호했다. 이렇듯 국민이 크고 작은 위험에 빠졌을 때 119를 가장 먼저 찾고, 재난이 발생했을 때 정부와 이재민들이 '노란조끼'의 적십자 봉사원을 찾는 것도 이들에 대한 믿음과 든든함 때문일 것이다.

재난 현장의 처음과 마지막을 책임지는 소방관과 적십자 봉사원, 우리는 이들을 어떻게 보고 있을까? 한국직업능력연구원이 발표한 <직업의식 및 직업윤리의 국제비교 연구>에 따르면, 우리나라에서 사회적 지위가 높은 직업 1위는 국회의원이었고, 소방관은 15개 직업 가운데 11위에 불과했다. 반면 미국은 소방관이 1위였다. 그래서 미국에는 자원봉사자도 매우 많다.

국가와 남을 위해 희생을 마다하지 않는 사람들을 우러러보는 사회와 걸맞은 대우를 하는 나라가 진정한 선진국이다. 소방관과 봉사원, 생사를 오가는 재난 현장에서 구조와 구호에 애쓰는 영웅들에게 감사의 마음을 전하며 이들이 존경받는 사회가 되길 기대한다.

- <문화일보> 2024년 7월 9일

봉사奉仕의 사전적 의미는 '국가나 사회 또는 남을 위하여 자신을 돌보지 아니하고 힘을 바쳐 애씀'이다. 자신이 처한 상황과 관계없이 나보다 더 위급한 상황에 처해있는 사람을 돕기 위해 헌신하는 것이다. 적십자 봉사원은 경찰과 119에 이어 현장으로 출동하는 세 번째 기관이다. 산불이 일어나 집과 재산을 모두 태워버리는 곳, 사람의 생명을 앗아가고 부상자가 속출하는 곳, 화재로 건물이 불타고 무너진 곳, 폭우로 한 마을이 잠기고 고립되는 곳, 평화로운 마을이 지진으로 파괴되는 곳에는 언제나 적십자 봉사원이 함께 있었다.

도시의 후미진 곳에서 홀로 살아가는 할아버지와 할머니, 동생들을 책임져야 하는 청소년 가장, 머나먼 타국에서 일자리를 찾아온 이주 노동자, 가족 없이 홀로 살아가는 독신 청년, 신체적·정신적 장애로 취업이 어려운 이웃들을 찾아가는 사람들도 적십자 봉사원이다. 삶이 힘들고 미래가 암담하다고 생각될 때 망설이지 말고, 적십자의 문을 두드리면 도움이 손길이 반드시 뻗어온다. 그리고 그 손은, 평범한 적십자 봉사원들이 만든 가장 따뜻한 기적이다.

창립 기념식과 별도로 봉사원들만의 축제는 5년마다 한 번씩 열린다. 2025년 9월 9일에 '전국적십자봉사원 대축제'가 개최되었다. 전국 각지에서 7천여 명의 봉사자들이 참여하여 그간의 노고에 서로서로 감사를 표하고 앞으로의 여정에서도 함께 힘을 쏟을 것을 격려했다. 그동안 여러 곳에서 펼친 재난 구호, 취약계층 지원과 지역사회 봉사, 헌혈에 적극적으로 참여한 봉사원 99명에게 적십자 봉사원대장, 보건복지부 장관 표창, 행정안전부 장관 표창, 봉사회 전국협의회장 표창 등이 주어졌다.

이러한 훈장과 포상 등은 아무런 특권이나 경제적 보상도 없다. 오직 '명예'만이 존재한다. 그러나 그 명예는 매우 소중하고, 우리 사회를 밝게 비추는 등대가 된다. 나아가 스스로를 다시 일으켜 세우는 자존감의 원천이 된다. 2024년 한 해 동안, 봉사활동에 참여한 봉사원은 모두 1,589,269명이고 그들이 쏟아부은 열정의 시간은 4,475,976시간에 달한다. 숫자로 환산할 수 없는 헌신, 그 시간 속에는 한 사람, 한 사람의 따뜻한 마음이 담겨 있다. 그리고 그 마음이 모여, 세상을 조금 더 살아갈 만한 곳으로 바꾸고 있다.

적십자의 발걸음은
재난 대응의 새로운 전환점

　재난은 언제 닥칠지 아무도 모른다. 자연적 재난이든 인위적 재난이든 재난은 시간과 장소, 사람을 가리지 않는다. 면밀하게 살펴보면 재난을 사전에 충분히 막을 수 있기도 하지만, 인간은 완벽한 존재가 아니기에 재난 발생을 철저하게 막지는 못한다. 최선의 노력을 기울여 참사와 희생을 줄이는 것이 우리의 책임이다. 그러나 책임을 소홀히 하고 규정을 지키지 않아 재난이 일어난다.

　또 하나의 문제는 재난이 일어난 후의 대처이다. 우리는 그동안 자연적, 사회적 재난을 수없이 겪어왔다. 그 경험을 바탕으로 어디에서 어떤 재난이 발생했을 때 어떻게 대처해야 하는지에 대해서는 어느 정도 대비가 되어있다. 과거의 홍수나 건물 붕괴 등의 재난을 살펴보면 컨트롤타워가 없어 각각의 기관들이 각자 활동을 벌이는 바람에 중복된 활동이 많았다. 또 구호의 방법도 혼란스럽고, 피해 본 사람들을 보호하는 시설도 열악했음을 알 수 있다. 그 재난들을 겪어오면서 어떻게 해야 가장 적합한 것인지를 깨닫고 실천하게 되었다.

　그 실천의 중심에 있는 곳이 적십자이다. 적십자는 재난에서의 구조, 그 후의 구호, 임시 거주, 생활 지원, 식량 지원, 심리상담 등 처음에서부터 종료될 때까지 그 옆에서 봉사한다. 구호의 종료는 재난을 당한 피해자가 원래의 터전으로 돌아가 예전처럼 자신의 삶을 평화롭게 이어가는 것을 의미한다. 그러나 재난에 효율적으로 대처하기란 쉽지 않다. 재난의 종류와 횟수가 갈수록 증가하고 있기 때문이다. 〈재난 및 안전관리 기본법〉에서는 재난을 이렇게 규정한다.

> '재난'이란 국민의 생명·신체·재산과 국가에 피해를 주거나 줄 수 있는 것으로서 다음 각 목의 것을 말한다.
>
> 가. 자연재난: 태풍, 홍수, 호우豪雨, 강풍, 풍랑, 해일海溢, 대설, 한파, 낙뢰, 가뭄, 폭염, 지진, 황사黃砂, 조류藻類 대발생, 조수潮水, 화산활동…. 자연우주 물체의 추락·충돌…
>
> 나. 사회재난: 화재, 붕괴, 폭발, 교통사고(항공사고 및 해상사고 포함), 화생방사고, 환경오염사고, 다중운집인파사고… 감염병 또는 가축전염병의 확산, 미세먼지, 인공우주물체의 추락·충돌 등으로 인한 피해

재난의 종류가 이렇게 많다는 사실에 놀라는 것은 물론, 예전에 우리가 생각조차 하지 않았던 '인공우주물체의 추락'도 재난이 되었다는 현실 앞에서 기술 발전이 우리 삶에 어떤 영향을 미칠까 곰곰 생각해 보게 된다. 분명한 것은 앞으로 재난의 종류는 더 늘어날 것이라는 사실이다.

적십자의 보건의료ERU는
재난에 준비된 대응팀

재난에의 경험과 구호의 실천력에서 우리나라는 어느 정도의 대응력을 갖추고 있지만 부족한 점은 여전히 존재한다. 그중 하나는 재난에 대응하는 의료팀이다. 적십자사 회장을 맡은 이후 나는 50여 년의 의료 경험을 살려 '재난대응의료팀'보건의료 ERU: Emergency Response Unit을 출범시켰다. 재난에 당면해서야 꾸려지는 팀이 아닌 사전에 철저한 훈련을 통해 조직되는 구호팀이다. 2025년 4월 23일, 서울적십자병원에서 의사

와 간호사들이 참석한 가운데 창립 발대식을 열었다. 보건의료 ERU는 의료 특화 유닛으로 재난이 발생했을 때 현장에 파견돼 이재민과 의료 취약지역 주민, 봉사자에게 의료를 제공하는 것이 목적이다.

적십자의 ERU 의료 파트는 1권역(수도권·강원), 2권역(충북·경북), 3권역(충남·호남), 4권역(경남) 등 근접 지역별로 묶어 효율적인 대응을 구축했다. 재난 대응팀은 매년 적십자가 진행하는 권역별 재난구호 종합훈련과 을지 훈련 및 서해5도 출동훈련 등에도 참여할 계획이다. 또한 국제적십자 구호요원 양성과 보건긴급대응단 교육에도 참여해 본격적인 대응 체계를 갖추기로 했다. 재난이 없는 평시에는 의료 취약지를 순회 진료하고, 공익 행사에 의료 지원을 나간다. 또 여러 의료기관과 협약을 통해 공공과 민간의 가교 역할을 맡고 있다.

대한적십자사의 재난대응의료팀 운영체계는 2025년 영남 산불 현장에 영주병원 의료진을 파견하면서 그 준비성과 체계적 대응의 중요성을 다시 한번 확인하게 했다. 또한 나 자신이 직접 우크라이나를 방문해 전쟁터를 체감한 바를 토대로 보건의료 ERU 창설에 동력을 보탰다. 적십자는 〈재난 및 안전관리 기본법〉과 〈재해구호법〉에 재난관리 책임기관으로 명시되어 있다.

인간이 촉발시킨 자연재해로 피해를 보는 대상은 결국 인간이다. 우리는 재난으로 인해 발생한 피해를 줄여야 한다. 그를 위해 적십자는 ERU 기틀 마련에 힘을 쏟았다. 운영 매뉴얼을 제작하고, 각종 훈련에 참여했으며 또 산하 병원의 운영 부담을 최소화하기 위해 재원은 의료원 차원에서 충당하기로 했다. 나는 발대식에서 "기후위기로 산불 위험이 10배 이상 증가했다."라는 사실을 지적하고 "재난이 발생된 후에야 다급하게 팀을 꾸리는 기존 방식이 아닌 사전에 철저한 훈련을 통해 제대로 된 대응팀을 꾸리겠다."라고 강조했다. 재난은 예고 없이 찾아온다. 그러나 준비된 대응은, 그 피해를 분명히 줄일 수 있다.

31. 치매예방 활동

기억을 지키는 적십자

2023년 적십자사 회장을 맡으며 나는 새로운 책임과 마주했다. 그중 가장 깊고 무거운 과제는 치매였다. 수십 년 동안 의사로 일하며 수많은 질환을 마주했지만, 치매처럼 인간다움을 서서히 지워가는 병은 없었다. 신체는 여전히 살아있지만 이름이 흐려지고, 언어가 멀어지며, 관계가 하나둘 무너져 내린다.

병원에서 환자를 대하듯, 기억을 잃어가는 어르신들의 이야기를 가까이서 듣고서야 비로소 깨달았다. 진단보다 중요한 것은 경청이었고, 의학보다 앞서야 하는 것은 공감이었다. 그 깨달음은 곧 나의 방향이 되었다.

우리는 인간의 기억을 공동체가 지켜야 할 공공재로 인식해야 한다. 적십자는 그 소명을 실천하기 위해 이름 없는 수많은 어르신들의 기억을 향한 다짐을 시작했다. 의사로서, 행정가로서 그리고 한 인간으로서 '기억의 공백을 막는 일'에 대한 책임을 나는 결코 가볍게 여기지 않았다. 그리고 우리가 할 수 있는 일이 있다고 분명하게 믿었다.

대한민국은 2025년, 65세 이상 노인 비율이 20%를 넘는 초고령사회로 진입했다. 이와 함께 국내 치매환자는 103만 명을 넘어섰고, 2050년에는 300만 명에 이를 것이라는 예측이 나왔다. 이 수치는 단순한 보건지표가 아니다. 치매는 이제 특정 개인의 질병이 아니라 국가 전체가 짊어져야 할 구조적 과제가 되었다. 이것은 공동체가 마주해야 할 가장 절박한 구조적 도전이다.

치매 환자 1인을 돌보는 데 드는 연간 사회·경제적 비용은 약 2천만 원 이상이며, 가족이 겪는 정서적 고통을 숫자로 헤아릴 수 없다. 우리는 치매를 질병으로만 보지 않았다. 치매는 공동체의 해체, 정체성의 소멸, 관계의 단절로 이어지는 거대한 파동으로 보았다. 특히 가족의 충분한 돌봄을 받기 어려운 취약계층 어르신에게 치매라는 질병의 후유증은 훨씬 크다.

이 문제 앞에서 우리는 감정에 호소하는 일보다 과학적 근거와 지역사회를 기반으로 한 실질적 대응을 선택했다. 그렇게 시작된 것이 바로 적십자의 치매안심 프로그램 '기적: 기억을 지키는 돌봄, 적십자의 따뜻한 기적'이다. 보건·복지의 틈을 메우기 위해 우리는 치매예방 활동, 물적·정서의 돌봄 활동, 지역 연계 인식 개선, 봉사원 전문성 강화 등 4개 축을 세웠다. '기적'은 감동을 전하기 위한 캠페인이 아니라 적십자의 다짐이자 실질적인 효과를 내는 치매예방 활동이다.

적십자의 선택
– 기억을 지키는 사회적 처방

2024년 적십자사 본사와 15개 시도지사는 보건복지부로부터 '치매극복선도단체'로 공식 지정되었다. 이는 단순한 명예가 아닌 선언이다. 조직 전체가 이 과제에 책임을 지겠다는 약속이다. 전국 약 5,200명의 직원과 봉사원들이 치매파트너 교육을 받았으며 전문성을 바탕으로 전국 각 지역의 치매 예방 현장에서 활동하고 있다. 또한 더욱 전문적인 치매파트너 플러스 교육도 확대 시행하고 있다.

서울지사에서 H+양지병원과 연계하여 적십자 봉사원들을 대상으로 치매 관련 교육을 진행하였고, 더불어 서울 중구에서는 '치매전문봉사단'을 창단하여 가가호호 취약계층 어르신을 직접 찾아가 인지검사 등 치매예방 활동을 시행했다. 검사지를 들고 어르신의 손을 잡은 순간, 한 봉사원은 이렇게 말했다.

"검사도 중요하지만, 누군가가 나를 기억하려 애쓴다는 그 마음이 치료보다 먼저 어르신 마음을 움직이는 것 같아요."

이제 적십자는 기억 캠페인을 통해 단순한 복지 제공자가 아니라 지역 보건 인프라의 일원이자 공동체 회복의 동반자로 자리 잡고 있다. 기억을 지킨다는 것은 단지 뇌의 기능을 보존하는 것이 아니다. 그것은 한 사람의 삶과 정체성을 지키는 일이다. 앞으로의 할 일은 많다. 청소년과 연계한 '세대 공감 기억 프로젝트', 치매가족 대상 '정서 회복 프로젝트' 도입 등을 기반으로 한 개인을 대상으로 한 치매예방뿐 아니라, 전 세대와 가족까지 함께 참여할 수 있는 프로그램으로 확장해 나가고 있다.

"기억하지 못해도 괜찮습니다. 당신을 기억하는 사람이 여기에 있습니다."

이 한 문장은 의사로서도, 적십자사 회장으로서도 내가 전하고 싶은 말이다. 기억은 혼자 지킬 수 없다. 그것은 누군가 함께 지켜야 할 '우리의 이야기' 이기 때문이다. 그러므로 적십자는 오늘도 누군가의 곁에 앉아 잊혀져가는 이름을 다시 불러드린다. 그 손을 잡고, 이야기를 듣고, 기억을 기록하고자 한다. 이것이 내가 적십자에서 마주한 치매라는 과제를 수행하는 길이라 생각했으며, 적십자의 활동을 통해 오늘도 그 일을 고민하고, 기획하고, 실천한다. 적십자사의 이러한 활동은 치매 예방에 헌신한 공로가 인정되어 2025년 9월 대통령 표창을 받았다.

기억은 혼자 지킬 수 없기에 그것은 우리 모두의 몫이다. 적십자는 오늘도 그 곁에 앉아 잊혀가는 그 이름을 다시 불러드린다. 그리고 이렇게 말한다.

"우리 모두, 함께 기적을 기억합시다."

이것이 적십자사 회장으로서 내가 짊어진 책임이었다.

32. 다문화 활동

모두 함께, 다 같은 우리

우리 사회 곳곳에 존재하지만, 여전히 경계밖에 머물러 있는 사람들이 있다. 바로 다문화 이주민들이다. 이주민은 전국 곳곳에서 만날 수 있지만, 아직도 우리 사회에 적응하지 못하고 소외되어 살아가는 사람들이 있다. 우리는 그들이 한국을 조국처럼 여기고 살아가도록 도와야 한다. 저출산과 고령화는 단순한 인구구조의 변화가 아닌 우리 사회가 지속 가능하기 위해 풀어야 할 절박한 과제이다. 이러한 변화 속에서 다문화 이주민 가정은 더 이상 보조적 존재가 아닌, 우리 사회의 핵심 구성원이 되어야 한다.

2024년 국내 다문화가구는 약 43만 9천 가구, 자녀만 해도 18만 명에 달한다. 이 수치는 단순한 통계를 넘어선다. 새로운 가족, 새로운 이웃, 새로운 시민이 이 땅에서 함께 살아가고 있다는 현실을 직시해야 한다. 다문화 이주민들이 가장 많이 사는 곳은 역시 서울이다. 서울 전체 다문화가구의 약 33%가 양천, 강서, 구로, 금천, 영등포에 몰려있고, 국적도 중국, 베트남, 필리핀, 태국 등 다양하다. 2024년 8월, 우리는 이 지역을 중심으로 '친구야, 다 같이 학교 가자'라는 다문화 지원 프로그램을 시작했다. 이름 그대로, 낯선 이주민 여성들에게 '우리와 함께 가자'라는 손길이자 적십자의 포용과 연대를 실천하는 무대였다.

반년 동안 운영된 이 프로그램은 8개 나라에서 온 여성 41명이 수료했다. 한국의 법률, 경제, 의료 상식은 물론, 음악·미술·공예, 봉사활동까지 진행된 수업은 단순한 지식 전달을 넘어 정서적 지지를 나누는 공동체 회복의 장이었다. 특히 한가위 축제와 졸업식은 지역 주민과 함께 울고 웃으며 이들이 더 이상 '이방인'이 아님을 증명한 순간이었다.

적십자 봉사원들은 '다같이 학교'의 핵심 동력이다. 우리는 자원 제공뿐만 아니라 상호 교류 기반의 자조 시스템을 목표로 했다. 처음엔 도움을 받던 이들이 이제는 봉사자가 되어 새로운 이주민 가정을 환영하고 안내하는 구조로 발전하고 있다.

'다같이 학교' 졸업생들은 '다문화 봉사회'를 결성해 김장 나눔, 케이크 제빵 봉사, 역사박물관 나들이 등 다양한 활동에 적극 참여한다. '지원받는 사람'에서 '기여하는 사람'으로의 전환이며 진정한 사회 통합의 모델이라 할 수 있다.

2025년 서울에서 시작된 다문화 아카데미 사업은 전국으로 확산되었다. 경기지사의 '가까이 다가온多家溫', 부산지사의 '多문화 多함께 가자' 등 지역 특성을 반영한 프로그램들이 속속 등장했다. 광주와 제주도 다문화학교를 운영해 이주민들에게 큰 환영을 받고 있다. 이러한 활동들의 중심에는 적십자의 통합 브랜드 'All Together'가 있다. 모든 사람이 함께라는 슬로건 아래 누구도 소외되지 않는 인도주의적 지원의 틀을 마련하고 있다.

대한민국은 더 이상 단일민족 중심의 사회가 아니다. 2021년에 다문화가정 학생의 비율은 전체 초·중등생의 3.3%를 넘어섰고, 일부 농촌 지역에서는 10%를 넘는다. 5년 후인 2030년에는 청년인구의 10% 이상이 다문화 배경을 가질 것으로 예상된다. 이러한 변화는 우리에게 긍정의 기회이다. 다양한 문화가 공존하는 사회는 더 창의적이고 탄력적이다. 다만 이를 위해서는 제도적·심리적·정서적 기반이 필요하다. 적십자는 그 기초를 다지는 역할을 하고 있다.

서울에서 제주까지
대한민국을 잇는 다문화 인도주의의 길

의사로서 나는 환자의 고통을 치료해 왔다. 인도주의자로서의 나는 마음의 상처와 외로움을 보듬는 일을 해야 한다는 책임을 느낀다. 특히 다문화 이주민들의 이야기는 깊은 울림을 주었다. 언어 장벽, 경제적 어려움, 자녀 양육 문제, 외로움과 정체성 혼란까지. 그 복합적 고통은 단순한 복지로는 해결되지 않는다. 우리는 정책이 아닌, 사람을 중심에 두어야 한다. 그리고 그 중심에 '함께'라는 두 글자가 있어야 한다. 이것이 내가 'All Together'를 끝까지 고집했던 이유이다.

2023년, 나는 가장 먼저 '함께'라는 단어를 적었다. 그것은 하나의 신념이자 다짐이었다. 지금 돌아보면 수많은 봉사자들과 후원자들, 지사 직원들과 함께했기에 이 여정이 가능했다. 누군가에게는 '다같이 학교'의 교실이 첫 사회생활의 시작이었고, 또 누군가에게는 적십자의 케이크 봉사가 이웃과의 첫 만남이었다.

2025년 6월, 적십자는 그동안 지역별로 흩어져 있던 다문화이주민 지원사업을 하나의 이름으로 모았다. 그것이 바로 All Together이다. 서울에서 시작한 다같이학교의 정신은 전국으로 확장되었고 각각의 지역은, 저마다의 특성과 필요에 맞춰 독창적 프로그램을 펼치고 있다. 이 프로젝트는 단순한 브랜딩을 넘어 사회 통합의 출발점이었다. 이제는 전국 각지에서 다문화이주민과 지역 주민이 나란히 앉아 요리하고, 전통놀이를 하며 서로의 역사와 문화를 함께 배운다.

전국 지사의 사업을 나열하는 것만으로도 우리는 적십자 인도주의의 폭과 깊이를 체감할 수 있다. 서울지사는 다같이학교를 통해 아카데미형 통합지원 모델을 정립했고, 북한이탈주민을 대상으로 정착지원과 심리회복 프로그램까지 병행하고 있다. 부산지사는 사랑의 빵 나눔, 한국 요리와 전통놀이 체험 등으로 따뜻한 손길을 나눈다. 경기지사는 결혼 이민 여성을 대상으로 하는 요리교실 '가까이 다가온'과 재정착 난민을 위한 문화체험 프로그램을 함께 운영한다.

인천지사는 함박마을 외국인 가정을 위한 긴급지원 및 범죄예방 활동을 하고 있으며, 울산지사는 아프가니스탄 특별 기여자와 함께하는 물품 나눔 활동을 지속하고 있다. 광주전남지사는 고려인 마을과 다문화가정을 위한 포커싱 사업을, 대구지사는 달성글로벌소녀합창단과 전통혼례식, 전통음식 만들기 등 정서 중심의 융합 프로그램을 시행한다. 충남·충북·전북·경남·강원·제주 등 모든 지역에서 김장 나눔, 장학금 지원, 밑반찬 나눔, 문화축제 등 여러 활동을 한다.

각 지사의 프로그램은 제각기 이름도, 운영방식도 다르다. 그러나 모든 활동에는 한 가지 공통된 철학이 흐른다. 바로 '다문화가정은 차별의 대상이 아니라 함께 살아가야 할 다 같은 이웃'이라는 인도주의 철학이다.

적십자는 거창한 정책이 아니라 작고 실제적인 변화를 통해 사회에 봉사한다. 김치를 함께 담그며 웃는 어머니들, 빵을 포장하며 함께 울던 봉사자들, 무대 위에서 서로의 언어로 노래를 나누는 아이들, 그 작은 장면들이 적십자가 꿈꾸는 대한민국의 미래 모습이다. All Together라는 이름처럼 우리는 다 같이, 더 멀리, 더 깊이 가야 한다.

판잣집에 사는 독립운동가 후손의 삶
… 더는 외면하지 말아야

한국의 독립운동은 1890년대의 대한제국 시대에 '국권수호운동'으로 시작되어 1945년 광복 직전까지 이어졌다. 55년에 이르는 길고 긴 투쟁의 역사라 할 수 있다. 그분들이 있었기에 오늘날 자랑스러운 대한민국이 있음을 우리는 알고 있다. 그 험난한 여정에서 한국의 독립을 위해 국내와 세계 각국에서 활약한 위인들은 2024년 9월 13일 기준으로 18,139명이 국가보훈부 독립유공자로 지정되어 있다. 아직 우리가 찾아내지 못한 독립운동가들이 더 있기에 그보다 더 많을 것이다. 그분들을 찾아내는 일은 항상 현재진행형이다.

국가는 독립운동가의 그 훌륭한 업적을 기려 국가유공자로 대우하고, 후손에게는 보상금, 생활보조금, 취업·의료 등 여러 분야에서 지원한다. 그러나 "독립운동을 하면 3대가 망한다."라는 말이 오래전부터 있었던 사실을 보면 후손들의 삶이 평범하지 못하다는 것을 알 수 있다. 3대가 망한다는 말 자체가 매우 모욕적일 뿐 아니라 우리 자체를 부인하는 것이 되고 나아가 독립을 부정하는 말도 된다. 그 말이 완전히 틀렸다는 것을 입증해야 하지만 현실은 그렇지 못하다는 것을 우리는 알고 있다.

인터넷에서 '독립운동가 후손'을 검색하면 매우 어려운 상황에 처해 있는 후손들의 삶이 소개되어 있다. 대표적인 사례가 곽재기郭在驥 선생의 후손이다. 1893년 충북 청주에서 태어난 곽 선생은 청남학교 교사로 의열단義烈團에 가담해 독립운동을 벌여 투옥되기도 했으며 1952년 한국전쟁 중에 사망했다. 이후, 건국훈장 독립장이 수여되었다. 그 아들 역시 만주에서 독립운동을 하다 사망했는데 손자 곽기수郭琦洙는 6살 때부터 감옥에 끌려가 고초를 겪었다. 조부가 사망한 이후 가난하고 어려운 떠돌이 삶을 이어갔으며, 2000년대 들어서도 생활은 나아지지 못했다. 그 처참한 실상이 언론에 보도되기도 했다.

> 종로 한 허름한 국밥집에서 1500원 하는 국밥을 먹거나 가게에서 파는 500원 짜리 빵으로 끼니를 때우고, 잘 곳이 없어 친구 집이나 고시원, 기도원, 찜질방, 날이 더울 때는 그냥 길바닥에서 잠을 자며 오늘은 또 어디서 잘까 고민하는 것이 그의 삶이다.
>
> - <노컷뉴스> 2007년 8월 16일

이것은 누구의 잘못인가? 독립운동을 한 할아버지와 아버지의 잘못인가? 본인의 잘못인가? 아니면 대한민국의 잘못인가? 우리 모두에게 책임이 있다고 할 수 있다. 이 자료는 2007년의 기사이기 때문에 18년이 지난 지금에는 그러한 후손이 없다고 장담할 수 있을까?

우리의 역사를 더 잘 기억하고 관심을 가져야

2025년, 광복 80주년을 맞아 적십자사는 독립운동가 후손 돕기 캠페인에 나섰다. 나는 어렸을 때부터 '건강한 사회는 그 사회를 위해 희생한 분들이 어떤 대우를 받는가에 따라 결정된다.'라는 생각을 가져왔다. 적십자사 회장을 맡은 이후, 후손의 사연을 듣고 더는 미룰 수 없다고 판단하여 캠페인을 시작했다.

우선 '2025 서울신문 하프마라톤대회' 공식 파트너로 참여했다. 〈서울신문〉과의 인터뷰에서 독립운동가 후손들 중에서 어려운 삶을 살아가는 사람들이 있음을 전하고 그들을 위해 적십자사가 하는 일에 대해 들려주었다.

- 독립운동가 후손들에게 가장 절실한 도움은 무엇인가.

"안정적인 주거 공간과 기본적인 생계비가 가장 시급하다. 2021년 '국가보훈대상자 생활실태조사'에 따르면 독립유공자 후손 447명 중 15명(3.4%)이 여전히 비닐하우스와 판잣집, 비거주용 건물 등 불안정한 주거 환경에서 생활한다. 선대 독립운동가들이 생계를 포기하고 감시를 피해 숱하게 거처를 옮겨야 했던 삶의 흔적이 지금까지도 가족과 후손들에게 깊은 상처로 남은 게 안타깝다."

마라톤 캠페인의 1차 목표는 암투병을 하고 있는 양옥모(82) 할머니의 의료비와 생계비를 지원하고 다른 취약계층 후손들의 안정된 생활을 돕는 것이었다. 양 할머니는 3대가 독립운동에 투신한 집안의 후손이며 기초생활수급비 등으로 살면서 꾸준히 기부를 실천하는 적십자 봉사원이다. 자신의 삶이 풍족하지 못함에도 봉사와 나눔에 참여해 2024년에 'KT 희망나눔인상'을 받은 봉사인이다.

2024년 3.1절을 맞아 나는 신문 기고를 통해 그 사실을 널리 알리고, 독립운동가 후손들에게 우리 모두 관심과 지원을 가져줄 것을 호소했다.

3·1운동과 적십자정신

독립운동가 이관용(1891~1933). 우리나라 최초의 스위스 취리히대학 철학박사이자 대한적십자회 유럽지부장이었던 그는 1920년 3월 8일 스위스 제네바의 국제적십자위원회 사무총장에게 서신을 보낸다. 서신에는 일제가 3·1운동 당시 조선인들을 무자비하게 탄압했고, 일본적십자사는 조선인 기부자로부터 거액을 후원받았음에도, 한국인들을 위해 아무런 조처를 하지 않았다는 항의서와 영문 사진첩 <한국독립운동>이 담겨 있었다. 대한적십자회가 발행한 이 사진첩에는 영문 독립선언서를 비롯해 만세 시위 모습, 일제의 만행, 대한적십자회를 담은 사진 34장 등이 수록돼 있었다. 그러면서 그는 임시정부가 대한적십자회를 조직했으니 이를 승인해 달라고 주장했다. 국제사회에서 대한적십자회가 인정받으면 임시정부 역시 하나의 국가로 인정받을 수 있으리라 여겼기 때문이다.

국제적십자운동 기본 원칙 중 하나인 '단일'의 원칙에 따라 제네바협약에 가입한 나라에는 하나의 적십자사가 존재한다. 일찍이 이 점에 착안한 고종 황제가 1903년 민영찬을 특사로 파견해 제네바협약에 가입하고 1905년 대한적십자사를 칙령 제47호로 창설한 것도 국가를 지키려고 한 외교적 노력의 일환이었다. 하지만 1909년 일본적십자사가 대한제국이 설립한 대한적십자사를 흡수했다는 이유로 국제적십자위원회는 대한적십자회를 승인하지 않았고, 임시정부 또한 국제적으로 인정받지 못했다.

그럼에도 불구하고 임시정부하에서 대한적십자회는 독립군 부상자 치료를 위해 간호사를 양성하고 적십자병원 건립을 추진했으며 국내외 지부를 개설해 적십자회비를 모아 독립운동을 지원했다. 이러한 정신을 바탕으로 해방 후 1949년 '대한적십자사 조직법'에 따라 재조직된 대한적십자사는 6·25전쟁 때 미국, 스웨덴 등 35개국 적십자사로부터 원조를 받아 피란민을 구호했던 역사를 넘어, 이제는 우크라이나, 튀르키예 등 인도적 위기 지역에 많은 도움을 줄 수 있을 정도로 성장해 191개국 적십자사 중 최고의 선도그룹에서 적십자운동을 이끌고 있다.

마침 대한적십자사는 3·1절을 맞아 임시정부 시절 독립운동에 앞장섰던 대한적십자회의 활동과 함께 118년 대한적십자사의 역사를 되돌아볼 수 있는 특별전 '시작점'을 명동에 위치한 서울사무소 1층에서 개최 중이다. 이번 특별전에서는 제네바협약 가입을 위한 고종 황제의 특사 임명장, 대한적십자사를 설립한 칙령 제47호, 대한국적십자병원 개원 사진 등을 볼 수 있다.

역사를 잊은 민족에게는 미래가 없다고 한다. 대한적십자사 서울사무소에 전시된 한국 독립운동 사진첩을 보면서 100여 년 전 한반도는 물론 중국, 미국, 멕시코, 쿠바 등 전 세계에서 대한독립 만세를 외쳤던 선열들의 노고를 기억해 본다.

- <서울신문> 2024년 3월 1일

적십자사의 독립운동가 후손 돕기에는 고려아연을 비롯해 우리은행, 기업은행, 예스24, LG유플러스, SPC그룹, 배우 이영애 씨 등 많은 기업과 국민들이 후원해주었다. 적십자사 자체로도 도움을 줄 수 있으나 캠페인을 펼친 이유는 많은 사람들에게 독립운동가들의 공헌을 다시 한번 되돌아보고 그 후손들의 삶이 평안해지도록 우리가 함께하자는 의미에서였다. 또 독립운동가뿐 아니라 나라와 사회를 위해 희생하신 모든 분들, 소방관, 경찰, 군인, 순직하신 분들의 후손 역시 잘살 수 있도록 사회가 지원해야 한다는 뜻도 담겨 있었다.

34. 누구나진료센터

몸과 마음이 아플 때
언제나 찾아갈 수 있는 곳

몸이 아픈 사람에게 가장 먼저 묻는 질문은 "어디가 아프냐?"이고, 두 번째 질문은 "병원에 가보았느냐?"이다. 그런데 두 번째 질문에 뜻밖의 대답을 하는 사람들이 있다.

"가야 하는데… 돈이 없어 못 가고 있어."

설마 지금도 그런 사람이 있을까, 의아해하겠지만 우리 주변에는 그러한 사람들이 적지 않게 있다. 저소득으로 인한 기초생활수급자, 미혼모와 한부모가족의 아동과 보호자, 자립준비청년과 위기아동, 노숙인, 난민, 외국인 근로자 등이다.

치료 시기를 놓치면 심각한 상황으로 이어질 수 있지만 이러한 처지에 놓인 사람들은 병원에 가지 못하고, 또 주변 사람들이 그들을 제때 발견해 내는 것은 생각보다 쉽지 않다. 적십자 의료원은 의료 혜택을 받지 못하는 어려운 이웃을 위하여 빈틈없이 지원하고 있다. 바로 희망을 나누는 '누구나진료센터'이다. 의료 사각지대에 있거나 도움이 필요한 누구라도 차별없이 진료를 받을 수 있다. 경제적 빈곤이 의료적 빈곤이 되어서는 안 되기 때문이다.

적십자에서 운영하는 누구나진료센터는 서울적십자병원, 인천적십자병원, 통영적십자병원 3곳이다. 매주 토요일 오전에 취약계층을 위해 무료 진료를 한다. 기초생활 수급자, 차상위계층, 건강보험 미가입자(노숙인, 외국인 등), 다문화가정, 고려인 등 병원비를 부담하기 어려운 누구라도 찾아가 진료를 받을 수 있다.

이 진료센터는 자원봉사와 100% 기부금으로 운영된다. 의사, 간호사, 통역, 사회복지사, 진행자 등 자원봉사자와 병원 직원의 협력으로 운영되고 있다. 의료봉사자, 통역봉사자, RCY 단원, 의료사회복지사들의 나눔과 봉사 정신이 없다면 존속이 어려워진다. 코로나19 이후 공공병원의 경영이 나빠졌고, 적십자병원 또한 재정적으로 많은 어려움을 겪고 있지만 누구나진료센터 만큼은 꿋꿋이 지켜나가고 있다.

가장 먼저 개소한 곳은 인천적십자병원으로 2022년 7월 진료를 시작했다. 내과, 소아과, 정형외과, 가정의학과, 신경외과, 신경과 등 전 분야를 진료한다. 1년 후에 고려인과 우크라이나 피난민을 비롯하여 러시아, 우즈베키스탄, 방글라데시, 카자흐스탄 등 여러 나라의 환자를 7천여 명 넘게 진료했으며, 봉사자도 646명이 참여했다.

또한 환자의 중증도에 따라 1회성 진료가 아닌 외래, 응급실, 상급병원 및 지역사회 연계로 이어졌으며 건강모니터링도 지속적으로 이어져 다른 의료봉사와는 차별화된다. 방글라데시에서 온 오디까리Adhikary는 진료를 받은 후 깊은 감사를 표했다.

제가 누구나진료센터를 찾은 것은 모두 세 번 정도 됩니다. 처음 찾은 것은 허리가 아파서였고, 이후에는 고혈압 치료를 위해 찾았습니다.
제가 직접 치료를 받아보니 좋아서, 아내와 직장 동료도 데리고 함께 오기도 했습니다. 외국인이지만 진심을 다해 치료해주시는 모습에 정말 큰 감동을 받았습니다.
또한 무료 진료이고 참여하시는 분들도 자원봉사로 이뤄진다는 것에 더욱 놀라웠어요.

취약계층을 위한 보건·의료·복지를 제공하는 적십자병원

인천에 이어 전국에서 두 번째로 경남 통영에 2024년 4월 누구나진료센터가 문을 열었다. 특히 통영센터는 병원이나 보건소에 가기 어려운 한산도, 욕지도, 사량도 등 섬마을을 직접 찾아가는 섬 순회진료도 병행한다. 개소식에 참석한 나는 "누구나진료센터가 개소되어 지역민 건강을 보다 촘촘히 챙길 수 있게 되었습니다. 통영 시민들에게 더욱 사랑받고 신뢰받는 적십자병원이 되도록 하겠습니다."라고 약속했다.

그 약속에 따라 고성군·거류면 지역사회보장협의체, 통영적십자병원과 연계하여 거류면과 인근에 거주하는 의료 취약계층을 대상으로 무료검진을 실시했다. 평소 병원에 방문하기 어렵거나 꺼리는 분들도 자칫 놓치기 쉬운 가벼운 증상까지 세심한 진료를 받았다. 평소의 질환 증세들도 상담받으며 무료로 좋은 약제들을 처방받아 의료비 부담도 줄일 수 있어 주민들의 큰 호응을 얻었다.

2025년 3월 28일에는 서울적십자병원에 누구나진료센터가 세 번째로 개소되었다. 김거석 후원자의 기부가 큰 힘이 되었다. 김 후원자는 적십자에 10억 원의 기부를 약속하고 2025년 한해에만 10억 원을 넘게 기부했는데 그중 약 9억 5천만 원을 서울적십자병원과 인천적십자병원에 전달했다.

서울병원은 다양한 공공의료를 수행하면서 취약계층을 위한 의료지원뿐 아니라 맞춤형 보건·복지서비스도 진행하고 있다. 의료지원은 건강검진, 예방접종, 의료비·간병비 지원이다. 건강검진은 의료취약계층, 자립준비청년·위기아동, 쪽방거주 특별 자활근로자 채용검진 등이고, 예방접종은 만성질환 고위험군, 미혼모시설 입소자, 자립준비청년, 장애인(폐렴구균), 외국인(폐렴구균, 독감, B형간염, 백일해 등)에게 지원한다. 의료비·간병비 지원은 외래 및 입원비 본인부담금 50~100%, 취약계층 호스

피스병동 간병, 병동 입원이 불가한 취약계층(24시간 돌봄 환자 등)이다. 이러한 지원을 통해 연간 약 1,200명이 혜택을 입고 있다.

나 역시 의료인으로서 인천과 서울적십자병원 누구나진료센터에서 진료 봉사에 참여했다. 의사로서 당연히 할 일을 하는 것이면서도 운영 취지를 널리 알리고 공공의료 확대를 위해 현장 중심의 실천을 이어가기 위한 자리였다. 언론과의 인터뷰에서 "누구나진료센터는 적십자병원이 공공의료 기관으로서 사회적 책임을 다하고 있는 대표적 사례입니다. 앞으로도 전국 병원 간 협력을 통해 의료취약 계층의 지원을 확대해 지속가능한 공공의료 모델을 만들어 나가겠습니다."라고 미래 계획을 밝혔다.

세상을 살면서 누구나 한 번 이상 경험하는 것은 '배가 고프면 고통스럽다.'라는 것이고, '몸이 아프면 서럽다.'라는 것이다. 몸이 아플 때 서럽기도 하지만 만일 돈이 없어 병원에 가지 못한다면 비참한 생각마저 든다. 만일 내가 외국인 노동자라면 어떻게 해야 할까? 돈도 없고, 말도 잘 통하지 못한다면 어떻게 해야 할까? 고민할 필요 없다. 그럴 때 적십자병원의 누구나진료센터를 찾아가면 도움받을 수 있다. 누구나진료센터는 누구에게나 열려 있는 곳이다. 아픈 몸과 마음을 안고 찾아온 사람을 차별 없이 맞이하는 곳이다. 누구나진료센터의 문은 오늘도 활짝 열려 있다.

인천적십자병원 누구나진료센터 진료봉사

조금 일찍 세상에 온 이른둥이들,
적십자가 사랑으로 키운다

1990년에 우리나라 남자들의 평균 결혼 연령은 27.8세였다. 이는 대학(혹은 고교) 졸업, 군필, 취직을 거친 후의 나이였다. 취직(혹은 사업)한 후 2~3년 지나 27~28세가 되면 결혼하는 것이다. 여자의 평균 결혼 연령은 24.8세였다. 그때만 해도 여성의 사회 진출이 활발하지 못했고, 24~25세에 결혼하는 것이 일반적이었다. 그러던 것이 2023년 남자는 33.9세, 여자는 31.6세로 약 6세 이상 높아졌다. 결혼 연령의 상승은 필연적으로 출산 연령의 상승을 불러온다. 보건복지부 자료에 따르면, 우리나라 여성의 평균 출산 연령은 1995년 26.5세에서 2024년 33.7세로 높아졌다. 29년 동안 7.2년이 상승한 것이다.

출산 연령의 상승은 또 다른 현상을 불러왔다. 다태아(쌍둥이)가 늘어나고 있으며, 임신 37주 미만에 태어나거나 출생체중이 2.5kg 미만인 '이른둥이'(미숙아·조산아·저체중아)가 증가하고 있다는 현상이다. 또한 출생 후 2년 이내 선천성 이상으로 진단받은 선천성 이상아도 늘어나고 있다.

아기를 출산하는 어머니와 아버지의 심리적, 가정적 상황에도 주의를 기울여야 하지만 비용적 측면에서도 어려움이 적지 않다. 이른둥이 진료비는 2018년 1,846억 원에서 2024년 2,649억 원으로 6년 사이 44% 증가했다. 이른둥이와 선천성 이상아를 합친 전체 진료비는 4,917억 원에서 7,885억 원으로 60% 증가했다. 이는 국가적 차원에서 관심을 갖고 정책을 추진해야 할 과제이다.

'이른둥이'라는 단어는 국립국어원에서 발행하는 〈표준 국어대사전〉에 등재되지 않은 단어이다. 대한신생아학회가 국립국어원의 지원을 받아 국민을 대상으로 공모를 통해 선정한 용어다. 이제 미숙아, 조숙아라는 단어를 쓰지 않고 이른둥이라 부른다.

이른둥이는 2.5kg 미만으로 태어나거나 재태 기간 37주 미만으로 태어난 아기이다. 저체중 출생아는 2.5kg 미만, 극소 저체중 출생아는 1.5kg 미만, 초극소 저체중 출생아는 1kg 미만으로 태어나는 아기다. 매년 전 세계 약 1,500만 명의 아기가 조산으로 출생하고 있으며, 거의 모든 국가에서 조산율은 매년 증가하고 있다. 우리나라 역시 출산율은 줄어들고 있음에도 이른둥이와 고위험 신생아 출생은 급증하고 있다.

통계청은 2025년에는 신생아 중 미숙아 등의 출생률이 약 10%에 이를 것으로 예상했다. 2024년 태어난 아기는 약 28만 3천여 명이고, 2025년 예상 출생아 수는 30만 명이다. 이 중 10%인 약 3만 명의 아기가 이른둥이로 태어날 것이라는 예측이다. 출생아도 소폭 늘어나지만 이른둥이도 그만큼 늘어난다.

한 명의 자랑스러운 한국인이 될 수 있도록

이른둥이는 보통의 아기, 즉 만삭아滿朔兒보다 생존율이 낮다. 국내 여러 보고에 따르면 미숙아의 생존율은 1kg 미만 아기는 65~83%, 1.5kg 미만의 아기는 80~92%이다. 일반적으로 이른둥이의 생존율은 출생 당시의 체중과 재태기간에 정비례한다. 하지만 의료기술의 발전으로 생존율은 계속 높아지고 있다.

문제는, 이른둥이가 만삭아에 비해 신체의 여러 기능이 미숙하다는 점이다. 그리하여 체온, 호흡기계, 심혈관계, 뇌혈관계, 장기능 등에 이상이 발생하기 쉽다. 예컨대 주변의 온도에 따라 저체온증·고체온에 쉽게 빠지며 이로 인한 대사 저하나 무호흡이 발생할 수 있어 인큐베이터 관리가 필요하다. 폐호흡에 중요한 폐표면활성제의 생성이 부족하고, 폐 조직의 발달이 미숙하여 신생아호흡곤란 증후군이 올 수 있다. 이때는 기계 호흡기 치료와 인공 계면 활성제 투여가 필요하다. 이 외에도 여러 이상 증세가 나타난다. 즉 많은 비용이 든다. 이 비용은 대부분 부모의 소득에 비추어 큰 부담이 된다. 부모로서 엄청난 고난과 고통이 아닐 수 없다. 이를 한 가정의 상황으로만 두어서는 안 된다. 이른둥이가 건강하게 자라 가정, 학교에 적응하고 청년이 되어 사회에 진출하여 제 몫을 다하는 사람이 되도록 해야 한다.

적십자는 가정적, 경제적으로 이른둥이 양육에 어려움을 겪는 저소득 가정에 의료비를 지원한다. 입원치료비, 재활치료비, RSV(Respiratory Syncytial Virus 호흡기세포융합바이러스) 예방접종비이다. 입원치료비는 입원하여 치료받거나 퇴원한 지 3개월 미만인 생후 24개월 이내의 아기에게 2,000만 원 이내를 지원한다. 재활치료비는 6세 이하의 이른둥이에게 300만 원 이내, RSV 예방접종비는 보험급여 미지원 대상 이른둥이에게 실비로 지원한다.

이른둥이 지원은 여러 기관과 기업, 단체가 후원하고 있다. 2025년 2월에도 은행연합회가 1억5천만 원을 기부했다.

은행연합회, 이른둥이 의료비 후원 기부금 전달

적십자사는 은행연합회가 저출생 극복을 위한 사회공헌 활동으로 이른둥이 의료비 후원 기부금 1억5천만 원을 전달했다고 밝혔다. 이 기부금은 이른둥이의 입원치료비, 재활치료비, 예방접종비 등 지원에 사용된다. 적십자사 김철수 회장은 "이른둥이의 건강한 성장을 지원하는 따뜻

한 나눔에 진심으로 감사드리며, 지속적인 협력으로 나눔의 가치를 확
산해 갈 수 있기를 기대한다."라고 답했다.

- 대한적십자사 whatsnew 2025년 2월 5일

이외에도 기업들과 단체 그리고 개인의 기부, 후원이 이어지고 있음
에도 늘어나는 저소득층 이른둥이를 지원하기에는 많이 부족하다. 국가
전체적으로 출산율을 높이는 것도 중요하지만 세상에 조금 빨리 태어난
아기들에게 우리 모두 관심과 사랑을 기울여야 한다.

적십자사는 이른둥이를 키우는 가정과 부모들이 행복한 마음으로
아기를 키울 수 있도록 사랑과 정성으로 지원한다. 한 생명이 건강하게
자라 자랑스러운 대한민국의 구성원이 되는 것. 그 과정에 함께하는 것,
그것이 적십자의 보람이다.

36. 이산가족

이산가족의 만남은
진정한 평화의 출발점

우리나라에서만 사용되는 단어 중 하나는 '이산가족'離散家族이다.

물론 이 단어가 다른 나라에서도 사용되기는 하지만 뜻은 다르다. 영어의 'separated families' 혹은 'dispersed families'는 개인적·가정적 문제로 떨어져 사는 가족을 의미한다. 우리처럼 전쟁의 피해로 멀리 떨어져 살아갈 뿐 아니라 만남이 극히 어려운 가족을 의미하지는 않는다. 만일 광복 이후 우리나라가 남과 북으로 갈라지지 않았다면 이산가족이라는 단어는 사용되지 않았을 것이다.

2025년 9월 16일 내가 〈동아일보〉에 쓴 칼럼 '광복 80주년, 시급히 풀어야 할 이산가족의 한'에도 나와 있듯이 이산가족 신청자는 13만 4,427명이었다. 그중 현재 생존자는 3만5,653명이다. 그 가운데 80세 이상 고령자는 2만3,808명으로 전체의 67%에 이른다. 즉 우리에게 시간이 많이 남아 있지 않다는 뜻이다. 그러나 이산가족 상봉의 장애물은 우리에게 있지 않다는 데 문제가 있다.

이산가족 상봉의 역사는 오래전으로 거슬러 올라간다. 1953~1954년의 〈휴전협정〉 제3조 59항에 근거하여 설치된 '실향민 간 귀향협조위원회'가 남북 이산가족 문제를 인도적 차원에서 해결키로 하면서 시작되었다. 이산가족 상봉에 대해 학술적으로는 '한국전쟁 이후 남북 분단으로 헤어진 후 흩어져 소식을 알지 못하는 1,000만 이산가족들이 서로 만나는 것'을 의미한다. 무려 1천만 명이 되는 것이다. 그 숫자가 줄어들어 이제 35,653명만 남았다.

우리나라는 이산가족의 재회를 위해 부단히 노력했으나 남북 이산가족이 처음으로 만난 것은 1985년 9월 23일~30일이다. 33년 만에 흩어진 가족이 만나는 역사적 첫 상봉이 이루어진 것이다. 이후 중단되었다가 2000년 김대중 대통령과 김정일 국방위원장의 첫 남북정상회담을 계기로 대규모 상봉이 성사되는 등 2007년까지 지속적 만남이 이어졌다. 그러나 2010년대 들어서는 4차례 상봉에 그쳤고, 2018년 8월 이후로는 열리지 못하고 있다. 7년 동안이나 멈추어 있는 상태이다.

〈대한적십자사 조직법〉 제7조는 적십자가 해야 할 일을 크게 7가지로 설정해 놓고 있다. 그중 하나가 '이산가족 재회' 사업이다. 남과 북에서 떨어져 사는 가족의 만남을 추진해야 할 의무가 있다. 그러나 급변하는 정치적, 국제적 상황에 따라 재회를 위한 회담 자체를 추진하기가 매우 어렵다.

이산가족 문제는
정치적 사안이 아닌 사람의 문제

다음은 2025년 9월 16일 〈동아일보〉에 게재한 이산가족에 대한 나의 칼럼이다.

광복 80주년, 시급히 풀어야 할 이산가족의 한

올해는 광복 80주년을 맞는 뜻깊은 해다. 그러나 우리에게 광복은 여전히 기쁨과 안타까움이 교차하는 역사적 기억으로 남아 있다. 해방의 환희는 곧 남북 분단이라는 또 다른 비극으로 이어졌다. 이는 현재까지도 진행 중인 분단과 이산가족 문제를 낳았다.

한반도의 분단은 단순한 국토의 경계만을 의미하지 않는다. 그것은 수백만 명의 삶과 가족을 갈라놓은 인간적 비극이자, 아직 해결되지 않은 역사적 과제다. 특히 이산가족 문제는 분단의 상처를 가장 극명하게 보여 주는 사례다. 지금, 이 순간에도 수많은 어르신이 가족의 생사 확인과 재회를 소망하며 하루하루를 살아가고 있다.

1971년 8월 12일, 대한적십자사는 남북 간 최초의 공식 접촉으로 기록되는 '남북적십자회담'을 제안했다. 이는 정치적 목적이 아닌 단절된 가족의 만남을 위한 인도적 차원의 순수한 호소였다. 이 제안을 계기로 회담이 추진됐고 이산가족 고향방문단의 교환, 대면·화상 상봉, 서신 교환 등 소중한 성과가 이어졌다. 당시의 대화는 체제 간 경쟁이나 정치적 계산을 넘어선 인간 본연의 문제 해결이었다는 점에서 특별한 의미를 지닌다. 남과 북은 서로를 대등한 대화의 상대로 인정하고 회담장에 마주 앉았고, 이는 이후 남북 교류·협력의 기초가 됐다. 이산가족 문제 해결은 단순한 만남을 넘어 분단 극복의 상징적 첫걸음이자 진정한 평화를 향한 출발점임을 보여준다. 하지만 현실은 냉혹하다. 70년 넘는 세월 동안 보고 싶은 얼굴 한번 보지 못하고 듣고 싶은 목소리 한번 듣지 못한 채 생을 마감하는 어르신이 늘어나고 있다. 현재 이산가족 신청자는 13만4,427명에 달한다. 그중 생존자는 35,653명뿐이다. 그 가운데 80세 이상 고령자는 23,808명으로 전체의 67%에 이른다. 우리에게는 이산가족의 한을 풀어드릴 시간이 얼마 남지 않았다. 따라서 이 문제는 더 이상 '추후 논의할 과제'가 아닌 '지금 당장 해결해야 할 시급한 사안'이다.

대한적십자사는 지금까지 정치적 상황에 흔들리지 않고 국제적십자사연맹(IFRC), 국제적십자위원회(ICRC), 그리고 각국 적십자사가 참여하는 국제회의를 통해 남북 대화와 협력의 진전을 위해 노력해 왔다. 1971년 남북적십자회담 제안은 냉전의 긴장 속에서 인도주의가 어떻게 평화의 씨앗이 될 수 있는지를 보여 준 소중한 역사였다. 오늘날 그 정신은 여전히 유효하며, 오히려 더욱 절실하다. 이산가족 문제는 정치적 사안이 아닌 사람의 문제다. 그 고통을 직시할 때 남과 북은 '우리'라는 공동체 의식 속에서 함께 나아가는 첫걸음을 뗄 수 있다. 진정한 평화는 실천에서 시작된다. 광복 80주년을 맞은 지금, 모두가 그 실천의 발걸음을 다시 내디뎌야 할 때다.

꼭 다시 만날 날을 위해

우리나라의 여러 기념일 중에 날짜가 매년 바뀌는 기념일이 있다. 바로 '이산가족의 날'이다. 이날은 음력으로 8월 13일이다. 즉 추석 전전날이기 때문에 양력 날짜는 항상 변한다. 이날은 이산가족의 고통을 위로하고 이산가족 문제에 대한 국민 공감대 확산을 위해 2023년 국가기념일로 정해졌다. 우리나라 여러 기념일 중에 가장 늦게 탄생한 막둥이다. 수십 년의 세월을 고려하면 늦은 결정일 수 있지만, 이산가족들에게는 그 무엇보다 의미 있는 날이다.

2025년 10월 3일, 서울 광화문광장에서 열린 '제3회 이산가족의 날 시민참여 문화행사'와 4일 열린 '이산가족의 날 기념식'에는 나를 비롯한 많은 사람이 참석했다. 광복 80주년을 맞아 '광복의 빛, 평화와 만남의 길을 비추다'라는 주제로 진행된 행사에서는 시민이 함께 참여하는 다양한 문화체험 프로그램이 진행되었다.

적십자는 이산가족 상봉을 위해 여러 노력을 기울이고 있다. 전국 지사별로 이산가족을 찾아가 위로하고 작은 선물도 전달한다. 또한 2023년부터 매년 〈이산가족 생애보〉를 제작해 현재까지 총 35편을 발간했다. 북한이 고향인 어르신의 고향에서의 삶, 이산의 경위, 헤어진 뒤의 삶 등을 심층 인터뷰하여 사진과 함께 정리한 것으로 일종의 자서전이라 할 수 있다.

이렇게 생애보를 쓰는 일이 내가 이북에 있는 가족과 연결될 수 있는 계기가 되기를, 북한과 교류할 수 있는 날이 오는 데 조금이나마 보탬이 되기를 바란다. 지금은 이북에 있는 부모님은 물론 오빠들도 다 돌아가셨을 것이다. 혹시 살아서 만나더라도 어린 시절의 얼굴만 기억하는 나는 가족들을 알아보지도 못할 것이다. 하지만 그래도 가족 중 누구라도 볼 수만 있다면, 혹은 친척이라도 만나서 이야기를 나눌 수 있다면 여한이 없겠다. 이 책이 꼭 이북의 가족들에게 닿기를 바란다.

같은 해 발간된 김순애(1935년 황해도 해주 출생)의 생애보 〈명랑한 회장님의 눈물〉에는 이산의 한과 가족에 대한 그리움이 절절히 담겨 있다.

2024년에 생애보 15편이 발간되어 어르신들에게 직접 전달했다. 그 중 한 분은 38선 이북이었던 강원도 고성이 고향인 주영실 어르신(남, 78세)이다. 전쟁 막바지에 북으로 후퇴하는 인민군이 두 형님을 강제로 끌고 가 헤어지고 말았다. 어머니는 매일 아침저녁으로 형님들의 밥을 차려 부뚜막에 올려두었다 한다. 그때 밥그릇에 맺힌 물방울을 보고 되뇌던 어머니의 말씀인 "영실아, 오늘은 너의 형이 눈물을 유독 많이 흘리는구나."가 주영실 어르신 생애보 제목이 되었다.

2025년 1월에 나는 또 다른 이산가족인 서울 은평구에 거주하는 임화숙(92세) 어르신의 자택을 찾아 생애보를 전해주고 '꼭 다시 만날 날이 있을 것'이라 위로했다. 생애보는 가족에게 직접 전달하고 일부는 보관한다. 이산가족 상봉이 재개되면 북측 가족에게 전해주기 위해서다. 생애보는 한 사람의 삶을 담은 것이지만 전체적으로 보면 대한민국의 현대 역사라 할 수 있다.

이산가족 만남에는 넘어야 할 산이 많다. 그리고 높다. 정치적·사회적·경제적·국제적 요인이 작용하기 때문에 하나라도 걸림돌이 있으면 성사되기 어렵다. 특히 북한의 인도주의적 인식과 태도가 가장 큰 장애 요인이다. 그렇다고 한들 우리가 팔짱 끼고 마냥 기다리지만은 않는다. 다각도의 노력을 기울여 남북의 이산가족이 다시 만날 수 있는 날이 꼭 찾아오기를 소망한다.

37. 자살 예방

끝을 막는 손길, 시작을 열다

사람은 누구나 다른 사람에게 신호를 보낸다. '너를 사랑한다, 너에게 고맙다, 너에게 미안하다.' 보내는 사람은 간절하지만, 그 신호를 받는 사람은 알아차리지 못할 때가 많다. 보이지 않기 때문이다. 그 보이지 않는 신호 중에서 가장 슬프고 가장 비극적인 것이 자살 암시이다.

우리 사회는 우울과 자살에 대한 소식과 기사를 맞닥뜨리는 일이 갈수록 많아지고 있다. 나는 의료인으로서 대한민국이 OECD 1위의 자살률 27.3명(인구 10만 명 당)이라는 현실은 이미 알고 있었지만 자살 시도 후 구조된 청년이 눈물을 흘리며 "살고 싶었는데 방법을 몰랐다."라는 사실을 마주했을 때 그 통계 숫자가 생생하게 무게로 다가왔다. 나는 적십자사 회장으로 일하기 전부터 죽음, 그중에서도 자살을 여러 차례 접했었다.

자살하는 사람의 나이는 전 연령대에 걸쳐 있고, 그 이유도 다양하다. 그러나 우리가 그 사람의 진짜 속마음을 알기는 어렵다. 한국생명존중희망재단에 따르면 2023년 자살 사망자는 13,978명이다. 하루에 38.3명이 스스로 목숨을 끊는 것이다. 무엇보다 10~20대의 주요 사망 원인이 자살이라는 사실이 충격적이다. 자살은 개인과 가정, 사회, 국가에 커다란 슬픔을 안겨준다. 그중에서도 가장 큰 슬픔과 비극은 남아있는 가족이다. '우리 가족 중의 한 명이 자살했다.'라는 충격은 평생 안고 가야 할 무거운 짐이다.

우리는 차갑고 건조한 통계가 아닌 그 숫자 뒤에 숨은 사람들의 마음을 알아야 한다. 그러나 생명의 의지를 잃어버린 사람을 붙잡는 일은 또 다른 차원의 도전이다. 그 어려움이야말로 우리가 외면하지 말아야 할 이유였고, 적십자사가 반드시 나서야 할 자살 예방 활동의 시작이었다.

2024년 7월 〈자살예방 및 생명 존중문화 조성을 위한 법률〉이 개정되면서 모든 초중고교에서 연 1회 이상 자살예방 교육이 의무화되었다. 나는 이를 생명을 지키는 새로운 출발선으로 보았으며 '생명을 지키는 사회적 약속'으로 받아들였다. 이 약속의 시작으로 적십자가 진행하고 있는 '찾아가는 인도주의 인성교육' 프로그램 안에 자살예방 캠페인과 활동을 포함하여 추진하기로 했다.

이 프로그램은 비폭력, 다양성, 경청, 공감 등의 주제로 전문 강사가 초중고를 찾아가 교육을 진행한다. 교육학자, 심리 전문가, 현장 강사들이 모여 자살예방 활동에 대한 콘텐츠 개발에 착수하였고, 초등과 중고등학생을 대상으로 감정 인식, 스트레스 해소, 도움 요청 방법까지 단계별로 구성했다.

변화의 출발선
- 생명을 지키는 사회적 약속

자살예방교육은 전문적인 훈련과 교육을 받은 전문가가 진행한다. 한국생명존중희망재단의 인증을 받아 전문 강사를 양성하고 있으며 재난심리회복지원센터 상담 활동도 강화되었다. 또한 고위험군을 정신건강복지센터와 연계해 관리하는 등 촘촘한 안전망도 구축했다.

자살 위기 상황에 대처할 수 있도록 마련한 〈생명지킴이 양성교육: 보고 듣고 말하기〉는 큰 지지와 격려를 받았다. '생명지킴이'는 주변 이웃의 경고 신호(자살을 암시하는 언어와 행동 등)를 확인하고 전문가에게 도움을 청해 자살 고위험군을 빠르게 발견해 대처하는 방법을 배운다. 교육을 받은 적십자 봉사회 회원들은 지역 곳곳에서 생명지킴이 역할을 하며 사각지대를 없애고 생명존중 문화를 일구어간다.

학교에서의 자살예방 교육은 시행된 지 1년이 채 지나지 않았으나 효과가 나타났다. 사실 우리는 부정적 단어 자체를 말하기 싫어한다. 자살이라는 단어도 그중 하나이다. 교육이라 하지만 청소년을 대상으로 자살이라는 단어를 꺼내는 일도 쉽지 않다. 그럼에도 청소년들의 밝고 아름다운 미래를 위해 자살예방교육을 하는 것이다.

적십자사는 2024년에 1,300여 명의 청소년을 대상으로 34차례 자살예방교육을 했고, 6,000여 명이 참여한 생명존중 캠페인도 전개했다. 2025년에도 예방 교육은 꾸준히 이루어졌으며 '걱정 인형 만들기', '생명 존중 페스타' 등 참여형 캠페인도 이어졌다.

자살 예방 교육은 학교 담장을 넘어 지역사회에서도 폭넓게 시행되고 있다. 적십자의 재난심리지원 전문 활동가는 재난을 겪은 가정을 찾아가 안부를 묻고 대화 속에서 외로움과 무력감을 짚어낸다. 보이지 않는 신호를 찾아내려는 것이다. 우울 증상은 세심하게 관찰하며 자살 위험 징후도 놓치지 않기 위해 노력한다.

또한 RCY 단원들을 포함한 적십자 가족들은 활동 캠프장에서, 지역 행사장에서, 소속 그룹에서 대면 활동 캠페인과 영상 제작, 상영, 교안 작성, 프로그램 운영 등을 통해 지역사회를 밝고 더욱 건강하게 만들어가고 있다.

자살을 시도하는 사람은 죽음에 대한 신호를 보내기 전에 삶에 대한 의지 신호를 먼저 보낸다. 이는 자기 스스로에 대한 보호를 요청하는 호소이자 도움을 얻고자 하는 의지의 표현이다. 그러기 때문에 자살 예방은 거창한 이론이 아니라 눈앞의 한 사람을 향한 손길에서 시작된다. 한 번의 대화, 한 번의 미소가 사람을 살린다.

자살을 막는 길은 결코 혼자의 발걸음이 아니다. 봉사자, 강사, 상담가 그리고 직원 등 참여자들이 생명을 지키겠다는 마음을 모았기에 "당신은 혼자가 아닙니다."라는 동일한 메시지를 전달할 수 있었다. 지금도 전국 15개 지사, 17개 재난심리회복지원센터의 인력과 자원이 모여 자살예방 교육과 심리 지원 활동을 펼치고 있다.

자살자를 여러 번 살려낸 의료인으로서, 그리고 적십자사 회장으로서 전문가, 봉사원들과 함께 더 촘촘하고 더 넓은 안전망을 만들고자 노력했다. 나는 앞으로도 의료인으로서 더 많은 사람에게 다가가고, 더 많은 생명을 지키는 일을 멈추지 않을 것이다. 그 일은 결코 혼자가 아닌, '우리'가 함께하는 일이다.

'함께'

함께는 누군가의 마지막이 될 순간을 멈추게 하는 가장 확실한 방법이다. 그리고 그 길 위에서는 단 한 사람도 소외되지 않아야 한다.

38. 헌혈의 의미

헌혈은 다른 사람을 구할 뿐 아니라 나 자신도 구한다

6월 14일은 평범한 사람들에게 특별한 날은 아니다. 자신의 생일이나 결혼기념일이나 아버지의 제삿날이라면 달력에 표기하거나 기억하겠지만 그렇지 않다면 소소하게 지나가는 날이다. 그러나 의료계에 종사하는 사람들에게는 매우 중요하고 의미 있는 날이다. '세계 헌혈의 날'(World Blood Donor Day)이기 때문이다.

헌혈의 날은 우리가 사용하는 ABO식 혈액형을 발견한 미국의 면역학자이자 병리학자인 카를 란트슈타이너(Karl Landsteiner)의 탄생일을 기념하여 제정했다. 헌혈의 중요성을 알리는 것은 물론 헌혈에 참여하는 사람들에게 감사와 존경의 뜻을 표하기 위해 2004년 세계보건기구(WHO), 국제적십자사연맹, 국제헌혈자조직연맹, 국제수혈학회가 제정했다. 만들어진 지 20년이 조금 지났기에 각종 기념일에 비해 역사가 짧은 편이지만 의료계를 포함해 대한민국 전체, 나아가 세계인 모두에게 중요하고 의미 있는 날이다. 6월 14일이 되면 세계 여러 나라에서는 헌혈에 대한 참된 의미를 널리 알리고, 헌혈자에게 감사의 마음을 전하는 행사를 진행한다. 우리 적십자도 2004년부터 헌혈자를 위한 축제의 한마당인 '세계 헌혈자의 날 행사'를 뜻깊게 진행하고 있다.

헌혈獻血은 글자 그대로 '피를 기부하는 행위'이다. 의학적으로는 건강한 사람이 자유의사에 따라 자기 혈액을 타인에게 수혈할 수 있도록 기증하는 것이다. 우리나라 말 중에는 '피 같은 돈', '피 팔아 모은 돈' 등의 표현이 일상에서 간혹 사용된다. 특히 1980년대 이전의 문학작품에서는 이러한 표현이 자주 등장한다. 이른바 매혈賣血로 받은 돈이다. 돈 없는 사람이 피를 팔아 생존비로 쓰는 것이다. 익히 아는 것처럼 현재 매혈은 불법이다.

헌혈과 혈액을 관리하는 적십자사

헌혈은 누구나 참여할 수 있다. 현재 우리나라에는 154곳의 '헌혈의 집'과 92대의 '헌혈버스'가 운영 중이다. 즉 집에서 멀지 않은 곳에서 누구라도 헌혈을 할 수 있다. 그러나 헌혈 전에 검사를 통해 가능 여부를 판단 받아야 한다. 당연히 건강해야 하며, 만 16세 이상 69세 이하, 남자는 50kg, 여자는 45kg 이상이어야 한다. 이 외에도 헌혈 불가 사항은 여러 가지가 있으므로 헌혈 전에 미리 체크하는 것이 좋다.

적십자 헌혈의 집이나 헌혈버스를 방문하면 독립된 공간에서 간호사가 사전 검사를 한다. 혈압·맥박·체온을 측정하고, 혈액형과 혈액비중 검사, 혈소판 수 측정과 문진 등의 절차를 거친 뒤 헌혈 적격 판정이 내려지면 헌혈이 이뤄진다. 본인은 건강하다고 생각하지만, 불합격 판정을 받는 경우도 있다.

헌혈은 두 가지 중에서 하나를 선택할 수 있다. '전혈'과 '성분헌혈'이다. 전혈全血은 혈액의 모든 성분(적혈구, 백혈구, 혈장, 혈소판 등)을 한 번에 채혈하는 방식으로, 수혈 등 대량 혈액이 필요한 경우 주로 사용된다. 성분性分헌혈은 혈장이나 혈소판 등 혈액의 특정 성분만을 채혈하고, 나머지 성분은 헌혈자에게 되돌려주는 것이다. 헌혈자의 신체적 부담이 적고 회복이 빠르다는 장점이 있다. 헌혈자의 상태와 희망에 맞추어 채혈을 진행하지만, 채취된 혈액이 곧바로 혹은 전량 사용되는 것은 아니다. 병원의 수혈자에게 가기 위해서는 여러 단계를 거쳐야 한다.

첫째는 혈액 검사이다. 안전한 혈액 공급을 위하여 사람면역결핍바이러스HIV, B형 및 C형 간염바이러스(HBV, HCV), 매독 등 〈혈액관리법〉에 따른 검사를 수행한다.

두 번째는 혈액 제제製劑를 만드는 과정이다. 채혈된 혈액은 혈액 냉장 원심분리기를 통해 성분별로 나눠지며 추출기를 이용하여 환자에게 필요한 성분별로 제조된다. 우리가 영화나 TV에서 보듯 투명한 비닐팩에 담겨 보관된다. 우리나라 혈액 공급의 93% 이상을 담당하는 대한적십자사의 혈액관리시스템은 체계적이고 효율적이며 엄격하다.

세 번째는 혈액 공급이다. 어느 병원이든 수혈이 필요하면 적십자에 연락하고, 적십자는 피를 보내준다. 헌혈 방문 → 검사 → 채혈 → 혈액 검사 → 혈액 제제로 제조 → 보관 → 병원 공급 → 환자 수혈, 이렇게 8단계를 거치는 것이다. 어느 것 하나 소홀히 할 수 없으며 언제나 최상의 상태를 유지해야 한다. 그러기에 헌혈의 단계에서부터 마지막 수혈까지 관련된 모든 사람은 온 신경을 곤두세운다.

헌혈은 건강 증진에도 도움이 된다

우리나라에서 1년에 필요로 하는 혈액백은 대략 300만 개 이상이다. 외국에서 수입하지 않고 혈액을 자급자족하기 위해 꼭 필요한 숫자이다. 그러나 급속한 저출산 고령화로 인해 헌혈자 수는 지속적으로 감소하는 반면 수혈자 수는 계속 증가하고 있다. 혈액의 안정적 공급을 위해서는 국민 모두의 헌혈 참여가 절실하다. 2024년 우리나라 헌혈 실적은 총 285만 5,540건, 헌혈자는 126만 4,525명, 헌혈률은 전체 인구 대비 5.58%이다. 인원은 126만 명인데 실적은 285만 명이라는 것은 여러 번

헌혈한 사람이 있다는 뜻이다. 전혈은 1년에 최대 5번, 성분 헌혈은 최대 24번까지 가능하므로 1년에 5번을 헌혈하는 사람도 있다.

연령별로 보면 20대(101만 2,371건), 10대(55만 1,080건), 40대(48만 2,389건), 30대(45만 4,801건), 50대 이상(35만 4,899건)의 순서이다. 이 순서는 선진국과 비교해 긍정적 지표는 아니다. 외국에서는 40대 이상의 헌혈자가 높은 비중을 차지한다. 우리나라도 40~50대가 헌혈에 적극 참여해야 한다.

이처럼 전국 각지에서 헌혈된 혈액은 엄격한 검사를 거쳐 수혈용 유닛Unit으로 제조되는데, 2024년에는 총 3,996,018유닛으로 집계되었다. 이 수치는 아슬아슬하다고 할 수 있다. 소요되는 양도 증가하고 있지만 보관해야 할 양도 반드시 필요하다. 전국적인 대규모 재난으로 부상자가 급작스럽게 증가하는 경우에 항상 대비해야 하기 때문이다. 이를 위한 가장 좋은 방법은 나 스스로가 먼저 헌혈하는 것이다. 저출생과 인구 구조 변화, 10대 헌혈자 급감이 감소의 주요 원인이며, 2020년의 코로나19로 인한 단체 헌혈 중단은 부정적 영향을 끼쳤다. 실제 헌혈자는 10년 전 대비 25% 이상 줄었다.

적십자는 헌혈인구 증가를 위해 다양한 노력을 하고 있다. 혈액 전문 기관으로서 헌혈의 모든 과정에서 선진국 수준의 전문 시스템을 운영하고 있다. 혈액을 안정적, 효율적으로 공급하여 환자의 생명을 살리는 일에 충실한 우리의 이웃이다.

헌혈은 여러 장점이 있다. 내 피가 다른 사람의 생명을 구할 수 있다는 점이 최대 장점이다. 즉 타인의 생명을 살릴 수 있는 가장 직접적인 기부이다. 또한 헌혈된 혈액을 정밀하게 분석하여 본인에게 제공해 줌으로써, 정기적인 건강 상태를 점검할 수 있다. 그 외에도 철분 과다 축적 예방에 도움이 되며, 기부 문화를 확산시킨다. 나아가 내가 위급한 상황에 처했을 때 도움을 받을 수 있다. 이처럼 중요하고 필수적인 헌혈을 마다할 이유가 없다.

세계 최대의 인도주의 네트워크,
그 현장에서 길을 찾다

세계 최대의 인도주의 네트워크인 국제적십자운동의 일원이 된다는 것은 끊임없이 이어지는 국제적 연대의 장에 서는 것을 의미한다.

대한적십자사 회장으로 부임한 이후, 나는 동아시아 5개국 회의부터 아태지역회의, 국제적십자사연맹IFRC 총회에 이르기까지 수많은 국제회의장과 현장을 누비며 전 지구적 인도주의 현안을 직접 경험했다.

기후 위기, 국경을 넘는 협력의 시작

2023년 9월, 서울에서 열린 제5회 국제재난복원력 세미나가 그 시작이었다. 기후 위기 대응을 위한 지역사회 복원력을 주제로 열린 이 자리에서, 하비에르 카스테야노스 IFRC 사무차장과 대담을 나누며 기후 위기가 더 이상 미래의 문제가 아니라, 당장 대응해야 할 적십자 본연의 과제라는 점을 재확인했다.

특히 배우 이승기 씨를 홍보대사로 위촉하여 대중적 관심을 환기한 점은 의미 있는 성과였다.

하노이에서 띄운 한반도 평화의 메시지

11월, 베트남 하노이에서 열린 IFRC 아태지역회의의 화두 역시 '기후 변화'였다. 이 회의에서 가장 주목할 점은 온라인으로 참여한 북한적십자회였다. 나는 발언권을 요청해, 한반도의 공동 기후 위기 대응을 위한 남북 적십자 간 협력을 공식 제안했다. 비록 온라인상의 만남이었으나, 인도주의라는 공통분모 아래, 끊어진 대화의 통로를 다시 잇고자 한 간절한 시도였다.

제네바 총회: 청렴과 여성 리더십의 새 시대

12월, 제네바에서 열린 IFRC 총회는 연맹의 새로운 수장을 선출하는 역사적 현장이었다. 치열한 논쟁과 긴장감 속에 미국적십자사 출신의 케이트 포브스Kate Forbes가 IFRC 역사상 첫 여성 회장으로 선출되었다.

나는 신임 회장과의 첫 양자 회담에서 "인도주의 네트워크의 근간은 청렴에 있음"을 강조하며 연맹의 투명한 운영을 당부했다. 이어 국제적십자위원회(ICRC) 회장과의 면담을 통해 가자지구의 인도적 위기 해결과 북한 인도주의 상황 개선을 위한 적극적인 협력을 요청했다.

아태지역 '재난의 슈퍼마켓'에 대비

2024년 6월, 말레이시아 쿠알라룸푸르의 아태지역본부를 방문했다. '재난의 슈퍼마켓'이라 불릴 만큼 기후 재난이 빈번한 아태지역에서 한국 정부와 대한적십자사의 역할은 절대적이다. 알렉산더 마테우 본부장은 우리 외교부 및 코이카KOICA와의 확대된 협력에 깊은 감사를 표하며, 향후 더욱 긴밀한 파트너십을 요청해 왔다.

도시 복원력과 동아시아의 미래

7월, 서울에서 열린 도시협력플랫폼 콘퍼런스에서는 도시 단위의 세밀한 기후 대응 전략을 논의했다. 이어 8월 몽골 울란바토르에서 열린 동아시아 지도자 회의에서는 한·중·일·몽골 리더들이 모여 인구 고령화라는 새로운 사회적 재난에 대한 공동 대응 방안을 모색했다. 특히 몽골의 '죠드'(혹한으로 인한 대재앙) 피해 농가를 방문해 이재민들을 위로하며, 적십자의 인도주의가 현장에서 어떻게 실천되는지 다시금 체감했다.

9월, 아태재난복원력센터(APDRC) 주관으로 열린 RC3(국제적십자사연맹 연구컨소시엄인 RC3 : Red Cross Red Crescent Research Consortium) 글로벌 회의에서는 2024년 한 해 동안 RC3가 거둔 성과를 공유하고, 2025년 계획을 논의하는 시간을 가졌다. 국가기후위기센터 연구위원을 초청하여 한국의 기후 위기 대응 관련 특별 강연을 열기도 했다. 인도주의 활동 분야에서 연구와 증거 기반 활동의 중요성을 알리고 노력하는 각국 적십자사 직원들과의 소통의 시간이었다.

전 세계 191개국 적십자사가 연결된 이 거대한 네트워크 속에서 대한적십자사는 소외된 이들의 등불이자, 인류의 내일을 지키는 복원력의 핵심 축으로 계속해서 나아갈 것이다.

국제적십자사연맹(IFRC) 특별회기총회
대한적십자사 김선희 국제협력팀장(2024.12. 스위스 제네바)

글로벌 위기에 대응하기 위한 인도적 지원 분야 협력 강화

우리가 살아가는 세계는 하루가 다르게 변하고 있다. 그 변화에는 기술 개발과 경제 발전 등 긍정적인 부분이 더 많다. 그러나 분쟁, 종교 갈등, 기후변화, 식량 부족 등 부정적인 현상 또한 그만큼 늘어가는 것도 분명한 현실이다. 이러한 부정적인 현실을 적십자사가 외면해서는 안 된다.

대한적십자사는 외교부, 국제적십자사연맹IFRC과 함께 기후변화, 식량안보 등 글로벌 위기 대응에 총력을 기울여왔다. 적십자사는 2023년 9월 13일 외교부에서 〈인도적 지원 분야 협력 강화를 위한 대한적십자사, 외교부, 국제적십자사연맹 간의 양해각서(MOU)〉 개정안에 서명했다.

이 개정안은 11년 전인 2012년으로 거슬러 올라간다. 대한적십자사, 외교부, IFRC는 각국 적십자사의 역량 강화, 재난 대비 등에 협력하기 위해 MOU를 체결했었다. 그러나 10여 년의 시간이 흐르면서 세계 모든 분야의 변화에 발맞추어 기존의 협약 내용을 보완할 필요에 직면하였다. 그리하여 기후변화로 인해 복합화·대형화되는 재난, 감염병과 같은 보건위기, 식량안보 등 다양한 글로벌 위기에 대응하기 위해 3개 기관이 협력의 범위를 확대하는 내용이 새롭게 추가되었다.

2023년 9월 13일, 나를 비롯해 박진 외교부 장관, 원도연 외교부

개발협력국장, 하비에르 카스테야노스 IFRC 사무차장, 이상천 대한적십자사 사무총장 등이 개정된 MOU에 서명하였다. 나는 서명을 마치고 이 협정의 의미에 대해 강조했다.

> 기후변화로 인해 진화하는 재난, 재해와 다양한 분쟁 등이 확대되고 있는 상황에서 이번 MOU 개정을 통해 대한민국 외교부와 국제적십자 운동과의 협력과 공조가 확대될 수 있을 것으로 기대됩니다. 대한적십자사는 전 세계의 분쟁과 재난 상황에서 인도적 책임을 다하기 위해 노력하겠습니다.

하비에르 카스테야노스 IFRC 사무차장은 "대한민국은 원조 수혜국에서 공여국으로 전환한 첫 나라이자 코로나19 팬데믹의 빠른 극복으로 전 세계의 주목을 받는 국가가 되었습니다. 이 협약을 통해 대한민국의 기적을 재난으로 고통받는 나라들에 전달할 수 있을 것으로 기대합니다."라고 화답했다.

아울러 박진 외교부 장관은 "한국 정부와 대한적십자사가 합심하여 튀르키예 이재민 임시 거주촌을 지원하는 등 활발한 협력을 이어가고 있습니다. 세계적인 인도적 지원 네트워크와 역량을 가진 IFRC와 함께 효율적이고 국격에 맞는 지원을 해나갈 수 있을 것으로 기대합니다."라고 격려했다.

이번 MOU 개정을 계기로, 대한적십자사는 기후변화 등으로 증가하는 다양한 재난과 위기를 극복하고 예방할 수 있도록 IFRC와 협력을 더욱 강화해 나가고 있다.

대한적십자사와 외교부, 국제적십자사연맹이 2023년 9월 13일 외교부에서 인도적 지원 분야 협력 강화를 위한 3자간 양해각서(MOU) 개정안에 서명하였다. 사진 첫째 줄 왼쪽부터 이상천 대한적십자사 사무총장, 하비에르 카스테야노스 IFRC 사무차장, 원도연 외교부 개발협력국장, 둘째 줄 왼쪽 다섯 번째 김철수 대한적십자사 회장, 여섯 번째 박진 외교부 장관.

김철수 대한적십자사 회장과 박진 외교부 장관

41. 적십자사 직원이 보낸 편지 1

혁신과 진심의 리더십

권영일(前 기획조정실장, 現 서울남부혈액원 원장)

김철수 회장님의 귀한 자서전 〈새벽의 옹달샘〉 출간을 진심으로 축하드립니다. 저는 대한적십자사에 1997년에 입사하여 현재까지 29년째 근무하고 있습니다. 제가 기획조정실장으로 재직했던 2024년 상반기부터 2025년 중반까지 1년 6개월간 회장님을 가장 가까이에서 보필하며 경험한 시간은 제 공직 생활의 가장 빛나는 순간 중의 하나였습니다.

회장님의 재임기는 대한적십자사가 많은 현안 문제를 개선하고 새로운 도약의 발판을 마련했던 '도전과 혁신의 시간'이었습니다. 저는 회장님께서 취임 직후부터 적십자병원에 많은 관심을 가지고 새로운 시도를 하셨던 기억, 그리고 현재도 어려움을 겪고 있는 적십자병원의 고질적 경영난을 해소하기 위해 밤낮없이 고민하고, 혁신안을 추진하시던 모습을 생생하게 기억합니다.

제가 회장님을 처음 뵌 것은 서울적십자병원 부원장으로 재직하던 2024년 8월 하순, 비가 추적추적 내리는 날 오후였습니다. 그때 서울병원은 내·외부 리모델링 공사로 한참 어수선하고 정비되지 않은 상태였는데, 회장님이 첫 방문지로 서울병원에 오신다는 연락을 받았습니다.

취임 후 처음으로 기관 방문을 하시는 회장님에게 병원의 살림을 담당하고 있던 나로서는 좀 더 깔끔하고 정돈된 모습을 보였으면 좋겠다는 생각에 개인적으로는 좀 당황도 했던 기억이 있습니다. 그러나 회장님은 오시자마자 "내가 건물 외관을 보고 인테리어를 보러 온 게 아니니 신경 쓸 거 없다."고 하시면서 의료취약 계층 환자들에게 병원이 어떤 기능과 역할을 하는지, 더 효과적으로 운영하면서도 환자들에게 더 많은 도움을 주고 잘할 수 있는 방법은 무엇인지를 집중적으로 확인하시는 모습을 보고 큰 감명을 받았습니다.

적십자병원은 서울을 비롯하여 전국에 7개가 있습니다. 적십자병원은 120여 년 동안 우리 사회의 가장 어렵고 소외되면서도 몸까지 아픈 의료 취약 계층을 지속적으로 보듬고 살펴온 대한민국 공공의료의 시초이자 모태입니다. 회장님은 병원 경영에 많은 관심을 가진 만큼, 그간 적십자병원의 만성적 적자와 경영난 해소를 위한 노력을 지속적으로 추진하셨고, 더불어 공공병원으로서의 역량 강화에도 크게 기여하여 경영 정상화의 초석을 마련하셨습니다.

단순히 재정지원에 의존하는 것을 넘어, 불필요한 지출을 줄이고 의료 경쟁력을 키우면서도 구조적 문제점을 개선하기 위해 공공병원 개선 전문가를 초빙하고, 서울병원, 인천병원을 중심으로 내부적인 경영개선 작업과 진료의 질 향상을 위해 지속적으로 노력하셨습니다.

그 결과 재정지원을 확대하였고, 운영 효율화와 공공병원의 기능을 충분히 발휘하면서도 의료의 질 향상을 위한 중장기 로드맵을 수립하고 이행하여 현재도 어려움은 있지만 적십자병원의 경영정상화에 새로운 전기를 마련할 수 있었습니다.

아울러 회장님은 적십자사의 고유 목적 사업인 자연재해 등 긴급 재난구호, 사회봉사, 생명안전 활동, 청소년 활동, 해외재난 복구지원 등에 적십자사가 충분한 역량을 펼칠 수 있도록 큰 노력을 하셨고, 모금 역량 확대 등에서도 선 굵은 기여를 하셨습니다.

특히 새로운 헌혈 문화 확산과 헌혈자 증가를 위한 다양한 활동과, 혈액 사업의 안정성과 안전성 확보를 위한 추가 혈액 수가(酬價) 확보 및 노후 장비 교체, 헌혈센터 개선 등의 인프라 구축에도 큰 관심을 보여 안전한 혈액을 안정적으로 공급할 수 있는 여건과 기회를 강화하였습니다.

또한 미래를 위한 과감한 투자를 주저하지 않으셨습니다. 제주도에 제2 인재개발원 건립 계획을 기획·추진하여 전국 적십자 직원 및 봉사원들의 역량 강화와 교육 시스템 현대화에 대한 확고한 의지를 보여주셨습니다. 뿐만 아니라, 적십자 활동의 위상을 높이기 위해 정부 부처와 긴밀히 협력하여 적십자 활동에 헌신적인 적십자 봉사자, 기부자, 헌혈자, 교육자 등에게 정부의 훈장 및 포장을 제도적으로 수여토록 하는 물꼬를 열어주셨습니다. 이는 그간 적십자사가 국가와 사회를 위해 기여해 온 수많은 인도적활동을 한 일선의 당사자들에게 정부 차원에서 공식적으로 인정하고 포상한다는 점에서 뜻깊은 의미가 있었고, 크나큰 격려가 되는 회장님의 혜안과 노력이 맺은 소중한 결실이었습니다.

이와 더불어, 늘 부족했던 남산 서울사무소의 주차장 건립 계획까지 세심하게 챙기시며 관광객 증가로 인한 남산 인근의 고질적 주차난을 해소하고 직원들의 근무 환경 개선에도 각별한 관심을 보이셨습니다.

이처럼 거대한 조직의 변화와 혁신을 이끄시면서도, 회장님은 실무진이었던 저와 소탈하면서도 진정성 있는 관계를 유지해 주셨습니다. 격의 없는 대화 속에서 기획조정실의 어려운 현안에 대해 깊이 공감해 주셨고, 때로는 쓴소리도 마다하지 않으시며 올바른 방향을 제시해 주셨습니다. 그 덕분에 저는 부담감 없이 소신껏 일할 수 있었습니다. 회장님은 저에게 흔히 모시기 어려운 윗분을 넘어, 삶의 지혜와 비전을 나누어 주시는 멘토와 같았습니다. 저는 직원들과 소탈하게 만나는 자리에서 "이러한 회장님이 계실 때 우리 조직이 더욱 발전하는 기회로 삼아야 한다. 기회를 놓치지 말자."라는 말을 자주 했던 기억이 납니다.

매사에 열정적이고 치열하면서도 부지런한 우리 사회의 큰 리더를 개인적으로 모셨다는 점에서 큰 기쁨과 보람을 느끼고 있습니다. 이 자서전은 회장님의 삶과 아름다운 헌신을 담은 역사적 기록이 될 것입니다. 이 귀한 기록이 많은 이들에게 희망과 용기, 그리고 봉사의 참된 의미를 전달하리라 믿습니다.

　김철수 회장님의 무궁한 건강과 행복을 기원하며, 그 빛나는 여정에 깊은 존경을 표합니다.

2026년 2월

권 영 일

시간의 틀과 경계를 넘어선 행동가

김주자(국제적십자사 아시아태평양 부본부장)

2023년 8월 17일, 대한적십자사 제31대 신임 회장으로 의사이신 김철수 이사장님께서 취임하셨다는 소식을 타지에서 접했습니다. 과거에도 여러 차례 의사분들이 적십자사 회장이나 부회장으로 오셨기에, 김철수 이사장님의 부임이 특별히 놀랍거나 의외의 소식은 아니었습니다. 다만 국제협력과 국제지원 사업을 중심으로 업무를 맡고 있던 저로서는, 신임 회장님께서 국제사업에까지 깊은 관심을 갖고 지원하시기는 쉽지 않을 수도 있겠다는 생각을 했습니다.

특히 러시아-우크라이나 전쟁과 중동 지역의 분쟁, 그리고 기후 위기로 인한 대규모 자연재해가 세계 곳곳에서 발생하며 인도적 위기가 심화되고 있었습니다. 이러한 상황 속에서 대한적십자사와 같은 국제 네트워크를 갖춘 인도주의 단체의 역할과 참여는 더욱 확대되어야 한다는 개인적인 기대를 가지고 있었기에, 신임 회장님의 프로필은 솔직히 약간의 아쉬움과 의문을 남기기도 했습니다. 그러나 지난 2년의 시간을 돌이켜보면, 그것은 다행히도 저의 기우이자 착각이었습니다.

김철수 회장님을 처음 만난 것은 2022년 11월, 베트남 하노이에서였습니다. 아시아·태평양 38개국과 중동 지역 17개국의 적십자사·적신월사 리더들이 참여하는 국제적십자사연맹(IFRC) 아태지역회의가 개최되었기 때문입니다.

　　IFRC 사무국을 대표하여 주최국인 베트남적십자사와 함께 1년 넘게 준비해 온 중요한 회의였고, 대한적십자사는 김 회장님이 대표로 직원들과 함께 참석하셨습니다. 코로나19 이후 국제회의에 참석하지 못했던 북한적십자사도 온라인으로 참여했습니다. 북한 측이 기후변화의 영향과 적십자 활동 내용을 발표하자, 김 회장님께서는 발언 기회를 요청하셨습니다. 그리고 한반도의 기후 위기에 대해 남북 적십자사가 공동으로 협력하고 대응할 방안을 모색하자고 즉석에서 제안하셨습니다. 그 모습을 보며, 남북의 인도적 문제에 대해 깊은 관심과 의지를 가지고 계신 분임을 느낄 수 있었습니다.

　　회의 둘째 날 저녁, 행사장으로 이동하는 버스 안에서 회장님과 같은 자리에 앉게 되었습니다. 약 40분의 짧지 않은 이동 시간이었지만, 그 대화는 매우 인상 깊고 신선한 경험이었습니다. 깊은 역사와 분명한 사명을 지닌 적십자사에 회장으로 부임하신 소감과 임기 중 이루고 싶은 일들에 대해 들려주셨습니다. 무엇을 하고 싶은지뿐 아니라, 왜 그것을 하려 하는지에 대해서도 분명하고 힘 있게 말씀하셨습니다.

　　"저는 시골의 가난한 집에서 태어나 매우 어려운 시절을 보냈습니다. 그러나 다행히 의과대학에 진학해 의사가 되었고, 세상의 기준으로 보면 어느 정도 성공한 삶을 살았다고 볼 수도 있겠지만, 아직 하고 싶은 일이 많습니다. 어려운 사람들을 찾아가 돕는 것이 가장 먼저입니다. 대한적십자사 회장은 제게 공적으로 주어진 마지막 역할이라고 생각하며, 진심을 다해 정말 열심히 일할 것입니다."

　　80대 어르신의 말씀은 묵직한 힘과 뜨거운 진심이 담겨 있었습니다. 그 순간 제 마음 깊은 곳에서 큰 울림이 일었습니다. 회장님이 품어내는 열정, 희망, 소망, 진심, 그리고 역동적인 생각은 직장인으로서 어느 정도 관성과 타성에 젖었던 저에게 부끄러움을 일깨웠습니다.

　　회장님의 하루는 부지런히 쪼개어 쓰니, 24시간이 아닌 48시간이 되고, 때로는 72시간도 되었습니다. 시간을 최대로 아껴 쓰는 것이 몸과 정신에 익숙한 분이셨습니다.

취임 후 얼마 지나지 않아, 회장님께서는 제네바에서 열린 IFRC 총회에 대한적십자사 대표로 참석하셨습니다. IFRC 본부 리더들과의 면담 일정에도 제가 동석하게 되었습니다. 총회에서는 IFRC 회장 선출이라는 중요한 안건이 다루어졌고, 후보자의 자격과 선출 절차 등 복잡한 사안을 논의하고 합의해야 했습니다. 회장님께서는 처음 참석하신 자리임에도 불구하고, 회원사의 소중한 한 표를 가치 있게 행사하기 위해 깊이 숙고하시는 모습이 인상적이었습니다.

밤 10시가 넘은 시간임에도 꼿꼿하게 자리를 지키셨고, 후보자의 정견 발표를 다 듣고, 미국 출신 여성 후보를 지지하겠다고 결정하셨습니다. 소중한 한 표가 큰 힘이 되어 IFRC 여성회장이 당선되었습니다.

늦게까지 저녁을 먹지 못한 대표단은 호텔 건너편에 문을 닫지 않은 식당을 찾아 마지막 손님으로 겨우 식사를 했습니다. 시차時差로 지치실 만도 하건만 회장님은 회의 진행, 내용, 결과에 대해 의견을 나누시며 직원들과 질문을 이어가셨습니다. 방전되지 않은 회장님의 체력에 놀라지 않을 수 없었습니다. 더욱 놀라운 것은 다음 날 아침, 회장님께서는 이른 시간에 IFRC 본부를 다시 방문하셨고, 신임 회장에게 따뜻한 축하 인사를 전하며 대한적십자사의 기대와 향후 협력 분야까지 꼼꼼하게 논의하셨습니다.

김제와 익산의 시골 마을에서 유년기와 학창 시절을 보냈고, 의사가 된 이후에는 대부분 병원에서 환자들과 시간을 보내셨을 텐데, 회장님의 관심과 생각은 한곳에 머물지 않았습니다. 경계를 두지 않은 포용의 자세이고, 지평을 넓게 보는 시야를 가지고 계셨습니다.

2022년 6월에는 IFRC 아태지역본부가 있는 말레이시아 쿠알라룸푸르를 방문하셨습니다. 이틀이라는 짧은 일정이었지만, 대한적십자사 직원들과 함께 아태지역에서 IFRC를 비롯한 적십자사들의 활동 내용과 현안을 논의하고 의견을 나누셨습니다.

　각 부서의 발표가 이어지는 가운데, 회장님의 경계를 넘나드는 질문과 포괄적인 시야는 핵심이 무엇인가를 알게 해주셨습니다. 대한적십자사는 중요한 회원사로서 어떤 역할과 기여를 하고 있으며, 글로벌한 영역뿐 아니라 아태지역에서 함께 일할 수 있는 부분이 무엇인지 리더로서 적극적인 인도적 외교를 펼쳐나가셨습니다.

　그 모습에는 당당함과 의로움이 함께 담겨 있었습니다. 한 기관의 책임자로서 분명하고 선도적인 메시지를 전달하고, 공동의 가치 창출을 위해 어떻게 노력할 것인지를 사례를 들어 설명하시는 모습에서 저는 깊은 감동을 받았습니다.

　한곳에 머무르지 않는 행동가, 자신에게는 엄격하고 타인에게는 너그러운 실천가, 그리고 넓은 인품과 따뜻함을 지닌 어른 리더.

　그 모든 표현이 바로 김철수 회장님을 설명하는 말이라 생각합니다.

2026년 2월

김 주 자

"

적십자의 나아갈 길과
브랜드 재정립에 큰 기여

문혜정 (홍보 특별보좌역)

희망의 등불을 향해

"어려운 이웃과 고통받는 이재민에게 희망의 등불이 되겠습니다."

회장님께서 취임 직후 국립현충원 방명록에 남기신 이 문구는 임기 전체를 관통한 가치이자, 적십자가 나아갈 방향을 명확히 보여주는 선언이었습니다.

"모든 활동은 국민이 체감해야 한다."는 회장님의 철학은 제가 홍보 특보로서 지녀야 할 기준이 되었고, 적십자가 국민에게 더 가까이 다가가기 위한 모든 홍보 활동의 중심에 놓였습니다.

리더십과 소통: 국민이 체감하는 적십자를 향한 변화

회장님은 취임사에서 밝히신 것처럼 언제나 헌신하는 리더십으로 직원·봉사원들의 목소리를 귀 기울여 들으셨습니다. "소통이 곧 국민 신뢰로 이어지고, 현장에 답이 있다."고 말씀하셨고, 홍보 역시 기관 중심이 아닌 사람 중심이어야 한다는 방향을 제시하셨습니다.

그리고 가장 중요한 한 가지 홍보는 전달이 쉬워야 한다는 원칙도 강조하셨습니다. 이는 회장님이 취임 직후 직접 만드신 명함에서 그대로 드러났습니다. 듣기에 좋은 메시지가 아니라 한눈에 기부와 봉사, 헌혈의 참여 방법을 알 수 있게 명함 뒷면을 바꾸셨고 "봉사하는 사람이 행복합니다."라는 간결한 문구에 적십자의 봉사 철학을 오롯이 담으셨습니다.

이러한 회장님의 홍보 철학에 따라 홍보팀은 봉사원, 헌혈자, 이재민, 사회적 약자, 재난 현장의 이야기를 왜곡 없이 진심 그대로 국민에게 전달하는 데 집중했습니다.

언론 소통: 희망을 기록으로 남기다

재임 기간 회장님은 조선일보, 중앙일보, 서울신문, 매일경제, 세계일보, 문화일보 등 주요 일간지의 인터뷰를 통해 적십자의 정신과 인도주의, 우리 사회에 희망의 손길이 필요한 곳에 대한 관심을 불러일으켰습니다.

또한 2023~2025년 회장님은 〈매일경제신문〉에 매달 헌혈자 예우, 공공의료 접근성, 기후 위기 대응, 사회적 연대 회복 등 주요 사회 의제를 다룬 기고문을 쓰셨고 2년간 20여 편의 기고문을 게재하셨습니다.

헌혈자 포상제도 개선 기고에서는 '헌혈자가 존중받는 사회'라는 회장님의 철학이 분명히 드러났고, 마음에도 응급처치가 필요하다는 '심리적 응급처치(PFA)'와 '공공의료 사명'에 대한 기고에서는 재난과 취약계층에 대한 깊은 책임감이 담겼습니다.

방송 소통 역시 적극적이었습니다. 연합뉴스TV와 YTN, MBN 등에 직접 출연하셔서 모로코 지진, 리비아 홍수 현장의 구호 활동, 튀르키예 우정의 마을 등 해외 재난 구호 현장을 국민께 직접 설명하셨고, 수많은 인터뷰를 통해 "인류애와 사회적 연대의 회복이 국가경쟁력이며, 국민께 적십자 활동을 더 많이 알리겠다."는 소통 중심 리더십을 일관되게 강조하셨습니다.

특히 2025년 5월 8일 '적십자의 날 특집'으로 편성된 KBS 〈아침마당〉 생방송 출연은 120년 적십자의 역사와 인도주의 가치를 전국에 알리는 중요한 전환점이었습니다.

사람 중심 홍보 혁신

회장님은 "홍보는 사람을 비추어야 한다."는 원칙을 제시하셨습니다. 이에 홍보팀은 기관 이미지 중심에서 탈피하여 봉사원, 헌혈자, 이재민, 기부자들을 주인공으로 한, 사람 중심의 홍보 체계를 구축했습니다. 이에 따라

* 재난 현장 다큐멘터리

* 헌혈자 인터뷰

* 봉사와 적십자 가족의 스토리 콘텐츠

* SNS·영상 콘텐츠

등을 통하여 부담 없이 다가가는 적십자의 새로운 홍보 스타일을 보여주었습니다. 다만 어느 누구보다 현장에 먼저 달려가 진심을 다해 현장을 살피고 봉사자를 격려하신 회장님의 사진을 의도적으로 홍보활동에서 제외한 것은 기관 중심의 경직된 홍보 스타일을 탈피하려는 전략적 판단이었음을 이 자리를 통해 밝힙니다.

브랜드 재건과 공공 협력 확장

회장님의 철학은 적십자 브랜드 재건으로도 이어졌습니다.

* 공식 마스코트 '쎄호' 개발

* 이모티콘·굿즈·SNS 콘텐츠 확산

* CJ ENM·KTV 등과 기부, 협약을 통한 30억 원 규모 무료 TV 광고 송출

* 기업·지자체 협업 확대

* 캠페인과 기념 영상 제작

특히 회장님 재임 기간 저와 홍보팀이 주력했던 과제는 젊은 세대에게 더 친숙한 적십자사를 만드는 것이었습니다. 이 과정에서 적십자 홍보팀 직원들이 출연한 유튜브 쇼츠와 인스타그램 영상은 짧은 기간에 젊은 층과의 접점을 넓히는 데 큰 활약을 했고, 특히 게임사 넥슨과의 협업은 매우 상징적이었습니다. 넥슨과 적십자의 캠페인은 단기간 안에 높은 헌혈과 기부 참여율을 이끌어냈고

적십자가 Z세대와도 연결될 수 있다는 가능성을 보여준 대표적 사례였습니다.

또한 마스코트 '쎄호'는 Z세대와의 소통을 강화하며 적십자 브랜드를 새롭게 인식하게 만든 중요한 성과였습니다. 이러한 브랜딩 과정에서도 아래로부터의 의사결정시스템을 받아들여 주신 회장님의 리더십이 짧은 기간 안에 적십자의 이미지를 새로운 홍보 트렌드에 맞게 혁신할 수 있게 한 밑바탕이 되었습니다.

미래 인도주의 전략: 3대 사회복지 특화사업

회장님께서는 미래 사회의 취약계층 문제를 선제적으로 바라보시고 대한적십자가 새로운 역할을 맡아야 한다는 혜안을 바탕으로 세 가지 핵심 특화사업을 펼치셨습니다.

* 치매 안심 프로그램(치매 환자 돌봄): 고령사회 돌봄 부담을 가정이 홀로 감당하지 않도록 사회적 안전망을 구축하는 첫 시도였습니다.
* 다문화가정 문화 아카데미: 증가하는 이주민·다문화가정을 향한 연결·통합·소통의 플랫폼으로, 적십자가 사회 통합의 교량 역할을 했습니다.
* 생명지킴이(자살예방)프로그램: 청소년부터 고령층까지 확대되는 정신건강 위기를 국가보다 먼저 체계적으로 들여다본 회장님의 대표 사업입니다.

위 세 가지 사업은 실질적 성과를 거두었을 뿐 아니라 '적십자가 대한민국 사회의 어려움을 책임지는 기관'이라는 힘 있는 메시지를 국민에게 전달한 중요한 홍보 성과였습니다.

디지털 전환과 지속 가능한 홍보 인프라 구축

회장님은 기록과 기부 문화를 미래로 잇기 위한 혁신도 꾸준히 추진하셨습니다.

* 1층 사료전시실을 방문자 친화적으로 만들고 디지털 아카이브 구축
* 기부자 명예의 전당 디지털 월 전환
* 제주 신사옥 및 제2 인재개발원 설립

이 디지털 전환은 적십자의 역사를 현대적으로 재정비하고 현재의 기록을 미래 세대에게 남길 수 있는 지속 가능한 홍보 기반을 마련했습니다. 이모든 과정에서 회장님의 빠른 판단과 실행력은 조직의 의사결정에 커다란 영향력을 보여줌과 동시에 직원들의 업무에 활력을 불어넣어 주었습니다.

현장 중심 리더십: 진심이 곧 홍보였다

재난 현장, 헌혈 캠페인, 누구나 진료센터, 봉사원 격려 등 회장님은 도움이 필요한 현장이라면 기꺼이 직접 발걸음을 옮기셨습니다.

"홍보는 보여주는 것이 아니라, 보여줄 만큼 진심으로 하는 것이다."

그 한마디는 회장님 리더십의 핵심이었고, 모든 현장은 그 자체가 강력한 홍보였습니다.

감사와 존경을 담아

회장님과 함께한 시간은 홍보 특보로서 사명뿐 아니라 인도주의 정신, 소통의 태도, 봉사를 대하는 마음까지 깊이 배우는 소중한 여정이었습니다.

재임 기간에 이뤄내신 회장님의 모든 성과는 적십자의 나아갈 길과 브랜드 재정립에 큰 기여를 한 대한민국 인도주의 역사 속 중요한 자산입니다.

회장님의 철학을 마음에 새기며 진심을 다해주신 모든 시간에 감사와 존경을 드립니다.

2026년 초봄

문 혜 정

도전과 열정으로
적십자병원의 건실 경영에 기여

임배만(병원사업 특별보좌역)

저는 아산사회복지재단에서 설립한 서울아산병원 개원을 준비하여 20년간을 근무하면서 병원관리 책임을 맡았습니다. 또한 퇴직 후, 병원 경영 컨설팅 회사를 설립하여 16년 동안 국내 대학병원, 종합병원 등 140개소 이상을 경영 진단하고 컨설팅을 수행했습니다. 그리고 해외 병원 진출에도 관여하여 10개국에 15개 이상의 병원 진출 프로젝트를 수행한 경험이 있습니다.

김철수 회장님께서 저를 대한적십자사 의료 담당 회장 특보로 임명하셔서 대한적십자사와 인연을 맺게 되었고, 적십자사가 운영하는 7개 병원의 경영 진단 및 운영 컨설팅을 담당하였습니다.

김 회장님은 의료계의 거목으로, 실제 양지병원 운영과 대한병원협회 회장을 역임하신 분입니다. 저와의 인연도 제가 병원협회 자문위원과 대한병원행정관리자협회 회장을 맡고 있던 시절부터 이어졌습니다. 회장님은 그때부터 늘 저를 격려해 주시고 지도해 주셨습니다.

적십자사가 운영하는 서울적십자병원은 1905년 개원하여 292병상을 운영하고 있으며, 인천적십자병원은 1956년 개원하여 122병상, 상주적십자병원은 1955년 개원하여 205병상, 통영적십자병원은 1955년 개원하여 99병상, 거창적십자병원은 1960년 개원하여 91병상, 경인권역재활병원은

2010년 개원하여 120병상, 영주적십자병원은 2018년 개원하여 150병상을 운영하고 있습니다. 적십자병원은 의료 취약지에 주민의 건강지킴이 역할과 도심 지역(서울, 인천)의 지역 주민과 소득이 적은 저소득층, 고령화된 노인의 진료를 담당하고 있습니다.

김 회장님이 2023년 8월 15일 취임하셨을 당시 적십자병원의 운영 상태는 매우 어려웠습니다. 코로나19 감염 사태로 3년간 코로나 전담 병원으로 운영하다가 막 지정을 해제하고 정상 진료로 복귀한 시점이었기 때문입니다. 그러나 코로나19 전담 병원으로 운영되던 3년 동안 다른 병원으로 옮겨갔던 환자들이 다시 돌아오지 않아 외래환자 수는 절반 이상 줄었고, 병상 가동률도 40% 미만으로 떨어져 병원 운영 적자 폭이 매우 컸으며, 정상 운영은 쉽지 않은 상황이었습니다. 이에 회장님께서는 적십자병원의 경영을 정상화하고 발전시켜야 한다고 판단하셨습니다.

우선 적십자병원의 사업 목표를 '새로운 환경에 대응하는 인도주의 활동의 지속 가능 기반 확보'로 정하고, '공공병원의 역량 강화 및 지속 가능한 기반 마련'을 전략으로 하여 실행 과제를 추진하셨습니다. 저에게 서울적십자병원부터 경영 진단을 지시하셔서 적십자사의 관계 직원을 차출하여 경영 진단을 시행하였습니다. 그 결과, 의료서비스 규모를 확장하는 안과 축소하는 안을 제시하였는데 회장님께서는 의료서비스의 범위를 확장하여 의료 제공을 늘리는 안으로 추진하라고 말씀하셨습니다.

회장님께서 추진하셨던 적십자병원 별 경영 정상화 사례를 보면 다음과 같습니다. 서울적십자병원은 서울 도심형 공공의료 제공 병원으로 응급진료를 활성화하고, 내과 질환, 중증 외상, 2차 암 진료, 정형외과 근골격계 질환의 진료를 활성화하며, 심혈관 중증 진료를 추진하셨습니다. 그 결과 서울적십자병원은 응급진료와 중증 진료 활성화로 진료 인원이 2023년 대비 2025년 20% 이상 증가하였고, 2023년 경영 적자 폭이 현저히 낮아졌습니다. 또한 서울 도심의 공공병원으로서 심혈관, 뇌혈관, 중증 외상을 진료할 수 있는 지역 거점 병원으로 발전할 수 있는 계기를 마련하셨습니다.

인천적십자병원은 지역적으로 취약하고 122병상의 작은 규모로 경쟁력이 미흡하여 의사 수, 직원 수 대비 환자 수가 적고, 운영 적자가 2023년에는 컸으나 병원 경영진을 바꾸고 경영진단 및 개선 과제를 실행하여 2025년에는 적자 폭이 절반 수준으로 줄어들었습니다. 현재의 병원 기능을 300병상 규모로 확장하는 방안을 고려하였고, 치매 및 외국인 진료 전문병원으로의 변화도 추진하셨습니다. 또한 외국인 환자의 진료를 위한 '누구나진료센터'를 활성화하여 운영하고 있습니다.

상주적십자병원, 통영적십자병원, 거창적십자병원은 의료 취약 지역의 지역 거점 공공병원의 역할을 담당하기 위해 정부의 공공병원 확충 정책에 맞춰 각각 300병상 이상 규모로 이전 신축을 추진하셨습니다.

상주적십자병원은 상주시에서 병원 부지를 마련하여 무상 제공하게 되어 있으며, 통영적십자병원은 통영시에서 이전 부지를 물색 중에 있고, 거창적십자병원은 예비타당성조사를 진행 중에 있어서 몇 년 안에 지역 거점 적십자병원은 지역 주민의 건강지킴이로 재탄생할 것입니다. 영주적십자병원은 영주시의 지원과 직원들이 화합하여 지역 주민에게 양질의 의료를 제공하고 있으며, 경인 권역 재활병원도 코로나19 이후 만성적인 적자 운영에서 지역 거점의 재활병원으로 재탄생하고 있습니다.

김 회장님은 적십자병원을 운영하면서 우수 의료진 및 병원장을 초빙하여 환자에게 양질의 의료를 제공하고자 하셨습니다. 또한 직원들이 신명 나게 일할 수 있는 조직문화를 정립하고, 효율적인 운영체계를 유지할 수 있도록 하였으며 수시로 병원을 방문하고 의료진 및 직원을 격려하였습니다. 특히 인천, 상주, 통영, 영주, 거창병원의 지자체장 및 의료 관계자를 만나 적십자병원의 협조를 요청하였습니다.

그리고 평소 유대관계에 있었던 정부 기관 및 단체, 관계자의 역량을 빌려 운영비 지원이 없었던 적십자병원에 운영비가 지원되고, 의료시설 및 장비가 확충되도록 하셨습니다. 또한 코로나19 이후, 환자 수가 적고 수익이 적었던 적십자병원에 환자가 돌아오고, 운영 적자가 획기적으로 개선될 수 있도록 하셨습니다.

저는 의료 특보를 담당하면서 김 회장님의 병원 운영에 대한 탁월한 혜안과 대안 제시에 놀랐습니다. 특히 서울적십자병원은 중앙적십자의료원으로 확대 격상해서 진료를 담당하고, 인천적십자병원은 기업과 연계하여 치매 전담 병원과 외국인 전담 병원으로 확장하며, 그 외 적십자병원도 인근의 지자체와 협의하여 그 지역의 지역 거점 병원으로 300병상 이상의 병원으로 확장한다는 전략에 감동하였습니다.

저는 김 회장님의 부르심에 적십자사와 적십자병원과 인연이 되어 그 발전에 다소나마 기여하게 됨을 매우 보람 있게 생각합니다. 항상 적십자병원의 의료진과 직원들의 열정, 희생에 감사하고 있습니다.

2026년 2월

임 배 만

"

**열정적으로 헌신하며 현장을 발로 뛰는
성실한 김철수 회장님**

맹호영 (혈액 및 보건사업 특별보좌역)

나는 보건복지부에서 32년간 보건의료 정책 부서에서 근무하였다. 이사관으로 퇴직한 이후에는 한국사회보장정보원 기획이사로 재직하며, 어렵고 힘든 사회 소외계층의 국가 지원 업무에 종사한 경험이 있다. 공직을 퇴직한 이후 대한적십자사로부터 혈액사업 및 보건사업 부문 회장 특별보좌역으로 위촉되어 김철수 회장님을 모시고 가까이에서 일할 수 있는 영광을 얻게 되었다.

김 회장님은 내과의사로서 50년 이상의 진료 경험을 바탕으로 재난재해가 발생하면 구호 현장에서 필요한 것을 누구보다도 잘 알고 계신다. 진료 활동을 진두지휘하고 거의 모든 현장에 직접 방문하여 환자 진료에 참여할 정도로 적극적이셨다.

모든 국민이 잘 알다시피, 대한적십자는 재난재해 구호 전문 봉사기관으로서 현장에서 입는 노란 조끼와 빨간 적십자 마크는 국민을 안심시켜 주는 상징으로 인식되고 있다. 적십자 마크가 찍힌 봉사원들이 TV에 나타나면 어렵고 힘든 상황도 온 국민이 합심하여 바로 극복할 수 있다는 자신감, 믿음이 생겼다.

재난재해 구호 업무 외에 적십자의 주요 업무는 응급 환자에게 꼭 필요한 혈액 및 혈액제제를 필요한 시기에 안정적·지속적으로 공급하는 업무이다.

　　세계보건기구(WHO)는, 혈액은 생명의 근원 물질이며 신비한 물질로서 아직까지 밝혀지지 않은 미지의 물질이 많이 함유되어 있기 때문에 혈액으로부터 인류가 알지 못하는 전염병 전파가 우려되어 가급적 국경을 넘지 말고 국가별 자급자족의 원칙을 권고하고 있다. 이는 미지의 질병이 국가 간에 전파되는 것을 사전에 차단하여 안전관리를 강화하는 것이 목적이다.

　　혈액으로 인한 감염병 질병인 에이즈, 에볼라 등 이외에도 아직 알려지지 않은 혈액 매개 질병이 존재하여 대부분 국가에서 공공성이 강한 공적 기관에서 혈액 관리를 하고 있다. 우리나라 정부(보건복지부)에서도 혈액 전반에 대한 안전관리 총괄 기관으로 적십자를 지정·수행토록 하고 있다.

　　이에 적십자사는 혈액의 채혈 및 안전한 품질관리를 위해 전국 15개 지역에 지역별 혈액원을 설치(전국 154곳에 헌혈의 집)하였고, 3개의 혈액검사센터를 두어 신속한 검사가 이루어질 수 있게 하였다. 또한 혈액수혈연구원을 두어 체계적으로 혈액 안전 연구를 진행하고 있으며, 혈장분획센터를 설치하여 농축적혈구, 농축혈소판, 알부민원액 등 환자 맞춤형 혈액분획제제를 생산 공급한다. 적십자사는 국민의 자발적인 헌혈 활동으로 전 세계에서 가장 안전하고 저렴하게 혈액 및 혈액분획제품을 공급하여 환자의 생명을 보호하고 있다.

　　2024년 말 통계를 보면 우리 국민 5,122만 명이 총 286만 건의 자발적 헌혈을 하였다. 이는 헌혈가능 인구(만 16세~69세) 총 3,867만 명 중 실제 헌혈 참여자가 127만 명에 달해 3.27%의 국민헌혈률을 보이고 있다.

　　생명을 살리는 사람이라는 자부심으로 적십자사 모든 직원은 국민과 함께 국민건강 증진을 위해 노력하고 있다. 김 회장님은 맨 앞에 서서 재임기간 중 혈액의 안전과 품질 유지를 위해 혈액원 시설과 장비를 첨단장비로 대체하는 데 열정적으로 헌신하며 헌혈 채혈 현장을 누비셨다.

　　김 회장님은 의사 초년 시절, 의사 생활의 첫걸음도 낙후 지역, 의료 접근 환경이 열악한 곳에 병원을 개업하여 지역 주민의 건강과 지역 발전에 기여하셨다. 그 마음 그대로 적십자 회장 퇴임 이후에도 소외계층 봉사와 본연의 의사 활동에 있어 한치의 빈틈도 없이 실천하고 계신 모습을 보면 자연스럽게 존경의 마음이 든다.

김 회장님 재임 시절에 혈액관리본부 전 직원들과 "함께 만드는 즐거운 헌혈, 안전한 수혈, 더 나은 미래"라는 슬로건과 함께 열심히 현장에서 노력하셨던 모습이 선하다.

그동안 적십자사 혈액사업과 보건사업을 크게 발전시키고 많은 성과를 올리신 김철수 회장님께 사랑과 존경의 마음을 보낸다.

2026년 2월

맹 호 영

적십자의 장기 발전과
자산 개발의 현대화를 이끈 회장님

송재선(자산개발 특별보좌역)

저는 2025년 7월 16일 적십자사 자산개발특보로 임명되었습니다. 토목 시공 및 도시계획기술사를 소지하고 있으며 서울시 공무원으로 건설과 도시계획 분야에서 근무했고, 현재는 기술사 전문직에 종사하고 있습니다. 적십자사 특보로 임명된 후 서울, 제주도 등 적십자 부지의 개발 관련 업무를 수행하였고, 그 이전인 2023년 10월 17일, 김 회장님 자문위원회 위원으로 업무에 연속성을 가지고 활동하였습니다.

현재 적십자는 전국에 92개 기관과 사업장을 가지고 있으며 서울에는 서대문 적십자병원 외 4개의 시설이 있습니다. 이 시설들은 대규모 개발이 가능한 역세권이나 도심부에 있음에도 건물이 노후화되어 구조 보강이 필요한 상태이며 특히 주차장이 부족하여 시민들에게 상당히 불편을 초래하고 있는 실정입니다. 김 회장님께서는 이러한 적십자 시설의 문제점을 파악하시고 기존 시설의 현대화와 더불어 재원 확보를 통해 적십자의 지속적 발전을 위하여 자산개발특보를 신설하고 저에게 임무를 부여하셨습니다.

우선 시급한 현안은 서울 사무소 가설 공작물 부지를 개발하여 주차장을 신설하는 것이었습니다. 현재의 주차장은 1977년 1월 도시계획이 결정되었고 1997년 2월 가설 공작물이 설치되어 120대를 주차하고 있으나 노후화가 심각하고 협소하여 신축이 시급했습니다. 그러나 서울사무소 부지 전체(본관, 별관, 휴게동 주차장)가 2019년 1월 지구단위계획으로 묶이면서 주차장만 따로 건축할 수 없었습니다. 회장님께서는 주차장 신설 문제를 반드시 임기 내에 해결해야 한다는 각별한 관심과 의지를 전해주셨습니다.

저는 건축법과 도시계획 등 관계 법령을 면밀히 검토하여 지구단위계획이 불합리하게 결정된 내용을 찾아냈고, 서울시 관계 부서를 방문하여 지구단위계획 변경을 수차례 요청하였으며, 향후 지구단위계획 재정비에 반영하겠다는 긍정적 답변을 받았습니다. 그러나 서울시가 용역을 발주하여 변경 절차를 이행하기까지는 최소 3년 이상 소요됩니다. 빠르게 지구단위계획을 변경하는 방법은 적십자사가 자체 용역을 발주하여야 하고 입안권자인 중구청과 결정권자인 서울시의 적극적인 협조가 필요했습니다.

이에 따라 회장님께서는 앞장서서 관련 행정기관을 방문하여 정책 건의를 해주셨고, TF를 만들어 자체 용역을 추진토록 하셨습니다. 그러나 적십자사에는 전문 인력이 없어 제가 용역을 총괄하였고, 직원들의 적극적인 노력으로 2025년 1월 지구단위계획 변경도서를 중구청에 제출하였습니다. 이 과정에서 43년된 서울사무소 건물의 적법성 여부 관련 부서와 심의위원들의 다양한 의견에 대한 보완서류 등 문제점을 해결하였고, 9월 서울시에서 적십자 서울사무소 부지 가운데서 주차장을 분리하는 것으로 지구단위계획 변경을 완료하였습니다.

그 결과 2025년 11월 건축설계 업체가 선정되어 실시설계(총 11층 규모의 주차장과 사무실 및 카페) 중에 있으며 향후 시공업체를 선정하여 2026년 말에 주차장이 완공될 예정입니다. 이 주차장이 복합건물로 건설되면 2배 이상의 주차장이 확보되고 사무공간 확충과 카페가 설치되어 적십자의 수익성 확보에 크게 기여합니다. 더불어 인접 지역에 서울시에서 건설 중인 남산 곤돌라 주차 수요에도 기여하게 됩니다.

두 번째 사항으로는 적십자 서울병원의 의료 기능 강화를 위하여 시급한 격리 병동, 심혈관센터, 장례식장 등의 증축이었습니다. 사전에 회장님께서는 복지부를 방문하여 병상 증설과 예산 지원을 건의하셨고 긍정적인 확답을 받으셨습니다. 제가 병원 관계자들과 함께 기존 건축물 현황과 문제점을 의논하여 연면적 약 1,700평 정도 증축에 여유가 있음을 확인하였습니다. 노후된 건물의 구조 안전과 내진 성능을 검토한 후 경량구조물로 실시설계를 진행토록 하였습니다. 회장님께서는 서울병원 증축 후에는 중앙의료원으로 이름을 변경하여 적십자병원의 위상과 품격을 높여야 한다고 말씀하셨습니다.

김철수 회장님께서는 종합병원을 운영하시는 분으로서 누구보다도 뛰어난 경영 감각을 가지고 시설 확충의 필요성을 위해 헌신하셨습니다. 그리고 적십자의 장기 발전과 자산 개발의 현대화, 미래 시설 수요에 대비하여 실질적인 변화와 제도적 안정을 추구하셨습니다. 그뿐 아니라 조직 내에서 직원들의 신뢰와 지도력, 조직 운영에 적극적인 추진력과 강한 리더십을 가지고 있습니다.

제가 적십자 자산 개발에 관여했던 일들은 "김 회장님이 아니었으면 할 수 없었다. 회장님이었기 때문에 가능했다."라고 감히 말씀드리고 싶습니다.

2026년 2월

송 재 선

대한적십자사 회장을 물러나며

무안공항 제주항공 여객기 사고 지원 현장방문

43. 헌혈과 표창

헌신에 대한 단 하나의 답,
"고맙습니다"

대한적십자사는 적십자의 인도적 활동과 관련하여 큰 공헌을 한 사람(기관)에게 포상을 하고 표창을 한다. 그 포상(표창)에 대해 금전적 보상은 없으며 특권이나 혜택도 없다. 헌신적인 공헌과 봉사에 대해 '고맙습니다'라는 감사 인사를 하는 것이다.

우리나라의 헌혈은 꾸준히 감소하는 추세이다. 특히 코로나19를 거치면서 헌혈에 대한 사회적 관심과 참여가 눈에 띄게 줄어들었고, 인구 감소 또한 이러한 흐름에 영향을 미치고 있다.

우리나라에서 헌혈을 가장 많이 하는 집단은 군부대이다. 청년층이기 때문에 다른 계층에 비해 헌혈에 적극적이며 숫자도 많다. 군부대에서 헌혈자를 모집하면 많은 인원이 참여한다. 만약 군인들의 헌혈이 줄어들면 우리나라 혈액관리는 매우 어려워진다. 외국에서 피를 수입해야 하는 상황이 생길 수도 있다.

코로나19 이후 군부대와 고등학교, 대학을 제외하고 헌혈을 많이 한 곳이 S 종교단체였다. 그 종교단체 내부에서 어떤 과정을 통해 결정되었는지 알 수 없으나 2022년부터 2025년까지 19만 9천여 명이 헌혈을 했다. 군과 학교를 제외하고 여느 단체에 비해 월등히 높다.

대한적십자사는 매년 〈연간 표창 운영계획〉을 수립해 각 기념일 등에 〈세부 표창 운영계획〉에 의거하여 표창을 시행한다. 적십자사는 관련 절차에 따라 S 종교단체에 헌혈 유공 표창을 했다. 이는 정치적 결정이 아니며, 종교적 결정도 아니다. 단지 헌혈을 많이 했기에 표창을 했다.

규정과 원칙
그리고 인도적 기준

적십자사는 개인과 기관을 가리지 않고 표창을 수여한다. 표창 대상자의 성별이나 종교, 지역, 그리고 정치적 성향은 고려 대상이 아니다. 오직 인도주의적 기준에 의해서만 표창을 할 뿐이다. 그런 숭고한 행위가 국정감사에서 논란의 도마에 오른 것은 참으로 가슴 아픈 일이었다. 2024년 우리나라 헌혈 인구는 285만 6천 명이다. 전 국민의 5%가 헌혈에 참여하고 있는 셈이다. 참여 비율을 높여야 하는 것이 당면 과제 중 하나이다. 그런데 이 285만 6천 명 중에서 과연 정치인은 얼마나 될까?

선거 이후 뚝 끊긴 정치인 헌혈

4·15 총선 레이스가 본격화한 1~2월만 하더라도 총선 출마 희망자들은 너나 할 것 없이 헌혈에 동참했다. 헌혈 후 헌혈증과 함께 사진을 찍어 보도자료를 내 언론에 홍보하기 일쑤였다. 그러나 총선이 끝난 5월부터 이 같은 사진이나 보도자료는 사실상 자취를 감췄다. 헌혈을 진행하는 관계자는 "선거 이후 정치인들이 헌혈하고 사진 찍고 가는 일이 많이 줄었다."라고 말했다.

- <경인일보> 2020년 5월 18일

비록 5년 전의 기사이지만, 이러한 상황은 지금도 크게 달라지지 않았다. 규정에 따라 이루어진 표창을 '비난'하기에 앞서, 스스로의 참여와 책임을 돌아보는 것이 공인의 올바른 자세일 것이다.

2023년 8월 적십자사를 맡은 이후, 나의 모든 것을 동원해 재난구호, 후원금 모금, 헌혈 증가를 위해 노력했으며, 실제 여러 분야에서 좋은 결과를 냈다. 그럼에도 불구하고 이러한 성과가 정치적으로 왜곡되어 평가된 현실은 참으로 안타까운 일이다. 무엇보다 나와 함께 적십자사의 발전을 위해 헌신적으로 노력해온 직원들에게 미안한 마음이 크다.

헌혈은 생명을 살리는 가장 직접적인 나눔이다. 그리고 그 나눔에 대한 적십자의 답은 언제나 하나다.

"고맙습니다."

봉사할 수 있어
감사하고 행복했던 나날들

2023년 11월 10일 오후 6시, 그랜드하얏트서울에서 적십자사가 주최하는 연말 모금 행사 및 고액기부자 감사 행사Red Cross Gala가 열렸다. 일종의 모금을 위한 행사이며, 1억 원 이상을 기부한 고액 기부자들을 초청해 감사를 표한다. 2023년에는 '돌봄과 치유, 그리고 1년'을 주제로 정했다. 그날 행사의 공식 명칭은 '2023 레드크로스갈라'였으며, 주 목적은 가족돌봄청년과 자립준비청년의 안정적인 사회 정착과 자립을 돕기 위한 모금이었다. 적십자 홍보대사 안재욱 씨를 비롯해 고액기부자 모임인 〈레드크로스 아너스클럽·아너스기업〉 회원 등 380여 명이 참석했다. 그 자리에서 개인과 기업이 각 1억 원을 기부했다. 그분들에게 다시 한번 감사를 표한다.

나는 이 행사에 주한 외국 대사 부부들도 초청해 한국의 적십자사가 하는 일을 알리고, 공연을 통해 한국 문화의 높은 수준을 직접 체험할 수 있게 하였다. 앙골라, 인도, 체코, 스리랑카 등 7개국 대사 부부가 참석해 적십자의 인도주의 정신을 되새기는 뜻깊은 자리가 되었다.

나는 인사말을 통해 "누구의 도움 없이 홀로서기를 시작하는 청년과 가족의 경제적·신체적 돌봄을 홀로 부담하고 있는 청년들이 꿈을 펼칠 수 있도록 연대의 힘을 보여주시기 바랍니다."라고 당부하면서 지역사회의 관심과 지원이 필요하다는 것을 강조했다. 그날 기부를 해주신 모든 분들에게 감사를 전하며, 행사는 따뜻한 격려와 축하 속에 마무리되었다.

그 후 나는 적십자사 집무실에서 업무 회의 중에 갈라행사에 대해 이야기를 했다. 수고했다는 칭찬을 먼저 한 뒤, 7개국 대사 부부의 참석도 의미 있었지만 앞으로는 더 많은 국가의 대사들이 참여할 수 있도록 노력해야 한다고 강조했다. 보다 다양한 국가들이 참석한다면 적십자 정신에도 적합하다는 취지였다.

정확한 회의 일자는 기억나지 않지만, 2023년 11월 11일부터 15일 사이였을 것으로 추정된다. 그러나 이 발언은 2년이 지난 2025년 10월 30일, 국회 보건복지위원회 국정감사장에서 당시 녹취된 음성이 공개되면서 다시 세상에 드러났다.

나는 11월 5일 적십자 내부 게시판에 "어떤 이유로든 저의 발언은 정당화될 수 없습니다. 고개 숙여 사과드립니다."라고 글을 올렸다.

11월 6일 한 TV 방송을 통해 보도되었고, 이어 여러 언론에 보도되면서 '인종차별' 논란으로 확산되었다. 다음 날 나에 대한 대통령의 감찰 지시가 내려졌다. 나는 11월 7일 사의 표명을 했다. 취임 후 815일 만이다. 2년 전 직원들과의 미팅에서 누군가 핸드폰으로 몰래 나의 말을 녹음하고, 그것을 보관하고 있다가 누군가에게 제보되어 결국은 언론사에서 방송된 것이다. 그 사람이 누구인지 굳이 알 필요는 없었다. 다만 "더 많은 국가의 사람들이 참석하도록 우리가 노력해야 한다."라는 나의 본래 취지가 인종차별로 왜곡된 것이 안타까울 뿐이다.

국경과 인종을 넘어선 인술의 길, 진심은 왜곡되지 않는다

인생의 긴 여정을 지나오며 예상치 못한 오해의 벽에 부딪힐 때처럼 고통스러운 순간은 없다. 평생을 환자의 생명을 지키고 의료의 공공성을 위해 헌신해 온 나에게, 대한적십자사 회장 퇴임 당시 불거진 논란은 쉽게 지워지지 않는 깊은 상처로 남았다. 국정감사에서 제기된 그 낙인은 내가 평생 지켜온 삶의 철학과 정반대되는 것이었기에 더욱 처절하게 아팠다. 나는 단 한 번도 인종이나 국적으로 사람을 차별한 적이 없으며, 도리어 아프리카 대륙의 잠재력을 믿고 그곳에서 온 소중한 인연들과 깊은 우정을 나누며 살아왔다. 내 의도와 다르게 전달된 말 한마디가 내 인생 전체를 규정하는 잣대가 되었을 때, 나는 깊은 침묵 속에서 내가 걸어온 길을 다시 되짚어 보았다.

사람들은 나를 차가운 편견의 시선으로 바라보았지만, 내 일상 속에는 누구보다 가까운 외국인 친구이자 스승이 있었다. 카메룬에서 온 비탈리스와의 인연이다. 한국에서 박사과정을 밟고 있던 그에게 나는 3년이라는 긴 시간 동안 영어 회화 과외를 받았다. 단순히 지식을 전수받는 관계를 넘어, 우리는 함께 식사를 하고 파티를 즐기며 국적과 인종을 초월한 인간적인 유대를 쌓았다. 만약 내 마음속에 일말의 편견이 있었다면, 그를 그토록 오랜 시간 개인적 공간에 초대하고, 삶의 고민을 나누는 일은 결코 가능하지 않았을 것이다. 비탈리스와 함께 웃으며 보낸 시간은 나에게 외양의 차이보다 중요한 것은 영혼의 진정성이라는 사실을 다시금 일깨워 주었다.

이러한 나의 진심은 내가 운영하는 H+양지병원의 행보와 대한적십자사 회장으로서의 활동에서도 고스란히 증명된다. 나는 시에라리온의 파티마 마아다 비오 영부인을 만나 보건위생 분야에 대해 앞으로 시에라리온적십자사 등과 협력해 아프리카 인도적 위기 해소를 위한 방안에 대해 의견을 나눴다. 또한 H+양지병원은 오래전부터 아프리카 국가들과 긴밀한 보건의료 협력 관계를 맺어왔다.

2022년 12월, 잠비아의 에드거 룽구 전 대통령 내외가 우리 병원의 선진 의료시스템을 배우기 위해 방문했을 때, 나는 그들을 진심 어린

건강검진을 위해 양지병원을 방문한 잠비아 전 대통령 부부와 함께

환대로 맞이했다. 이어 2023년 5월에는 서아프리카 베냉의 토마스 야이 보니 전 대통령이 종합건강검진을 위해 H+양지병원을 직접 찾았다.

나의 시선은 늘 더 넓은 세상을 향해 있다. 2025년 11월, 에티오피아의 데시 달키 두카모 대사와 사절단이 H+양지병원에 방문했을 때 우리는 아프리카 대륙 전체에 양질의 진료를 알리기 위한 국외 협약을 논의했으며 협조를 약속했다. 특히 스리랑카와의 인연은 매우 각별하다. 2023년 직접 스리랑카를 방문해 Nawaloka Holdings Group(스리랑카의 대기업)에서 운영하는 Nawaloka Hospital PLC의 병원 경영 컨설팅을 진행했다.

내가 적십자사 회장으로 일하던 2023년 11월에는 마힌다 야파 아베와르다나 스리랑카 국회의장 내외를 비롯하여 쿠샤니 로하나디라 국회 사무총장 등 고위급 사절단 7명이 한국을 방문했다. 멀리서 한국까지 찾아온 그들을 환대하기 위해 나는 국회의 외교통일위원회 김석기 의원(2024년 6월에 위원장 취임), 스리랑카 대사를 역임했던 정운진 대사(당시 국회 외교특임대사) 등을 초청해 롯데호텔에서 만찬을 대접했다.

또한 대한적십자사 사무실에서 간담회를 열어 협력 방안에 대해 심도 있는 이야기를 나눴다. 스리랑카 대표단은 국회를 방문해 김진표 국회의장을 만났다. 한국과 스리랑카 양국 간의 우호를 다지고 문화와 경제 여러 분야에서 교류를 활성화시킬 것을 협의했다. 나는 단순히 의료

협력을 넘어 H+양지병원을 이끄는 의료인으로서 스리랑카의 여러 사업 관계를 우리나라 기업들과 연결해 주는 가교 역할을 자처하며, 양국 간의 실질적 파트너십을 다지는 결실을 보았다.

양지병원을 방문한 주한스리랑카대사

정치적 논란 속에서 내 진심이 가려졌던 시간은 참으로 고단했다. 하지만 내가 만난 사람들, 내가 내민 손길, 그리고 시에라리온에서 스리랑카에 이르기까지 이어온 구호와 협력의 역사만큼은 결코 거짓을 말하지 않는다. 카메룬 국적의 영어 선생님과 격의 없이 지내고, 아프리카 각국 지도자들의 건강을 살피며, 그들의 보건 인프라 구축을 위해 고민해 온 나의 행보 자체가, 이미 나를 설명하는 가장 분명한 답이기 때문이다.

혹여 나의 부족한 표현으로 인해 상처받은 분들이 있다면 다시 한번 유감을 표하며, 남은 생애 또한 변함없이 국경과 인종을 초월한 사랑을 실천할 것이다. 진실은 결국 마음에서 마음으로 흐른다는 것을 믿기에, 나는 오늘도 그 믿음의 길을 묵묵히 걸어간다.

앞으로도 따뜻한 지원과 후원을 계속할 것

나는 대한적십자사 회장으로 봉직한 815일 동안 무척이나 바빴으며 그만큼 행복했다. '인생의 마지막 공적 봉사'로 받아들이며 열심히 일했기 때문이다. 50여 년의 의료인 경험과 다양한 기관의 회장을 지낸 경험을 바탕으로 적십자에 진정으로 필요한 것이 무엇인가를 검토하여 일을 추진했다.

대한적십자사 창립 119년 만에 처음으로, 그동안의 업적을 정부에 설득해 대통령 훈포장을 제정하게 되었다. 이 훈포장은 그간 헌신해 온 봉사자와 기부자, 헌혈자, 그리고 RCY 단원들에게 수여되었다.

또한 소외된 이들을 위한 누구나진료센터를 추가로 개소하고, 공공의료 기관으로서 적십자병원의 개혁, 재난대응의료팀 설치, 치매 예방, 자살 예방, 다문화가족을 위한 다문화학교 등 다양한 활동을 펼쳐왔다. 아울러 제2인재개발원과 제주지사 신사옥을 마련했으며, 인재개발원은 앞으로 적십자 가족들의 교육과 힐링을 함께 하는 공간으로 활용될 것이다.

더욱 중요한 성과는 기부와 후원 확대였다. 자발적 봉사와 나눔을 기반으로 하는 적십자의 특성에 비추어 볼 때, 이는 매우 의미 있는 변화였다. 2024년 적십자의 일반회비는 411억 원으로 목표 대비 112%를 달성했으며, 후원회비는 522억 원으로 전년보다 55억 원 증가해 11.8% 성장했다. 적십자 120년 역사상 후원회비가 500억 원을 넘어선 것은 이때가 처음이었다.

나는 재원을 늘리기 위해 2년 동안 불철주야로 뛰어다녔다. 하루에도 수십 차례 전화를 걸었고, 직접 찾아가 만났다. 구두 뒷굽이 닳을 정도로 돌아다닌 결과 약 500억 원을 넘게 모금한 것이다. 그 후원금은 재난 구호, 소외된 이웃들에게 돌아갔다. 후원해 주신 개인과 기업 모두에 깊은 감사를 드린다.

사족蛇足을 덧붙이면, 나와 아내는 적십자에 각 1억 원을 기부했다. 이를 자랑하려는 것이 아니라 내가 그만큼 적십자를 사랑했다는 뜻이다. 또한 앞으로도 적십자를 사랑하고 후원할 것이다. 돌아보면 적십자 회장을 맡은 2023년 8월부터 나는 무척 행복한 나날을 지냈다.

양지병원을 운영하기 전인 1976년부터, 아내와 나는 평범하게 살아가는 이웃들을 돌보겠다는 마음으로 의사로서의 길을 걸어왔다. 그 마음이 사람들에게 받아들여져 오늘의 H+양지병원으로 성장했으며, 지금도 우리 병원의 최우선 가치는 봉사다.

H+양지병원의 방문객(환자)은 대한민국을 넘어 130개국에서 온다. 그 130개 나라의 국기가 병원 1층 기둥에 붙어 있다. 사실상 전 세계 나라에서 환자가 오는 것이다. 나를 비롯해 우리 병원 직원들은 언제나 그들을 따뜻하게 맞이하며 최선을 다한다. 도움이 더 절실한 환자들에게 더욱 정성을 기울이는 것이 나와 우리 병원의 신념이다. 이러한 봉사 정신을 평생 실천해 온 나에게 인종차별이라는 프레임이 씌워진 것은 깊은 안타까움을 넘어 일부 정치적 인식이 개입된 결과라는 아쉬움을 지울 수 없다.

그럼에도 나는 행복하고 보람찬 815일을 보냈다. 국내외 현장에서 만난 적십자사 봉사원들, 헌혈자들, 후원자들, RCY 단원들과 지도자들, 직원들에게 다시 한번 깊은 감사 인사를 보낸다. 대한적십자사와 인연을 맺은 사람으로서 앞으로도 따뜻한 지원과 후원을 이어갈 것이다.

새로운 비전으로 인도주의 활동에 더욱 매진해 주시기를

사랑하는 적십자 가족 여러분,

먼저 저의 부족함으로 대한적십자사 회장직에서 물러나게 되어 죄송하고 다시 한번 직원 여러분께 깊이 사과드립니다. 그리고 재임기간 동안 함께해 주신 모든 적십자 가족 여러분께 깊은 감사의 뜻을 표합니다.

회장으로 취임하던 순간, 저는 제 삶에 주어진 마지막 소명이자 봉사라는 마음으로 적십자의 발전과 인도주의 실현을 위해 최선을 다할 것을 다짐했습니다. 매일 새벽 마음을 가다듬으며 책임을 다하기 위한 각오를 새롭게 했던 시간들이 지금도 생생합니다.

돌아보면 부족한 점도 많았지만, 여러분의 협력과 응원 덕분에 여러 과제들을 함께 해결하며 의미 있는 성과를 거둘 수 있었습니다. 이 모든 것은 제 개인의 것이 아니라 여러분의 노력과 헌신 덕분입니다.

재임 기간 동안 저는 국내외 재난 현장을 가장 먼저 찾아 봉사하는 임직원들과 봉사원들의 헌신을 가까이에서 보았습니다. 그 현장에서 여러분과 함께할 수 있었던 시간은 제게 큰 영광이었습니다. 또한 국내외 구호 활동, 치매 돌봄, 자살 예방, 다문화 지원 등 다양한 인도주의 과제를 추진하며, 저는 여러분의 열정과 노력이야말로 적십자를 움직이는 가장 큰 힘임을 깊이 깨달았습니다.

사랑하는 적십자 가족 여러분!

위기 속에서 묵묵히 인도주의 정신을 실천하신 여러분의 헌신을 보며 저의 가슴이 뿌듯했습니다. 산불과 수해 등 각종 재난 현장에 가장 먼저 달려간 직원들과 봉사원들, 생명을 나누어 주신 헌혈자들, 그리고 이름 없이 후원해 주신 많은 분들 덕분에 적십자는 늘 희망의 등불을 밝힐 수 있었습니다. 여러분의 헌신은 제게 큰 자부심이자 영원히 잊을 수 없는 감동으로 남아 있습니다. 새로운 회장이 취임하면 그분과 함께 저의 부족했던 부분은 메꾸어 주시고, 새로운 비전으로 인도주의 활동에 더욱 매진해 주시기를 바랍니다.

사랑하는 적십자 가족 여러분,

저는 아직도 적십자 꿈을 꿉니다. 적십자에 대한 열정이 저를 깨우곤 합니다. 또한 제가 하는 사업처럼 애정을 가지고 임했습니다. 부디 저의 공과 과를 넘어 더 성숙한 인도주의 실천을 향해 나아가 주시기 바랍니다. 어려운 이웃과 재난으로 고통받는 이재민들에게 언제나 희망이 되어 주시기를 당부드립니다.

끝으로 제가 임기 중 추진했던 주차장 부지 신축, 제주지사 이전과 인재개발원 제주캠퍼스 완공을 통한 적십자 가족의 교육과 힐링의 장소 마련, 그리고 서울지사 이전 부지 확보와 서울적십자병원을 한층 증축하고 적십자중앙의료원으로 발전하기를 기원하며 부탁드립니다.

여러분과 함께한 시간은 제 인생에서 가장 뜨겁고 의미 있는 시간이었습니다. 저는 앞으로도 적십자의 발전을 진심으로 응원하겠습니다. 적십자 인도주의 운동과 적십자 가족 여러분의 앞날에 무궁한 발전과 안녕이 함께 하길 기원합니다. 그동안 함께해 주신 모든 분들께 다시 한 번 깊이 감사드립니다. 감사합니다.

2025년 12월 1일 퇴임식
대한적십자사 서울사무소 4층 앙리뒤낭홀

46. 제31대 김철수 회장님 업적 보고

국내 최고의 재난구호 전문기관으로서의 기반 강화

김철수 회장님께서 2023년 8월 취임하신 이후, 임직원, 봉사원, RCY, 기부자, 헌혈자들과 하나 되어 적십자 인도주의 운동에 매진하셨으며, 국내 최고의 재난구호 전문기관으로서의 기반 강화에 노력하셨습니다.

먼저, 재난구호 및 안전 사업 성과입니다. 회장님께서는 국내외 주요 재난구호 활동 현장을 대부분 직접 방문하시면서 이재민 지원과 재난구호 시스템 강화에 앞장서셨습니다.

대표적인 재난 현장 운영 성과로는, 2024년 12월 제주항공 여객기 참사 시 긴급재난구호대책본부 설치 및 긴급구조활동 지원, 2025년 5월 영남권 대형 산불 재난 대응을 위한 임직원 및 봉사원 4,323명 활동과 재난대응의료팀(의료ERU) 최초 운영(의료진 12명)을 통한 이재민 118명 진료 및 의약품 등 320건을 지원했습니다.

재난구호 시스템 강화 성과로는, 2024년 재해구호협회에서 수행하던 광역지자체의 재해구호물자 제작·보관 업무를 수탁하여 전국 12개 지자체 구호물자 11,303세트를 신규 제작했고, 전국 17개 광역시도 재난심리회복 지원 업무를 전담하는 직원 정원 17명을 기획재정부로부터 확보하셨습니다.

안전교육 확대 성과로는, 안전교육 차량 제작을 통해 12,112명이 안전교육을 수료하였고, 온라인 응급처치교육 확대 노력을 통하여 약 4만 6천 명이 안전교육을 수강하였습니다.

국외 구호 및 복구 지원에도 앞장섰습니다. 국외 재난 구호사업을 위해 19개 나라에 약 778억 원 상당을 지원하였고, 특히 튀르키예·시리아 지진의 구호를 위해 402억 원, 우크라이나-러시아 전쟁 피해자 지원을 위해 330억 원을 모금하여 지원했습니다.

글로벌 협력 강화의 대표적 성과로는 2023년 대한적십자사와 국제적십자사연맹(IFRC), 외교부 간의 3자 업무협약MOU 체결하여 기후변화와 감염병 등 복합 위기 상황에서의 다자협력을 한층 강화하였으며, 약 180억 원 규모의 '분쟁 취약국 물과 평화 사업' 및 '지역사회 기반 위험 감소 프로그램ICBRR' 지원 사업을 성공적으로 추진하였습니다.

다음으로, 사회봉사 및 청소년적십자 사업 성과입니다. 회장님께서는 대한민국이 맞닥뜨리고 있는 주요 사회 이슈 대응과 청소년 문제 해결에 앞장서셨습니다. 사회 이슈 대응을 위한 봉사사업으로는, 2024년부터 종합적인 치매예방 사업을 전개하여 직원 480명, 봉사원 5,248명이 치매 파트너 관련 교육을 수료하였고, 전 지사가 치매극복 선도단체로 지정·운영되는 성과를 이루었습니다. 이러한 노력으로 대한적십자사는 2025년 노인정책 추진 유공으로 대통령 표창을 수상하는 쾌거를 이루었습니다.

아울러 '이주민 맞춤형 지역 특화사업'을 전개하였고, 보호 종료 아동을 대상으로 사회적 고립 해소를 위한 사회 정착 지원도 안정적으로 추진하였습니다. 청소년적십자사를 위해서는 한국외국어대와 함께 RCY 글로벌 리더 프로그램을 운영하여 총 102명이 참여한 글로벌 캠퍼스 교육을 진행하여 청소년 글로벌 리더 양성에 기여하셨습니다.

다음으로, 모금 및 홍보 사업 성과입니다. 회장님께서는 적십자회비 종료에 따른 대체 재원 마련과 국민 참여 노력에 힘쓰셨습니다. 대표적인 모금 총량 증대 성과로는, 2024년 적십자 후원회비 연간 모금액 최초 500억 원 돌파, 적십자회비 400억 원대 지속 유지, 기부금품 약 2,420억

원 모금의 성과를 이루셨습니다. 또한 본사 중심의 후원회비 모금 전략도 성공적으로 안착시켰습니다. 아울러, 고액 기부 활성화에 크게 기여하셨습니다. 전국적으로 2년간 총 87명의 아너스클럽 신규 회원 가운데, 회장님께서 직접 23명을 유치하셨고, 대한적십자사 창사 이래 최초로 가상화폐 기부를 유치하셨으며, 10억 원 클럽을 론칭하셨습니다. 또한 회장 자문위원회를 조직하여 약 6억 원 상당의 기부금을 모집하셨고 기업 및 단체의 적십자사 인도주의 참여 활성화를 도모하셨습니다.

대국민 캠페인 및 홍보 성과로는, 2025년 적십자와 함께하는 독립유공자 후손 돕기 마라톤대회, 대한적십자사 창립 120주년 및 광복 80주년 기념 음악회의 성공적 개최 등이 있으며, 이를 통해 대국민 모금 캠페인 활성화와 창립 120주년 적십자 홍보 확산에 공헌하셨습니다.

다음은 공공의료 사업 성과입니다. 회장님께서는 병원 경영 정상화와 공공의료 역량 강화에 큰 역할을 하셨습니다. 공공병원 경영혁신 지원금 76억 원과 필수의료 강화 지원사업비 2년간 360억 원을 확보해 적십자병원 발전의 기반을 마련하셨습니다. 아울러 경영진단을 통해 병원별 중장기 전략목표와 과제를 정립하고 혁신을 이끌어 오셨습니다.

취약계층 의료지원을 통한 공공의료 강화 성과로는, 재난대응의료팀을 출범시켜 이재민과 의료 인프라 취약 지역 주민에게 의료서비스를 지원하였고, 통영·서울·상주 적십자병원에 '누구나 진료센터'를 추가 개소하여 타 공공의료 사업과 차별화된 지역 맞춤 취약계층 의료지원을 강화하셨습니다.

다음으로, 혈액 사업 성과입니다. 회장님께서는 혈액 사업 재원 안정화와 헌혈 문화 확산에도 앞장서셨습니다. 대표적인 혈액 사업 안정화 성과로는, 혈액 수가(酬價) 인상으로 매년 약 96억 원의 안정적인 재원 마련의 기틀을 마련하셨고, 의정 갈등 등 부정적 외부 환경에서도 혈액 보유 일수 적정 단계인 5일분 이상의 혈액을 지속적으로 보유할 수 있게 하셨습니다.

헌혈 문화 확산 성과로는 2023년 10월 4일, 전라북도 '도민 헌혈의 날'을 전국 최초로 선포하여 안정적인 혈액 수급을 위한 6개 헌혈의집 신설 및 노후 헌혈의집 17개소를 개선했습니다. 이를 통해 개인 헌혈 실적 6만여 건이 증가되었습니다. 나아가 혈액 안전 강화로는, 혈액 노후 장비 교체로 고장 발생이 큰 폭으로 줄었으며, 이를 통해 안전한 혈액 확보에 기여하셨습니다.

마지막으로, 발전 기반 성과입니다. 회장님께서는 대한적십자사 창립 120주년을 맞이하며, 다가올 100년을 위한 사업 기반 강화에 큰 성과를 이루셨습니다. 적십자 가족 예우 강화와 국민 신뢰도 제고 성과도 여러 분야에서 나타났습니다.

2024년 대한적십자사 인도주의 활동 유공 정부 포상을 적십자 119년 역사에서 최초로 신설하셨습니다. 그 결과 6개 분야 총 30명이 정부 훈·포장과 대통령 표창, 국무총리 표창을 수상하는 쾌거를 이루었습니다. 또한 공공기관 종합 청렴도 평가에서 4년 연속 2등급을 달성하여 대한민국 국민들로부터 신뢰받는 적십자사를 만드는 데 크게 기여하셨습니다.

주요 사업 인프라 강화 성과로는, 본사 서울사무소 주차장 신축과 지구단위계획 변경에 따른 용적률 상향으로 적십자사 자산가치를 크게 증가시키셨습니다. 제주지사 신사옥 매입 및 인재개발원 제주캠퍼스 설립으로 제주지역의 활동을 넓히고 미래 성장동력을 강화하셨으며, 제주캠퍼스를 활용하여 임직원과 봉사원 및 후원자들을 온전히 예우할 수 있게 하셨습니다.

한편, 적십자 인도주의 이념 강화 성과로, 2024년 9월 표시표장을, 2025년 7월 보호표장을 상표 등록하여 표장 오남용에 대한 법과 제도적 보호조치를 강화하였습니다. 그뿐만 아니라 표장의 보편적 존중과 보호 인식을 확산하셨습니다.

지금까지 제31대 김철수 회장님의 주요 업적을 보고하였습니다.

2025년 12월 1일 퇴임식

47. 직원 송별사

감사드릴 일이 너무나 많은
김철수 회장님께

(작성 : 임영옥 모금전략본부장)
(낭독 : 강은주 사회협력팀장)

존경하는 김철수 회장님,

적십자 직원을 대표하여 회장님께 송사를 드리게 되어 감사한 마음이지만 한편으로는 너무 빨리 다가온 이임의 순간에 가슴 한켠이 먹먹해집니다.

2023년 8월, 이곳 적십자 강당을 가득 채웠던 취임식의 열기를 우리는 아직도 생생히 기억합니다. 발 디딜 틈이 없던 축하객들과 현관을 가득 메운 쌀 화환들은 회장님에 대한 사회의 기대와 신뢰를 보여주었습니다. 취임 이후, 선뜻 1억 원을 쾌척하시며 "인도주의 사업에 보태라" 하셨고, 그 뜻에 공감한 기부자들이 잇따라 동참했고, 저희 모금본부 직원들은 만나는 이들에게 회장님의 통 큰 기부와 그 선한 영향력을 자랑하느라 한동안 설렘과 자부심에 차 있었던 기억이 있습니다.

취임 6개월 만에 2년 이상 공연 스케줄이 꽉 차 있다는 서울시향과 적십자 가족을 위한 음악회를 개최하도록 해주셨고, 그리고 올해도 외부 후원금을 이끌어내시며 강릉시향과 광복 80주년 기념 음악회를 열고 세계적인 피아니스트 김선욱 씨도 참여시켜 품격 높은 공연을 적십자 가족과 독립유공자 후손들에게 보여주기도 하셨습니다.

회장님은 몸이 독감으로 천근만근일 때도, 또 어떤 때는 수술로 안정을 취해야 한다는 의사의 만류에도 아랑곳하지 않으시고 재난이 난 곳 그 어디든 언제든 새벽길을 나서셨던 것을 우리는 잘 알고 있습니다. 방탄조끼를 입고, 가족에게는 유사시 당부 사항까지 남기시고 우크라이나 전쟁터로 달려가셨던 모습, 직장인이라면 누구나 쉬고 싶어 하는 주말에도 여러 차례 의료 취약 계층을 위해 '누구나진료센터'에서 청진기를 잡으셨던 모습을 우리는 잘 기억하고 있습니다.

회장님께서 소개한 지인분들이 고액 기부자 '레드크로스 아너스클럽'에 가입하실 때면 함박웃음으로 아이처럼 기뻐하시던 모습. 열악한 적십자 재정을 위해 누구보다 앞장서 뛰셨고 애써주셨음을 저희들은 잘 알고 있습니다.

120년간 다양한 인도주의 활동을 이어왔음에도 정부 훈포장이 없었음을 안타깝게 생각하시고 이를 해결해 주신 회장님. 감사드릴 일이 너무나 많습니다.

항상 어두운 5층 집무실에서, 외부 손님이 오실 때만 전등 하나 더 켜시던 근검과 절약이 몸에 배신 그러나 적십자를 위해서는 항상 넉넉하셨던 회장님. 구내식당에서 자주 마주치던 언제나 소탈하고 편안한 모습의 회장님. 이제는 그런 회장님이 너무나 그리울 것 같습니다.

적십자의 회장님이셔서 감사했습니다.
앞으로 늘 건강과 행복이 가득하시기를 진심으로 기원합니다.

회장님 정말 감사합니다.

2025년 12월 1일 퇴임식
대한적십자사 직원들을 대표하여

존경하는 중앙위원님.

새로 오실 회장님과 함께 저의 부족함을 채우고 더 큰 비전으로 적십자 인도주의 운동을 이끌어
주시기를 부탁드립니다. 부디 저의 공과를 넘어 더욱 성숙한 인도주의 운동으로 나아가 주시기를
바라며, 어려운 이웃과 재난으로 고통받는 이재민들에게 언제나 희망이 되어 주시길 당부드립니다.
아울러 제 임기 중 추진하던 본사 주차장 부지 신축, 제주지사 이전과 인재개발원 제주 캠퍼스 완공,
서울지사 이전 대지 확보, 서울적십자병원의 중앙의료원으로 전환 등의 사업이 잘 진행될 수 있도록
살펴 주시기를 부탁드립니다.

적십자 가족과 함께한 시간은 제 인생에서 가장 뜨겁고 의미 있었던 시간이었습니다.
저는 앞으로도 적십자의 발전을 변함없이 응원하겠습니다. 적십자 인도주의 운동과 중앙위원님의
앞날에 무궁한 발전과 평안이 늘 함께하길 기원합니다.

감사합니다.

2025.12 김철수 드림.

HANYANG UNIVERSITY FOUNDATION

존경하는 김철수 이사장님!

그동안 노고 많으셨습니다.
회장님의 수고가 국가발전과 적십자사 활동에
큰 역할을 했다고 생각합니다.
앞으로도 일터와 가정에 무탈과 안녕을 기도 드립니다.

학교법인 한양학원 이사장 김 종 량

HANYANG UNIVERSITY FOUNDATION

학교법인 한양학원 김종량(金鍾亮) 이사장님이 보내주신 글

48. 특별 기고 1

인종차별 바로 알기

임정혁

법무법인 산우 대표 변호사
전 대검찰청 차장검사, 전 서울고검 검사장
사단법인 이디오피아벳(Ethiopia bet) 명예이사장

최근 우리나라는 OECD 기준 아시아 최초의 다인종·다문화 국가가 되었다. 현재 우리나라 전체 인구의 5%를 넘는 비율이 이주민이며, 앞으로 더욱 다양한 민족과 문화가 공존하는 사회로 나아가게 될 것으로 보인다. 이처럼 우리나라의 이주민이 증가하여 다인종·다문화 국가가 됨에 따라 새롭게 대두되는 문제가 바로 인종차별이다. 과거 우리나라는 공중파 개그 프로그램에서 얼굴을 검게 칠하는 이른바 '블랙페이스 Black Face' 분장을 그대로 방송에 내보낼 정도로 인종차별에 대한 인식이 매우 낮았다. 그러나 다문화 국가로 전환되고 글로벌 흐름 속에 놓이면서, 인종차별에 대한 사회적 경각심도 점차 커지고 있다.

그렇다면 과연 인종차별이란 무엇일까?

미국 평등고용기회위원회U.S. Equal Employment Opportunity Commission에 따르면 인종차별이란, 사람의 인종 또는 인종(머릿결, 피부색, 또는 얼굴 모습 등)에 관련된 개인의 특성에 따른 불리한 대우를 포함하는 것으로, 피부색 차별은 사람의 피부색에 따라 불리한 대우를 하는 행위이다. 즉 인종이나 그와 연관된 개인의 특성에 따라 상대방을 차별하는 행위가 인종차별인 것이다.

이를 법적으로 구체화한 것이 바로 차별금지법이다. 미국에서는 1960~70년대에 연방 차별금지법을 제도화하였다. 그 구체적인 내용은 인종, 임신, 피부색, 국적, 연령, 장애 등에 따라 사람을 차별대우하는 것을 금지하는 것이다. 종합하자면, 인종의 특성에 따라 상대방을 차별대우하는 행위는, 법적인 처벌 및 손해배상 의무를 부담하게 되는 협의의 '인종차별'인 것이고, 인종의 특성에 따라 사람을 비하하는 등의 행위를 하는 경우가, 우리가 흔히 말하는 광의의 '인종차별'인 것이다.

이러한 맥락에서 보자면, 우리가 일상생활에서 인종의 특성에 따라 사람을 비하하거나, 행동을 통해 인종을 희화화하는 경우 광의의 '인종차별'에 해당하게 되는 것이다. 그렇기에, 본래 흑인을 비하하는 목적에서 사용되었던 '블랙페이스Black Face' 분장이 '인종차별'이란 비난을 받게 된 것이고, 흔히 칭찬이라는 명목으로 "흑인은 어떻다", "백인은 어떻다"와 같이 특정 인종을 일반화하는 발언 또한 '인종차별'에 해당하게 되는 것이다.

하지만 그렇다고 인종의 특성을 지칭하는 표현이 곧바로 인종차별이 되는 것은 아니다. 단지 해당 인종을 지칭하여 부르기 위하여 사용하는 경우 등에 있어서는, 인종의 특성에 해당하는 피부색을 지칭하는 단어를 사용하기도 한다.

예를 들어 미국의 전국 공영 라디오인 NPRNational Public Radio에서 2018년 3월 13일 기고한 인구 조사 추적 시리즈를 보자면, 그 제목이 '2020 Census Will Ask Black People About Their Exact Origins' 이다. 즉 인종차별에 민감한 미국에서, 그것도 공영방송에서조차 흑인의 피부색을 지칭하는 'Black'이라는 용어를 사용하고 있다. 이처럼 어떠한 비하의 의도 없이 단순히 해당 인종을 지칭하기 위한 목적이라면 Black 등의 피부색을 표현하는 단어를 사용하더라도 문제 삼지 않고 있다는 것을 알 수 있다.

이처럼 인종차별에 민감한 미국에서조차, 비하의 의도 없이 피부색으로 특정 인종을 지칭하는 표현은, 흔히 사용되고 있고 인종차별로 분류되지 않고 있으나, 오히려 우리나라의 경우, 피부색을 지칭하는 단어인 Dark, White, Black 등을 사용하였다고, 그 즉시 인종차별에 해당한다고 비난하는 사례가 늘고 있다.

물론 과거처럼 인종차별에 무감각했던 때와 비교하면 분명 진전이라 할 수 있으나, 어떠한 비하의 의도 없이 단지 그들을 지칭하여 부르기 위해 -Yellow(황인종)라고 불리는 사람들의 경우 대부분 아시아 지역에 머물고 있으나, 과거 노예제도의 폐해로 Black(흑인)이라 불리는 사람들의 경우 다양한 지역에 퍼져있어, 아시아인과 다르게 지역으로 지칭하기 어렵다- Black, White, Dark[의학계에선 Dark (Skinned) person 이라는 용어를 사용한] 등의 표현을 사용하는 것까지 모두 인종차별이라고 보는 것은 과도한 해석일 수 있다.

당연하게도 해당 인종 앞에서 위와 같은 용어를 사용하는 것은, 비하의 의도가 없더라도 문제가 될 소지가 존재한다. 그러나 특정 인종 집단이 없는 상황에서, 비하의 목적 없이 단순 지칭을 위해 사용한 표현까지 비난의 대상으로 삼는 것은 과도한 비판일 수 있다. 즉, 피부색을 지칭하는 표현을 사용했다고 해서 그것이 곧바로 인종차별에 해당한다고 단정할 수는 없다. 해당 표현이 사용된 맥락과 의도, 그리고 상대방과의 관계나 상황 등을 종합적으로 고려해야만 그 발언이 '인종차별'에 해당하는지 여부를 보다 정확하게 판단할 수 있다.

만약 그 맥락과 상황에 대해 정확히 알지 못한 채, 피부색을 지칭하는 단어를 사용하였다는 이유만으로 그 사람이 '인종차별'을 하였다고 비판하게 된다면, 이는 인종차별의 정확한 정의를 이해하지 못한 상태에서의 비판이자, 지나치게 과도한 비판이라고 볼 수 있을 것이다.

필자는 현재 외교부로부터 인가받은 사단법인 '이디오피아벳'Ethiopia bet이라는 한국·에티오피아 간 민간교류 단체의 명예이사직을 맡고 있다. 에티오피아의 장관 등 고위 정계 인사와 기업인들을 자주 접하면서 느낀 점은, 그들의 문화적·인종적 자부심은 결코 우리에 뒤지지 않는다는 사실이었다. 이런 필자의 경험에 비추어 볼 때, 상황을 고려하지 않고 단어에 집착하여 어쭙잖게 '인종차별'을 논란 삼고 트집 잡는 이들이야말로, 삐뚤어진 우월의식에 사로잡힌 것은 아닌지 하는 생각이 든다.

2026년 1월 12일
임 정 혁

49. 특별 기고 2

피부색을 나타내는 단어를
포함하는 발언의
차별적 발언 해당 여부

장재원*

법률사무소 해화 대표 변호사

1. 검토의 배경 및 대상

앙골라, 인도, 체코, 스리랑카 등 7개국 대사와 대사 부인이 참석한 대한적십자사 주최 공식 행사에서 더 다양한 국가의 참여를 바라는 마음으로 김철수 대한적십자사 회장이 "dark people뿐 아니라 white people도 좀 데려와라."라고 한 발언(이하 '문제의 발언'이라 함)이 인종차별 발언에 해당하지 아니한다는 법무법인(유한) 산우의 자문 의견에도 불구하고, 문제의 발언이 혹시 피부색 차별 발언 또는 그 자체로서 부적절한 차별적 용어 사용에 해

---

* 변호사, 변리사, 세무사, 엔지니어(BC-A), 미국공인회계사(DE)
서울대학교대학원 법학과 박사과정 수료
인하대학교 법학연구소 총서1 소수자인권(2012) 중 "결혼문화의 차이와 이주민의 가족결합권" 저자
김·장 법률사무소(전)
법무법인 양헌(전)
디자인분쟁조정위원회 분쟁조정위원(전)
서울시립대학교(전; 담당과목 : 과학기술과 법, 지식재산권법, 인터넷법)

당하는지 여부도 또한 이슈가 될 소지가 있는 바, 문제의 발언이 피부색 차별 발언에 해당하는지 여부 및 그 자체로서 부적절한 차별적 용어 사용에 해당하는지 여부를 검토함.

2. 피부색 차별 발언 해당 여부

인종차별이 인종에 관련된 특징에 따라 이루어지는 차별인 것과 달리 피부색 차별, 소위 컬러리즘colorism은 동일 인종 내의 개인적 차이로 나타나는 피부색에 따라 이루어지는 차별까지를 포함하기 때문에[1] 인종차별 발언에 해당하지 않는 발언 중에도 피부색 차별 발언에는 해당하는 것이 있을 수 있음.

그러나 피부색 차별의 성립 요건으로서 반드시 차별 의도가 필요하지는 않더라도, 개인적인 것이든 아니면 발언자가 속한 집단의 사회적 또는 문화적인 것이든, 최소한 특정 피부색에 대한 '선호preferences'가 배경이 되는 발언인 경우에만[2] 그 발언이 피부색 차별 발언에 해당할 수 있음.

그런데 한국인들은 대부분 오랜 역사와 전통에서 비롯된 한국적 표준에 따른 외모 기준을 갖고 있고, 최근에는 한류 열풍 등으로 그러한 한국적 표준에 따른 기준이 한층 더 강화되는 추세를 보이고 있는 바,[3] 특별한 사정이 없는 한 피부색에 대한 발언의 배경에 서구적인 백색 피부톤에 대한 선호가 있다고 추정하기는 어려울 것이라 생각됨.

그렇다면 다른 반대 증거가 없는 한 'dark'와 'white'로 피부색을 구분하여 행한 한국인의 발언에 'dark' 피부색에 대한 차별 판단의 전제가 되는 'white'

---

1) Margaret Hunter, The Persistent Problem of Colorism: Skin Tone, Status, and Inequality, Sociology Compass 1/1, 2007, p.237.; https://web.archive.org/web/20250531202624/https://projects.iq.harvard.edu/files/deib-explorer/files/the_persistent_problem_of_colorism.pdf, 최종 접속 2025.12.4.

2) 전게 논문, p.238

3) 2024년 기준 국제결혼에 의한 결혼이민자의 약 90%가 한국인과 외모가 비슷한 아시아주계라는 점이 이를 뒷받침한다.: 국가통계포털 국적(지역)별 결혼이민자 현황 참조.; https://kosis.kr/statHtml/statHtml.do?sso=ok&returnurl=https%3A%2F%2Fkosis.kr%3A443%2FstatHtml%2FstatHtml.do%3ForgId%3D111%26tblId%3DDT_1B040A16%26conn_path%3DI2%26, 최종 접속 2025.12.5.

피부색에 대한 선호가 깔려 있다고 보기는 어렵고, 따라서 문제의 발언을 그 자체로 피부색 차별 발언에 해당한다고 판단하기는 어려울 것으로 생각됨.

3. 부적절한 차별적 용어 사용 해당 여부

한편 어떠한 용어는 그 용어가 사용되는 맥락이나 의도 기타 그 어떠한 외부적 또는 주관적 요소와는 독립적으로 그 사용 자체가 부적절하다는 판단을 받을 수도 있음.

예를 들어, 국가인권위원회는 "엄지손가락만 따로 가르고 나머지 네 손가락은 함께 끼게 되어 있는 장갑"이 '벙어리장갑'이라는 명사로 〈표준국어대사전〉에 수록되어 있음에도[4] '벙어리' 부분이 "언어 장애인을 얕잡아 이르는 말"로서 농아인에 대한 차별적 의미를 담고 있다는 이유로[5] '벙어리장갑'이라는 용어 역시 사용 자체를 자제하도록 권고하고 있음.[6]

어떠한 용어가 객관적으로 볼 때 전체로서 또는 그 일부 구성요소에서 차별적이거나 모욕적인 것을 포함하는 부정적 의미를 내포하는 경우에는 그러한 용어의 사용이 그 자체로서 부적절하다는 판단을 받게 될 위험성이 있을 것임.

그런데 영어권 국가에서 피부색과 관련하여 그러한 부정적 의미를 내포하는 것으로 인식되는 용어는 '명사'로서의 '(a) black'이고, 형용사를 활용한 기술적descriptive 표현은 그 자체로는 문제가 되지 않으며, 특히 'dark'라는 형용사는 피부의 색조가 가질 수 있는 연속적 범위 내에서의 상대적 짙은 정도를 나타내는 지극히 포괄적 의미의 단어이기 때문에 특정 색상을 나타내는 단어보다 청자聽者가 훨씬 덜 불쾌하게 느낄 수 있어서 형용사 'black'의 사용을 의도적으로 회피하고자 할 때 그 대체적 용어로 흔히 사용되고 있음.[7]

---

4) 네이버사전에서 재인용.; https://ko.dict.naver.com/#/entry/koko/b637b166c5694194aa48d8e19d3ea706, 최종 접속 2025.12.5.

5) 고려대 한국어대사전.; 네이버사전에서 재인용.; https://ko.dict.naver.com/#/entry/koko/2c247aade6c34933898ca948288566d4, 최종 접속 2025.12.5.

6) ________, 생각하는 인권: 이제 '엄지장갑'이라고 불러주세요!, 국가인권위원회 웹진 「인권」, 2017.3.; https://www.humanrights.go.kr/webzine/webzineListAndDetail?issueNo=7600997&boardNo=7600989, 최종 접속 2025.12.5.

그렇다면 "dark people"이라는 표현에 사용된 'dark'는 기술적이고 묘사적인 형용사로서 동일한 의미의 전달을 위해 사용될 수 있는 단어들 중 부정적 의미로 받아들여질 위험성이 가장 낮은 부류에 속하는 것이라 할 것이어서, 'dark'가 객관적으로 보아 부정적 의미를 내포하기 때문에 그 사용이 그 자체로 부적절하다고 판단하기는 곤란할 것으로 생각되고, 따라서 문제의 발언이 그 자체로 부적절한 차별적 용어를 사용한 잘못된 발언이라 볼 수도 없을 것이라 생각됨.

4. 결론

문제의 발언은 인종차별 발언에 해당하지 아니하는 외에, 피부색 차별 발언이나 그 자체로서 부적절한 차별적 용어 사용 발언에도 해당하지 아니하여, 다른 특별한 사정이 없는 한 문제의 발언으로 인하여 그 발언자가 법적 책임을 져야 하게 되지는 아니할 것으로 생각됨.

나아가 문제의 발언이 더 다양한 국가의 참여를 바라는 마음으로 이루어진 것이라면 그 동기와 맥락 및 의도 역시 다양한 피부색의 사람들이 어울려 화합하면 좋겠다는 취지와 연결될 수 있을 뿐 차별적이거나 부적절하지는 않다고 판단될 수 있을 것인 바, 문제의 발언을 한 발언자에게 비난 가능성을 전제로 하는 법적 책임이 발생할 가능성은 높지 아니할 것으로 생각됨.

2025년 12월 8일

장 재 원

---

7) 영어 사용자들 간 대인관계 스킬을 공유하는 웹 게시판 'Interpersonal Skills'의 "아프리카계 미국인이 아니면서 짙은 갈색 피부를 가진 사람을 지칭할 때의 올바른 표현은 무엇인가요?(What is the right way to refer to someone with dark brown skin who is not African American?)" 질의응답 참조 : https://interpersonal.stackexchange.com/questions/1671/what-is-the-right-way-to-refer-to-someone-with-dark-brown-skin-who-is-not-africa#:~:text=Someone%20else%2C%20sativaah%20responds%20to%20this.%20People%20of%20Color%20(POC), 최종 접속 2025.12.5.

칼럼과 인터뷰

KBS 아침마당 출연 (2025년 5월 8일)

50.
야생화에 희망을 심다

계절의 여왕 5월이 왔다. 수많은 문장가들이 이 시기를 예찬하는 이유도, 아름답고 풍성한 신록이 가진 힘찬 생명의 약동감을 사랑했기 때문이리라. 싱그러운 대자연의 숨결을 느끼고 싶어 가까운 수목원으로 나선 발걸음에 아내의 한마디가 머릿속을 맴돌았다.

"지금 우리가 즐기는 이 멋진 경치를 다음 세대들이 누릴 수 있을까?"

기후변화는 인류가 직면한 가장 큰 위협 중 하나다. 2023년 3월 발표된 〈기후변화에 관한 정부 간 협의체IPCC〉 6차 보고서는 현재 생태계의 13%가 다른 기후대의 모습으로 변화할 것으로 전망했다. 이는 당장 우리 주변만 봐도 충분히 체감할 수 있다.

대구의 대표 특산물이던 사과가 강원도로 북상했고, 흑산도를 호령하던 홍어를 인천 앞바다에서, 제주도 인근이나 남해에서나 잡히던 방어가 이제는 동해 주문진에서도 흔히 볼 수 있으니 말이다.

특히 이미 기후변화로 인한 지각변동이 일어나고 있는 한반도에서 우리가 심각하게 주목해야 할 곳이 민통선이다. 우리나라에서 산림 생태계가 가장 잘 보전된 곳으로 첫손 가는 민통선이 해마다 반복되는 폭우와 가뭄으로 척박한 돌밭으로 변해가고 있다. 토양이 없는 땅에선 식물이 자랄 수 없고, 꽃이 사라지면 꿀을 먹고사는 나비, 벌, 나방도 사라지는 것이 자연의 섭리다. 최근 심각한 이슈인 '꿀벌 집단 실종'에 우리가 경각심을 가져야 하는 이유는 식량안보와 직결되기 때문이다. 농작물의 70%는 꿀벌이 꽃가루를 옮겨줘야 하는데, 꿀벌이 사라지면 인공화분을 의존할 수밖에 없고, 이는 결국 전 세계적인 곡물 가격 상승을 불러온다. 이를 막기 위해 지금 할 수 있는 일은 꿀벌이 좋아하는 식물을 심는 것이다. 대한적십자사가 산림청, 한국수목원정원관리원과 함께 수해와 산불로 멍든 민통선 지역에 표토층을 깔고 꿀벌이 좋아하는 토종 야생화인 개느삼·털개회나무·벌개미취를 심어 산림생태복원을 진행한 이유이기도 하다.

기후변화, 탄소중립의 중요성이 부각되면서 이제 어느 조직을 가더라도 ESG 경영을 강조하고 있다. 이는 조직뿐 아니라 개인에게도 주어진 당연한 시대적 사명이다. 일회용품이나 음식물 쓰레기를 줄이고, 대중교통을 이용하는 등 일상생활에서 작은 실천에 힘써야 한다.

아마 나이 지긋한 세대들은 1954년 미국이 '노아의 방주'라는 작전명으로 150만 마리에 달하는 꿀벌과 염소, 돼지, 닭 등의 축산물을 우리나라에 지원했다는 사실을 기억하고 있을 터다. 이 프로젝트가 전쟁으로 초토화된 산림을 복원하고 빈곤을 벗어나는 디딤돌이 되었듯 내가 심는 야생화가 기후위기를 극복하는 마중물이 될 수 있다. 오늘 심은 한 그루의 야생화가 지금 당장은 작고 초라해 보여도 모두의 힘으로 더 많은 꽃들이 모이면 장차 우리 아이들이 행복하게 살 수 있는 지구를 위한 큰 선물이 된다.

조만간 아내와 다시 수목원 산책을 준비하며 지난번 미처 답하지 못했던 이 말을 전하고자 한다. "이 멋진 경치를 다음 세대들도 온전히 누릴 수 있도록 더 늦기 전에 우리 어른들이 나서서 최선을 다할 것"을 약속하겠노라고.

- 〈매일경제〉 2024년 5월 5일

51.
인생의 길잡이별

북극성은 길잡이별로 불린다. 위치가 거의 바뀌지 않고 1년 내내 밝게 보여서 옛날 여행자들이 북극성을 길잡이 삼아 방향을 잡았기 때문이다. 인생의 여정에도 북극성이 필요한 순간이 있다. 나에게 그 역할을 해주신 분은 나이 차가 많이 나는 두 형님이었다. 부모님을 일찍 여의고 어려웠던 시절, 두 형님은 철부지였던 나를 너른 가슴으로 보듬고 바른 길로 인도해 주셨다.

고등학교 영어 선생님이었던 큰형님은 학생들에게 존경받던 교사였고, 한집에서 함께 생활하던 나에게도 본받고 싶은 좋은 스승이었다. 둘째 형님 역시 국영기업 취업 후 경제적 지원뿐 아니라 때로는 꾸지람과 격려도 해주었다. 그런 의미에서 형님들을 인생의 스승으로 만난 것에 감사할 따름이다.

5월 15일은 스승의 날이다. 스승의 은혜에 감사를 전하는 이날이 적십자로부터 시작되었다는 사실을 아는 이는 많지 않다. 1958년 5월 8일 세계적십자의 날을 맞아 충남 강경여고 청소년적십자Red Cross Youth 단원들은 병중에 있거나 퇴직한 선생님을 찾아가 안부와 감사를 전했다. 매년 학생들의 선행이 이어지며 귀감이 되자 1963년 청소년적십자 중앙학생협의회에서는 5월 26일을 '은사의 날'로 지정해 기념하도록 결정했다.

5월 15일이 스승의 날로 지정된 것은 1965년부터다. 한글을 창제한 세종대왕을 큰 스승으로 여긴다는 의미를 담아 세종대왕의 탄신일로 제정한 것이다. 스승의 날이 갖는 의미가 특별한 것은 청소년들의 자발적인 움직임에서 비롯되었기 때문이다. 대한적십자사는 이날을 기념해 선생님께 쓰는 편지 공모전, 백일장 및 그림 그리기 대회, 사제동행

제빵 봉사활동 등 다양한 행사를 열어 스승에 대한 감사와 존경의 마음을 전하고 있다.

올해 스승의 날을 맞아 한국교원단체총연합회가 전국 교원 1만 1,320명을 대상으로 진행한 설문조사 결과, '교직에 만족한다'라는 응답이 21.4%에 그쳤다고 한다. 2006년 첫 설문조사의 만족도 67.8%와 비교하면 약 3분의 1로 떨어진 수치다. 스승과 제자 간의 신뢰가 무너지고 교권의 의미가 많이 퇴색한 요즘 세태를 보면 씁쓸한 마음이 든다. 이런 때일수록 '스스로의 힘으로 일어나는 것을 가르쳐서 인도하는 사람'이라는 스승의 의미에 대해 생각할 필요가 있다.

우리는 살아가면서 많은 스승을 만난다. 학교에서뿐 아니라 인연을 맺고 사는 모든 사람이 스승이 된다. 공자는 "세 사람이 길을 가면 반드시 스승으로 받들 만한 사람이 있다."라고 했다. 장점이 있는 사람에게는 배울 수 있으니 스승이고, 단점을 지닌 사람을 통해서는 자신을 성찰할 수 있으니 그 또한 스승의 가르침이 아닐까 싶다. 우리 삶은 누구를 만나느냐에 따라 많이 달라진다. 나에겐 두 형님이 인생의 참된 스승이었듯, 형님들을 본받아 나도 누군가에게 닮고 싶은 스승이 되도록 올곧은 삶을 살고자 노력하고 있다.

병석에 있던 선생님을 찾아 따뜻한 위로를 전했던 청소년적십자 단원들의 마음을 스승의 날을 맞아 다시금 되새겨본다. 그간 잊고 지냈던 여러 은사님께 안부 전화도 드려야겠다. 세상의 모든 선생님에게 감사와 존경의 인사를 보낸다.

- 〈매일경제〉 2024년 5월 21일

52.

공공의료의 소명

의사로 일한 지 50여 년, 왜 의사가 되었느냐는 질문을 종종 받는다. 그때마다 나는 고등학교 1학년 봄을 떠올린다. 여느 때처럼 온 식구가 한방에서 잠을 자던 어느 날 새벽녘 어머니가 전혀 움직임이 없으셨다. 이상함을 느낀 큰형님이 어머니를 등에 업고 동네 의원으로 뛰기 시작했다. 나는 형님을 뒤따르며 제발 아무 일 없기만을 간절히 기도했다. 그러나 어머니는 심장마비 판정을 받으셨고, 더 손 쓸 도리도 없이 우리 곁을 떠나셨다. 그때였다. 의사가 돼야겠다고 결심했던 게. '내가 의사였다면 어머니를 살릴 수 있지 않았을까'라는 생각에서였다. 누군가의 생명을 살리고 싶다는 간절함이 동력이 되어 의사의 꿈을 이뤘고, 감사하게도 이날 이때까지 환자들 곁을 지키고 있다.

의사직을 영어로는 Job(직업)이라 하지 않고 Calling(소명)이라 한다. 사명감으로 일을 수행한다는 뜻과 봉사의 의미도 담고 있다. 내가 몸담고 있는 적십자 역시 특별한 소명이 있다. 전쟁터에서 아군과 적군의 구별 없이 부상자를 도우려는 열망에서 탄생한 적십자의 소명은 언제 어디서든 어떤 상황에서든 인간의 고통을 예방하고 경감하는 일이다.

1905년 '대한국적십자병원'으로 개원한 이래 119년 동안 대한적십자사는 수많은 생명을 살리며 우리나라 공공의료의 한 축을 담당해왔다. 코로나19와 같은 국가적 재난 상황뿐 아니라 평시에도 국민의 건강을 보호하기 위해 노력하고 있다. 또한 경제적 이유 등으로 제대로 된 진료를 받지 못하는 의료소외계층 대상 의료서비스 지원에도 앞장서고 있다.

최근 의료봉사를 다녀온 인천적십자병원의 '누구나진료센터'는 기초생활수급자, 노숙자, 외국인, 난민 등 도움이 필요한 의료취약 계층에게 차별 없이 무상 진료를 제공하는 적십자사의 의료복지서비스다. 많은 후원 기업과 후원자들의 기부금과 더불어 의료진, 통역, 안내까지 자발적인 봉사로 운영되고 있다. 인천적십자병원 주변에는 남동공단과 외국인 거주지가 있어 외국인 진료 수요가 많다.

의료봉사를 나갔던 날도 환자 대부분이 외국인이었다. 타국에서 아프면 더 서럽다는데, 형편이 어렵거나 언어·문화적 차이로 국내 의료시스템을 이용하기 힘든 이들에게는 절실한 의료 지원이 될 것이다. 서툰 한국어로 연신 고마움을 전하는 외국인 환자들을 바라보며 시간을 내서라도 봉사를 자주 와야겠다고 다짐했다.

인천에 이어 전국 두 번째로 통영적십자병원 누구나진료센터가 개소했다. 의료 접근성이 떨어지는 인근 도서 지역을 직접 찾아가는 진료도 병행할 계획이다. 이와 함께 적십자병원-사회공헌기업-상급종합병원 간 협력으로 의료취약 계층에게 진료를 제공하고 의료비를 지원하는 '적십자 희망진료센터'도 전국 7개 적십자병원에서 운영 중이다.

이처럼 차별 없이 진료받고 돌봄받는 세상을 위해서는 누군가의 나눔이 절실하다. '누구나진료센터', '희망진료센터' 모두 나눔을 통해 운영되고 있기 때문이다. 작은 기부와 후원으로도 생명을 살리는 일에 동참할 수 있다. 누구나 당연하게 치료받을 수 있도록, 공공의료의 소명을 다할 수 있도록 힘을 모아주시기를 부탁드린다.

- 〈매일경제〉 2024년 5월 29일

53.
'리스펙트'의 해법

오랫동안 나에게 진료받은 고등학생 환자가 대뜸 "선생님, 리스펙트respect합니다."라고 인사했다. '존중, 존경한다'의 의미로 젊은 사람들이 자주 쓰는 표현이라고 옆에 있던 간호사가 알려주었다. 무뚝뚝한 줄만 알았던 사춘기 환자의 진심 어린 인사에 놀랐고, 젊은 친구들이 상대를 존중하는 표현을 많이 한다는 사실에 기뻤다.

요즘 어느 모임에서나 빠지지 않는 대화 주제는 '세대 차이'이다. 내 또래들은 하나같이 자녀·손주와의 생각 차이를 얘기하고, 여전히 사회 활동을 하는 이들은 젊은 직원들과의 의견 차이로 어려움을 겪고 있다고 한다. 실제로 2021년 글로벌 여론조사기관 입소스 발표에 따르면 세대 간 갈등에 대해 대한민국은 응답자 중 80%가 '심각하다'라고 답했다.

세대마다 본인이 겪은 경험과 가치관이 다르니 서로 이해가 부족한 것은 당연한 일이다. 특히 긴 세월 자신의 가치와 신념을 지키며 본인보다 가족을 위해 삶을 살아낸 기성세대로서는 차이를 받아들이는 일이 더욱 낯설기도 하다.

언제부턴가 세대 차이는 대립과 충돌, 마찰의 의미를 지닌 '갈등'이라는 단어가 붙어 사회적 문제로 인식되고 있다. 두 단어의 '합'이 썩 달갑지 않으나, 일부 평론가들은 '세대 갈등'이 극심하다는 의미에서 '시대 갈등'이라고 칭하기도 한다. 나 역시 수십 년간 병원에서 다양한 직원과 함께 일하며 계속해서 고민해 온 부분이었기 때문에 그 심각성을 부정할 수도 없는 노릇이다.

내가 몸담은 적십자도 다양한 세대의 직원들로 구성돼 있어 여느 조직과 마찬가지로 '세대 간 소통', '상호 존중'을 조직문화 개선의 최우선 과제로 삼고 있다. 중요한 점은 이 세대 갈등을 어떻게 해결해 나갈 것인가다. 부서장급 직원들과 함께하는 자리에서 자주 이야기한다. "조직에서 권한과 책임을 더 많이 가지고 있는 기성세대가 먼저 시대의 변화를 이해하고 적응하며 다름을 존중하고 받아들일 준비를 해야 한다."라고.

성공하는 조직의 비결은 구성원 간 '상호 존중'이다. 이는 서로를 이해하고 받아들이는 것에서 출발한다. 고정관념과 편견으로 구분 짓기보다, 다름에 적응하며 서로 다른 가치와 다른 형태의 삶을 영위하고 있음을 인정해야 한다. 상대의 경험과 관점을 존중하고 수용하는 것을 통해 나의 경험과 관점을 더욱 넓힐 수 있다.

따라서 기성세대에게는 젊은 세대의 입장과 태도, 새로운 관점을 긍정적으로 이해하고 수용하는 자세가 필요하다. 젊은 세대 역시 기성세대의 경험과 지혜를 존중하는 마음을 가져야 한다. 조직의 성패는 상호 존중을 통해 세대 갈등을 얼마나 성숙하고 발전적으로 해결해 가느냐에 달려 있다고 해도 과언이 아니다.

나는 새벽 일찍 병원에 들렀다가 적십자로 출근하며 하루를 시작한다. 오랜 세월 몸에 배어 특별한 일이 아닌데, 이를 처음 듣는 직원들은 대단하다고 말한다. 며칠 전 한 젊은 직원이 퇴근 후 매일 저녁 운동을 한다는 말에 나 역시 감탄했다. '얼리버드'와 '오운완'(오늘 운동 완료). 세대 갈등이 각자 시간을 보내는 방식의 차이에서 비롯된다면 서로의 차이를 '리스펙트'하는 것이 가장 쉬운 해결책 아닐까.

- 〈매일경제〉 2024년 6월 6일

54.
기후위기 대응, 지금이라도 결코 늦지 않다

매년 9월 7일은 유엔이 지정한 '푸른 하늘의 날'이다. 미세먼지와 대기오염에서 자유로운 하늘을 지키자는 취지로 시작됐지만, 이제는 기후위기 대응의 상징적 날로 자리 잡았다. 더 의미 있는 것은 이 기념일이 대한민국의 제안으로 유엔이 공식 지정한 국제기념일이라는 점이다. 우리가 제안한 날인 만큼 책임과 행동이 더욱 무겁다.

우리나라 역시 기후위기가 심각하다. 강원·경북의 대형 산불, 6월부터 이어진 폭염, 수도권·충청권 집중호우는 수많은 인명과 재산 피해를 남겼다. 산불로 32명, 폭우로 27명이 목숨을 잃었고, 서울시 면적 1.7배의 산림이 잿더미로 변했다. 삶의 터전을 잃은 주민들의 눈물은 기후위기가 단순한 환경 문제가 아니라 생존의 문제임을 보여준다.

전문가들은 재난의 근본 원인을 지구온난화와 기후변화에서 찾고 있다. 더 큰 문제는 이것이 일회성 사건이 아니라는 점이다. '기후변화에 관한 정부 간 패널'IPCC은 동아시아에서 해마다 폭염과 집중호우가 반복될 것이라 경고했다. 기후재난은 더 이상 예외가 아니라 일상의 풍경이 되고 있다.

그러나 국제사회의 대응은 기대에 못 미친다. 2015년 파리협정은 사실상 무력화됐고, 주요국들은 탄소 감축 목표 달성에 실패하거나 주저하고 있다. 그 결과 지구 평균기온은 산업화 이전보다 1.55도 상승해 인류가 지켜야 할 1.5도 한계를 이미 무너뜨렸다. 탄소배출 상위국인 우리나라 역시 목표와 실행 모두 미흡하다는 평가를 받고 있다.

이런 상황에서 적십자의 역할은 더욱 중요하다. 대한적십자사는 단순한 구호단체가 아니라 '재난관리 책임기관'이자 '긴급구조 지원기관'으로서 재난 전·중·후를 아우르는 체계적인 대응을 수행한다. 2016년 국제적십자사연맹IFRC과 함께 설립한 아시아태평양재난복원력센터(APDRC)는 우리나라가 기후위기 대응의 허브가 될 수 있는 중요한 기반이다.

현장 대응도 빠르고 구체적이다. 폭우 피해 지역에는 6,000여 명의 적십자 봉사자가 투입돼 13만여 개의 구호물자, 2만6,000인분의 급식, 1,284명에 대한 재난심리회복 활동을 제공했다. 이는 기후위기가 곧 생명과 존엄의 문제임을 보여 주는 생생한 사례이다.

하지만 이제는 대응만으로는 부족하다. 온실가스 감축, 친환경 에너지 전환, 도시의 기후 회복력 강화 같은 구조적 변화와 사전 예방이 절실히 필요하다. 미국 연방재난관리청FEMA은 "재난이 닥쳐 복구하는 것보다 사전 예방에 투자하는 것이 비용을 4배 절감한다."라고 밝혔다. 예방은 비용 절감을 넘어 국민 생명과 공동체를 지켜내는 길이다.

푸른 하늘의 날은 우리에게 묻는다. "우리는 미래 세대에게 어떤 하늘을 물려줄 것인가?" 기후위기는 남의 일이 아니라 우리 가족과 이웃의 생존과 직결된 문제다. 한국이 제안해 국제사회가 함께 지키기로 약속한 푸른 하늘, 그 약속을 지키는 첫걸음은 우리의 행동에서 시작된다.

기후위기 대응을 위한 국제 협력을 다시금 강화하고, 국가 차원의 기후정책도 전면적으로 재정비해야 한다. 진정한 대응은 지금부터 시작해야 한다. 지금이라도 결코 늦지 않다. Better late than never.

- 〈서울신문〉 2025년 9월 5일

김철수 대한병원협회 명예회장 인터뷰

■ **대한병원협회 창립 66주년을 맞은 소회와 축하 말씀을 부탁드립니다.**

대한병원협회 출범 이후 66년이라는 시간 동안 대한민국의 병원계는 눈부신 성장을 거듭하며 이제 전 세계가 부러워하는 질적·양적 병원 인프라를 갖추게 됐습니다. 그 중심에 협회 또한 큰 몫을 한 것이 분명합니다. 협회는 단순히 회원 병원들의 친목과 이해증진을 넘어 의료계 대표단체로서의 확고한 위상을 정립하며 성장을 주도해 왔습니다.

1970년대 후반기 정부의 보건 제도와 정책들이 쏟아져 나오면서 병원협회가 병원계에 변화의 물결을 이끄는 한편, 본격적으로 정책 단체로서의 역할 변화에 나서며 유관 단체와의 유대를 강화하고 활발한 대정부 활동을 전개해 온 성과입니다.

■ **회장 재임 시절 가장 보람 있었던 성과나 기억에 남는 순간은 무엇이 있었는지요?**

2007년 IHF 서울총회(제35차 국제병원연맹총회)의 성공적인 개최가 가장 기억에 남습니다. 아울러 매년 개최하던 병원관리종합학술대회를 더욱 성장시켰고 해외 관계자, 정부, 국회, 언론 등이 국내의 우수한 병원 연구·교육·산업에 더욱 관심을 갖도록 참여를 유도했으며, 또 학술대회

등록인원과 병원 관련 산업 전시회 참여 업체를 대폭 늘려 행사의 질적·양적 성장을 이뤄냈습니다.

그리고 내부적으로는 적자가 이어지던 병협 재정의 안정화와 투명성 제고 노력을 통해 병협을 적자에서 흑자로 전환시켰고, 또한 IHF 서울총회 때 회장이었던 세계 석학들을 초청하기 위해 당시 연세대 지훈상 의료원장을 조직위원장으로 위촉하고, 저는 준비위원장을 맡아 성공적으로 총회를 치렀습니다. 대통령, 국회 등 국내 많은 주요 인사들께서 참석하셨습니다. 특히 총회 예산 21억 원 중 15억 원을 사용하고 6억 원은 병원협회 발전기금으로 기부했습니다.

무엇보다도 소명의식을 갖고 내 일처럼 하루하루 최선을 다해 회장직을 수행했습니다. 지금도 당시를 되돌아보면 뿌듯합니다. 여러 성과가 있었지만, IHF 서울 총회가 임기 중 대표적인 성과 중 하나라고 꼽을 수 있겠습니다. 또 협회 조직의 합리적이고 효율적인 개편과 직원들의 복지 향상 등에 노력했습니다.

■ 2007년 제35차 국제병원연맹총회(IHF)를 서울에서 성공적으로 개최하셨습니다. 당시 준비 과정과 개최 의미에 대해 말씀 부탁드립니다.

IHF 서울총회의 성공적 개최를 위해 그 이전부터 부단히 노력했습니다. 일본, 중국, 말레이시아, 그리고 스위스, 멀리 브라질 등 여러 나라를 방문해 적극적인 참여를 요청했습니다. 또한 국회, 정부, 서울시, 유관 단체, 언론 등에도 한국을 세계에 알릴 수 있는 데는 모두 알려 국제적 행사의 적극적인 지원을 요청했습니다.

그 결과 IHF 서울총회와 학술대회에는 전 세계 48개국 의료계 최고 석학들과 병원 최고경영자들이 참가했으며, 외국인을 포함해 3천여 명이 참석했습니다. 이는 IHF 총회 역사상 가장 성공적이고 큰 행사로 기록되기도 했습니다. 특히 IHF 서울총회 주제인 '유비쿼터스 의료'에 부합되는 각종 의료정보 시스템을 전 세계 병원 최고경영자들에게 선보이며 대한민국 의료서비스의 수준을 과시했다는 평가를 받았습니다. 세계 속에 대한 민국 의료의 우수성을 널리 알리는 기폭제가 된 것에 큰 의미가 있습니다.

■ 향후 병원협회가 집중해야 할 과제는 무엇이라 생각하십니까?

병원계는 많은 숙제를 갖고 있습니다. 이를 풀어가기 위해서는 한마음 한뜻으로 하나의 목소리를 내야 합니다. 하지만 현 상황은 무엇인가 부족합니다. 병원계에서조차 각각의 목소리를 내는 데 집중하는 듯한 모습이 보여집니다. 병원협회가 이를 다시 하나로 모으는 구심점 역할을 해야 합니다. 상급종합병원, 대학병원, 중소병원, 전문병원 등을 하나로 아우르는 대표 단체로서의 역할에 충실해야 합니다. 그래야만 병원계를 위한 제도 개선과 권익 보호에 더욱 힘을 쏟을 수 있습니다.

병원계가 병원협회를 중심으로 하나로 뭉쳐 공동의 권익증진을 위해 최선을 다하는 것만이 위기 상황을 극복할 수 있는 유일한 길이 될 것입니다. 정부, 국회와의 대정부 활동에 때로는 호의적으로, 때로는 강하게 행동할 수 있는 유연한 태도와 힘을 만들어야 합니다.

■ 대한적십자사 회장으로서의 활동과 병원협회에서의 경험이 어떻게 연결되고 있는지 들려주십시오.

적십자병원은 명실상부한 공공보건의료의 핵심이며, 의료 사각지대를 해소하는 공적 기관입니다. 적십자 회장으로 취임하면서 가장 먼저 내세운 약속이 '지속 가능한 공공 보건의료 기반을 만들겠다.'라는 것이었습니다. 병원협회에서의 경험이 있었기에, 구호에 그치지 않고 구체적인 실행으로 연결할 수 있었습니다. 직접 진료하는 우수한 병원장을 초빙하고, 병원의 전문성과 책임성을 높이기 위한 인적 쇄신을 단행한 것도, 의료의 질이야말로 공공의료의 지속가능성을 지탱하는 핵심이라는 확신이 있었기 때문입니다.

또한 의료현장에서 가장 절실한 문제 중 하나였던 의료취약계층 지원은 지금 언제나, 누구나 진료하고, 진료받을 수 있는, '누구나진료센터'를 통해 구체화 되고 있습니다. 인천을 시작으로 통영, 서울, 최근에는 상주에 누구나진료센터가 문을 열었습니다. 누구나진료센터는 의료의 문턱을 넘지 못하는 외국인노동자, 이주민, 도서 지역의 어르신들이 진료를 받을 수 있는 공간이 되고 있습니다.

이런 부분들이 모두 병원협회에서 쌓아온 정책적 이해와 네트워크가 있었기에 가능했습니다. 제가 적십자회장으로 취임하여 2억 원을 기부했고, 후원자와 국회를 직접 찾아다니며 병원을 살리기 위한 기금과 정부예산을 확보하고자 애써온 것도, 의료기관이 스스로 자립하면서도 공공성을 잃지 않도록 하는 노력의 연장선입니다.

■ 대한병원협회와 병원계 후배들에게 전하고 싶은 당부나 조언이 있으시다면?

개인이 운영하는 병원이라 할지라도 공공성을 염두에 두고 운영하는 것이 옳다고 생각합니다. 아울러 병원은 지역사회와 함께 상생하며 지역민들을 위해 봉사와 나눔을 실천하며 지역사회에 기여할 수 있는 방법을 고민해야 합니다. 인공지능, 챗GPT 시대에 살아가며 너무나 빠른 변화 속에 조급함을 안고 계실지 모를 분들에게 저의 좌우명인 '천천히 가더라도 바르게 가라'를 말씀드리고 싶습니다. 후배분들께서도 이웃을 돌보고 따뜻한 마음을 잃지 않았으면 좋겠습니다.

출처_[창립특집] 김철수 대한병원협회 명예회장 인터뷰, 병원신문,
2025.06.30, 윤종원 기자

제 7 부

우리의 아름다운 삶을 위하여

북한이탈주민 무료 건강검진 및 의료지원 (주관 : 민주평통 의료봉사단)

이제는 용서와 화해로 나아가자

"너희가 사람의 잘못을 용서하면 하늘에 계신 아버지께서도 너희를 용서하실 것이다. 그러나, 너희가 사람의 잘못을 용서하지 않으면 너희 아버지께서도 너희의 잘못을 용서하지 않으실 것이다."

용서하지 않는 마음은 결국 다시 나에게 돌아온다는 이 성경 말씀은, 신앙의 문제를 넘어 인간이 함께 살아가기 위한 생존조건처럼 들린다.

그러나 지금 우리가 사는 세계는 용서와 점점 멀어지고 있다. 경제평화연구소가 발표하는 세계평화지수는 해마다 낮아지고, 세계 곳곳에서 전쟁과 분쟁이 일상이 되어가고 있다. 시리아 내전은 2011년 3월 발발 이후 2024년 종식될 때까지 10년이 넘는 시간 동안 수십만 명의 생명을 앗아갔고, 수백만 명의 실향민과 난민을 만들어냈다. 러시아와 우크라이나 전쟁 역시 끝날 듯 끝나지 않으며 많은 이들에게 깊은 좌절을 안겨주고 있다.

과거 미소냉전이 막을 내리며 소강 상태에 들어간 듯 보였던 강대국 간의 갈등은, 나라만 바뀌었을 뿐 여전히 크고 작은 대립을 이어나가며, 화합보다는 서로에 대한 경계의 날을 날카롭게 세우고 있다.

이러한 갈등과 대립은 결코 먼 나라 이야기만은 아니다. 한국 사회 역시 뿌리 깊은 갈등이 유난히 짙게 자리 잡고 있다. 한국경제인협회가 OECD 30개국을 대상으로 조사한 갈등지수에 따르면, 한국은 2008년 4위에서 2016년 3위로 올라 여전히 상위권을 기록하고 있다.

이념과 빈부, 성별과 학력의 갈등은 이제 일상이 되었고, 정치적 진영 논리는 서로를 내 편 아니면 적으로 나누며 갈등에 불을 붙이고 있다. 참사 앞에서도 위로보다 조롱이 먼저 나오고, 상대의 불행을 누군가의 기회처럼 여기는 말들이 아무렇지 않게 오간다.

우리는 언제부터 이렇게 쉽게 화를 내게 되었을까. 엘리베이터, 주차장, 식당 등 일상에서 일어나는 누군가의 작은 실수는 금세 무례함으로 바뀌고, 불편함은 분노로 번진다. 서로의 얼굴을 모르는 사회가 되면서, 상대의 마음을 헤아리는 일은 점점 귀찮은 일이 되어버렸다. 한때 '이웃사촌'이라고도 불리던 관계는 이제 흡연 문제로 다툼이 시작되어 층간소음으로 경찰을 부르고, 폭력과 폭언, 끝내는 살인이라는 비극적인 결말로 이어지기도 한다.

가깝기 때문에 더 많은 갈등을 빚어내는 것일까. 아이러니하게도 우리가 가장 쉽게 화를 내는 대상은 나와 가장 가까운 사람들이다, 부모와 자녀, 친구처럼 사랑하는 사람들이야말로 내가 가장 많이 분노를 쏟아내는 존재다. 이들이 분노의 대상이라는 사실은 우리에게 의미하는 바가 크다. 사랑하기 때문에 기대가 크고, 기대가 크기 때문에 실망도 깊어진다. 그래서 가장 사랑하는 사람에게 가장 날카로운 말을 던지게 된다. 아리스토텔레스가 말했듯, 화를 내는 것은 누구나 할 수 있지만, 적절한 사람에게, 적절한 방법으로 다루는 것은 결코 쉬운 일이 아니다.

용서는 우리 자신을
더 자유롭고 건강하게 만든다

이때 필요한 것이 바로 용서다. 그러나 용서는 종종 오해받는다. 패배하는 것, 정의를 포기하는 것, 가해자를 위한 것, 혹은 피해자에게 또 다른 희생을 강요하는 것으로 여겨지기 쉽다. 하지만 실상은 정반대일지 모른다. 간디는 용서하는 마음은 강한 자만이 가질 수 있는 특성이라 했고, 달라이라마는 우리를 상처 준 사람을 받아들이는 행위가 아니라, 그들을 향한 미움과 원망에서 자신을 놓아주는 일이라고 했다.

물론 용서가 언제나 쉬운 선택은 아니다. 용서는 아무렇게나 요구될 수 없다. 특히 진심 없는 사과, 형식적인 용서 구함은 피해자에게 또 다른 상처가 된다. 반성과 책임이 빠진 사과는 용서의 출발점이 아니라 또 다른 폭력일 수 있다. 진정한 용서에는 공감과 잘못의 인정, 재발을 막겠다는 의지가 반드시 따라야 한다.

그럼에도 우리가 용서를 선택해야 하는 이유는 분명하다. 용서는 상대를 위한 행동이기 이전에 나를 위한 선택이다. 연구에 따르면 용서를 잘하는 사람일수록 스트레스 지수가 낮아 면역기능이 활성화되다 보니 신체 능력이 향상되고 우울과 불안이 줄어들어 삶의 만족도를 높이고, 심혈관 질환 위험이 감소하는 경향이 있다. 분노와 원망을 오래 붙잡고 있을수록 몸과 마음은 병들지만, 용서는 오히려 나를 건강하게 만드는 것이다. 용서가 과거를 지워주는 마법은 아니지만 과거의 상처와 분노에 묶여 현재의 나를 잃지 않기 위한 선택인 것이다.

역사는 용서와 화해가 한 사회를 어떻게 다시 일으켜 세우는지를 보여준다. 남아프리카공화국의 넬슨 만델라는 인종차별에 맞섰다는 이유로 27년을 감옥에서 보냈다. 출소 후 노벨평화상도 받고 대통령으로 당선되어 권력을 잡았지만, 그는 보복 대신 화해와 국민 간의 화합을 선택했다. '진실과 화해 위원회'를 출범시키며 처벌보다 용서를 택했고, 그 선택은 분열된 사회를 다시 하나로 묶는 힘이 되었다.

1994년 4월에 시작된 르완다 대학살 역시 인간이 얼마나 잔혹해질 수 있는지를 보여준 비극이었다. 이웃이 이웃을 죽였고, 가족마저 서로를 해쳤다. 100여 일간의 내전과 대량 학살로 100만 명 이상이 희생된 끔찍한 일이었지만, 르완다는 '가차차'라는 전통적 마을 재판제도를 통해 과거의 잘못을 드러내되, 또 다른 피의 악순환은 막고자 했다. 가해자는 죄를 인정하고 용서를 구했으며, 피해자는 사회라는 울타리 안에서 다시 살아갈 수 있는 길을 찾았다.

2001년 9·11 뉴욕 세계무역센터 테러 당시, 죽음을 앞둔 사람들이 남긴 마지막 메시지는 분노나 증오가 아니었다. 그들은 가족과 연인에게 사랑을 전했다. 이 비극적인 사건은 삶의 끝에서 인간이 붙잡는 것은 결국 사랑이라는 사실을 보여주었다.

한국과 일본의 고소사건과 관련하여 인구 10만 명 당 평균 피고소인 수를 비교한 통계를 보면, 2010년에는 한국이 일본보다 146배, 2018년에는 217배나 많다는 사실을 알 수 있다. 이는 우리가 얼마나 쉽게 갈등을 법과 싸움으로 가져가는 사회인지 보여준다. 일상의 분쟁부터 정치적 대립까지, 문제를 해결하기보다 상대를 이기려는 방식이 습관처럼 굳어져 있다.

그러나 역사는 다른 길을 보여준다. 넬슨 만델라는 27년의 옥고를 치르고도 보복이 아닌 화해를 선택했고, 르완다 역시 학살 이후 진실을 밝히되 또 다른 피의 복수를 막는 길을 택했다. 갈등을 내려놓고 미래로 향할 때 성장은 다시 시작된다. 3만 달러 시대에 머물러 있을 때가 아니라 역사에서 배운 용서와 화해의 지혜로 5만 달러 시대를 향해 나아가야 할 때다. 결국 용서는 약함이 아니라, 더 큰 미래를 여는 힘이 될 것이다.

2014년부터 대한민국은 12년째 소득 3만 달러에 멈추어 있다. 이제 4만 달러 시대를 온 국민이 힘을 합쳐 넘어가야 한다. 이웃 나라 대만은 2024년 35,000달러, 2025년에 40,585달러로 퀀텀 점프를 했다. 우리도 이젠 온 국민이 용서와 화해로 합심해 대만을 뛰어넘는 저력을 보여줘야 한다.

거창한 국가적 화해가 아니어도 좋다. 이웃과의 다툼에서, 가족과의 상처에서, 조금 늦더라도 분노를 내려놓는 선택이 쌓인다면 사회는 달라질 수 있다. 용서가 세상을 단번에 바꾸지는 못하겠지만, 적어도 우리 자신을 조금 더 자유롭고 건강하게 만들 수는 있지 않을까.

그 땅을 위해 일했을 뿐인데,
그 땅은 나를 가족으로

우리나라를 비롯한 세계 여러 나라에는 '명예시민名譽市民 Honorary Citizen' 제도가 있다. 그 지역에서 태어나지 않았거나 현재 거주하지 않더라도, 그 지역의 발전을 위해 헌신하거나 뜻깊은 일을 한 사람에게 주는 명예시민증이다. 그러나 명예시민으로 선정되는 일은 결코 쉬운 일은 아니다. 돈을 많이 기부했다고 되는 것은 아니며, 학식이 높다고 되는 것도 아니다. 그 고장의 발전에 큰 기여를 했거나 고장의 이름을 널리 알렸을 때 엄격한 심사를 거쳐 명예시민증이 주어진다.

감사하게도 나는 제주특별자치도, 전남 고흥군, 전북 무주군과 진안군 모두 네 곳에서 명예도민과 명예군민이 되었다. 살아오면서 여러 표창과 훈장을 받았지만 네 곳의 명예시민이 된 것은 무척 기쁘기도 하고 자랑스럽기도 하다. 나는 고맙게도 2025년 5월 7일, 제주특별자치도에서 명예도민증을 받았다. 더 감사하게도 제주도 오영훈吳怜勳 지사와 이상봉李祥奉 도의회 의장이 대한적십자사에 찾아와 명예도민증을 전달해 주었다. 명예도민증은 도의회의 의결을 거쳐야 하는데 1년에 2번, 전반기와 후반기에 한 번씩 도의회에서 심의한다고 한다.

오 지사는 "대한적십자사 제주도지사와 인재개발원 제주캠퍼스 건설로 제주도 내 유동 인구가 늘어나고 지역 경제에 새로운 활력이 더해

질 것입니다. 앞으로도 적십자사와 긴밀히 협력해 사람과 생명, 희망이 살아 숨 쉬는 제주로 더욱 발전할 수 있도록 지원하겠습니다."라고 감사를 표했다. 오히려 고마운 사람은 제주도민이 아니라 나였다. 내가 사랑하는 제주도가 더욱 발전하고, 적십자와 관계된 모든 사람이 큰 기쁨을 누릴 수 있기 때문이었다.

　명예제주도민이 된 것은 오랜 노력의 결과였다. 한국인들 대다수가 그러하듯 나 역시 제주도를 좋아하고 가족들과 함께 자주 여행을 갔다. 적십자사 회장을 맡은 이후 주어진 업무 중 하나는 적십자사 인재개발원 건립이었다. 강원도 원주에 인재개발원이 있지만 제2의 개발원이 있어야 했다. 이곳은 적십자 직원들과 봉사원만을 위한 곳이 아니라 후원자, 헌혈자, RCY 지도교사, 해외 적십자 관계자들 모두를 위한 곳이 되어야 했다.

　나아가 제주적십자사 지사가 마침 신축을 해야 할 상황이었는데 땅도 좁고 장소도 마땅치 않았다. 여러 곳을 다니며 탐방한 후 최적의 장소인 지금의 오등동梧登洞으로 마련할 수 있었다. 이것은 나와 김홍국 하림 그룹 회장(현 대한적십자사 회장 직무 대행)과의 많은 노력의 결과이며, 현 제주적십자사 정태근 회장님의 노력도 큰 도움이 되었다.

제주특별자치도 명예도민증 전달식 (오영훈 제주도지사)

제주적십자사 지사와 제2인재개발원 유치를 기리는 기념비
대한적십자사 김철수 회장의 간절한 염원인
'적십자 가족을 위한 휴식과 성장의 공간'에 제주도민의 감사의 뜻을 담아
2025년 3월 10일, 제주 대자연의 품속에 이 기념비를 세웠다.

넓은 부지와 쾌적한 공기, 바다가 인접해 있어 교육과 세미나, 휴양, 모임에 최적의 장소였다. 2025년 리모델링을 시작해 2026년 3월 3일, 오영훈 제주도지사를 비롯한 지역 유지와 적십자 전 가족 등 500여 명이 참여해 축제 분위기 속에 개소식을 가졌다.

신사옥과 인재개발원은 지하 1층, 지상 3층 연면적 4925.58㎡ 규모이다. 재난구호물자 보관, 연수, 안전교육, 대강당, 봉사원실, RCY쉼터 등을 갖췄다. 나는 개발원 건설을 위한 탐사에서부터 기공식을 거쳐 개소식까지 지난 2년여를 되돌아보며 이 개발원이 적십자사와 제주도의 발전에 큰 기여를 할 수 있기를 기원했다.

다른 이의 행복을 위해서
평생을 나누고 봉사해오신
전국의 적십자 가족들이
이곳에서
제주의 대자연과 노닐며
그동안의 노고를 보상받고
본인의 행복도
찾으실 수 있기를 바랍니다.

고흥의 나로우주센터와
국립산림치유원 지원

나는 제주명예도민 외에도 세 곳의 명예군민이다. 전남 고흥군, 전북 무주군, 진안군이다. 고흥군에서는 2024년 4월 1일, 진안군은 2024년 11월 14일, 무주군에서는 2025년 3월 18일에 받았다. 세 곳 모두 나의 고향이 아니며 특별한 연고가 없지만 주민들의 건강 증진, 생활 여건 개선, 지역 발전을 위해 노력한 공로를 인정해준 것이다.

고흥高興군 의회는 공영민孔永敏 군수의 제청을 받고 엄격한 심사를 거쳐 나를 명예군민으로 선정했다.

공로 조서 (의안 번호 243)

상기인은 현재 대한적십자사 제31대 회장 및 민주평화통일자문회의 의료봉사단 단장 등을 재임하시면서 우리 군에 각별한 애정을 갖고 고흥 발전을 위해 수많은 노력을 하였음.

우리 군 주요 현안사업 및 국비 건의 사업 확보를 위해 중앙부처 방문 시 적극적인 지원을 하고 계시며, 국회 심의 과정에서도 우리 군 예산이 위의 공로 외에도 고흥의 나로우주센터까지 가는 고흥~봉래간 4차선 확포장 공사 용역, 광주~고흥간 고속도로 용역 발주에 도움을 주어 우리나라가 항공우주국으로 우뚝 설 수 있게 하였다. 또한 고흥 국립산림치유원 기본 용역도 이루어질 수 있도록 여러 방면에서 지원했다.

국립산림치유원은 산림자원을 이용해 국민의 건강을 증진하고 삶의 질을 향상시키기 위해 조성된 종합 산림복지 단지이다. 치유센터와 휴양시설 그리고 숙박시설, 치유정원 등을 갖추었다.

공영민 고흥 군수는 "김철수 회장은 우리 군과 특별한 인연으로 타 지역에 비해 고령인구가 많은 우리 고흥의 변화와 발전을 위한 조언 등을 아끼지 않으셨습니다. 앞으로도 고흥 명예군민으로서 든든한 버팀목이 되어주시기 바랍니다."라고 당부했다. 나는 "고흥군과 맺은 인연을 소중히 여기고 명예군민으로서 어려운 이웃에게 힘이 될 수 있도록 노력하겠다."고 소감을 밝혔다.

무주군과 진안군의 인프라와
경제 발전에 힘을 보태

무주茂朱군은 전라북도 끝자락에 있는 산촌 군이다. 덕유산德裕山 국립공원이 가장 유명하여 관광객과 등산객들의 발길이 끊이지 않는다. 또 무주스키장은 겨울 스포츠로 많은 사람들의 사랑을 받는 곳이다. 그럼에도 경제적 발전은 그다지 높지 않았다.

나는 무주군의 경제 발전과 기본 인프라를 개선시키는 일에 여러 도움을 주었다. 그중 하나가 서울시와 골드시티를 추진하는 것이었다. 또한 부영건설이 참여하여 산악열차, 워터파크를 조성하여 레저타운 활성화에도 힘을 쏟았다.

무주군은 덕유산권의 관광을 활성화시키기 위한 방안의 하나로 산악열차를 추진하기로 했다. 단순히 산 정상으로 가는 열차가 아니라 관광객들의 방문을 증가시키는 역할을 하는 것이다. 나는 이를 지원하여 그 공로를 인정받아 황인홍黃仁洪 무주군수로부터 2025년 3월 18일 무주군 명예군민증을 받았다.

또 하나의 명예군민이 된 곳은 진안鎭安군이다. 진안 역시 전북의 끝자락에 있는 산촌으로 무주·진안·장수를 합하여 '무진장'이라 부른다. 수려한 산세와 명산 마이산馬耳山이 있어 많은 관광객이 찾는 곳이지만, 경제적으로 그리 풍족하지 않은 지역이다. 나는 이곳 진안의 경제 발전과 주민들의 생활 향상을 위해 여러 지원을 했다.

농업에너지 효율화를 위한 스마트팜을 지원하고, 복지체육시설이 건립되는데도 공을 들였다. 진안 스마트팜은 마령馬靈면 평지리 일원에 '진안고원 스마트팜 단지'를 건립하여 미래 농업을 혁신시키고 청년 농업인을 유치하기 위한 장기 프로젝트였다. 나는 이 사업이 원활히 추진될 수 있도록 도움을 주었다. 그 결과 2025년 10월 30일 착공식이 열리는 결실을 맺었다. 앞으로 진안의 발전에 큰 역할을 할 것으로 기대된다. 또한 진안 군민들이 쾌적한 환경에서 체육 활동을 즐기고 건강한 생활을 누릴 수 있도록 마령면에 체육시설 건립도 지원했다.

이러한 진안 사랑을 인정받아 2024년 11월 14일 전춘성全春晟 군수를 통해 진안군 명예군민으로 선정되는 영광을 안았다.

　　나는 봉사와 감사가 삶의 바탕이라 생각하고 내 힘을 보탤 수 있는 곳이라면 기꺼이 봉사를 했다. 제주도에 적십자사 제주지사 신사옥과 인재개발원 제주캠퍼스를 세우고, 고흥과 무주, 진안의 발전을 위해 노력한 것은 그곳 주민들의 삶이 더 좋아지기를 바라는 마음에서였다.

　　뜻밖에도 명예도민과 명예군민이 된 것은 큰 기쁨이 아닐 수 없다. 결코 쉽게 주어지지 않는 명예시민의 영예를 네 곳에서나 받았다는 사실은, 내 인생에서 매우 값지고 의미 있는 일이다. 여기에 만족하지 않고 앞으로도 여러 지역을 위해 더욱 겸손한 자세로 봉사하고 헌신할 것이다.

고흥 명예군민증 전달식 (공영민 고흥군수)

무주 명예군민증 전달식 (황인홍 무주군수)

진안 명예군민증 전달식 (전춘성 진안군수)

가는 사람 오는 사람

인생이라는 것은 어떻게 보면 사람들이 오르내리는 간이역이나 터미널과 비슷하다. 가는 사람, 오는 사람, 그리고 마중 나오거나 배웅하는 사람도 있다. 나는 병원이 바로 그 간이역의 플랫폼이 아닌가 생각할 때가 많다. 그 플랫폼에서 나는 떠나려는 이를 붙들어 "조금만 더 이 세상에 머물다 가십시오"라고 말하는 역할을 맡은 의사다.

사람의 생명은 그 하나하나를 따져본다면 얼마나 소중한 것인가. 저마다 살아온 이야기는 하나의 드라마이자 영화이며, 예측이 어려운 장편 역사소설과도 같다. 그 자체로 모두 작품의 가치를 지니고 있다.

젊은 시절, 무의촌 진료를 위해 경북 울진에서 공중보건의로 아내와 함께 근무하던 때의 일이다. 일흔을 훌쩍 넘은 할아버지 한 분이 무거운 걸음으로 찾아와 진료를 받고 싶다고 했다. 마침 5일장이 서는 날이라, 장을 보러 나온 아들 내외를 따라 함께 나온 것이었다.

나는 청진기를 가슴과 등에 대고 숨소리를 들어보았다. 대개 이 정도 연세의 노인이라면 가래 섞인 숨소리가 들리는데 이 분은 그렇지 않았다. 옆에는 만삭의 며느리와 아들도 걱정스런 얼굴로 지켜보았다. 문득 할아버지 허리에 무엇인가를 차고 있다는 것을 발견했다. 전대錢帶인 듯싶었다.

당시 시골에서는 노인들이나 시장을 다니는 장꾼들이 허리에 기다란 자루를 차고 다녔다. 그 안에 들어있는 것은 돈이나 소소한 소지품이었다. 나는 아들 내외를 내보낸 다음 할아버지에게 물었다.

“어르신은, 저기 함께 온 아들과 며느리를 믿고 사랑하시죠?”

“그럼요, 착한 아들, 며느리랍니다.”

“그런데 어르신은 왜 이렇게 살림을 따로 가지고 사십니까?”

“… …”

한참 말이 없는 할아버지는 전대를 만지작거리다가 이윽고 입을 열었다.

“이 속에는 내 재산인 등기부등본과 또 먼저 간 아내가 끼고 있던 반지도 있어요. 이제 며느리가 출산하면 모두 물려주려 합니다. 이런 재산이 나에게는 마음의 병이 되는 것 같기도 하고…”

“그래요. 제가 볼 때 아들 내외는 효자이고, 어르신이 이제 물려주실 때도 된 것 같습니다.”

병원은 여러 역할을 할 수 있다

그 후 할아버지에게서 전화가 왔다. 아들이 떡두꺼비 같은 손자를 낳아 이제는 재산을 며느리와 자식에게 모두 물려주고 편안한 마음으로 생활하고 있다고 했다. 아들에게는 울진 읍내의 가게와 전답을 물려주고 며느리에게는 집과 아내가 남긴 패물을 물려주었다 한다. 이어 껄껄 웃으며

“전대를 벗고 나니 이렇게 편한 것을, 왜 진작 안 벗어던졌는지…”라면서 요즘은 손자 돌보는 재미로 산다고 했다. 이 할아버지에게는 세상의 보물이 아무리 많다 해도 그 손자만 했을까?

대부분의 사람들은 ‘병원은 질병을 치료하는 곳’이라고만 생각한다. 그러나 시골의 의원이나 보건소는 질병을 치료하는 공간을 넘어, 예방과 계몽, 건강 증진은 물론 인생 상담소의 역할까지 한다. 꼭 시골뿐 아니라 도시에서도 의사의 사고방식에 따라 그 일을 할 수 있다.

　나와 아내는 울진에서 불과 6개월 동안 근무했지만, 그 경험은 이후의 삶에 큰 도움이 되었다. 병원과 의사는 본래의 치료 기능을 넘어 사람들의 삶에 깊은 영향을 미칠 수 있다는 사실을 깨달았고, 한 사람 한 사람의 인생이 모두 소중한 가치를 지닌다는 것도 몸소 체험했다. 수없이 많은 사람들이 오가는 기차역 플랫폼처럼 병원은 오늘도 많은 사람들이 제각각의 사연을 안고 오고 간다. 오는 사람 가는 사람 모두 행복한 인생이 되게 하는 의사가 되어야 한다.

휴지 한 장을 세 번 사용한다면

옛말에 "대부大富는 하늘이 내리고 소부小富는 근검절약에서 나온다"고 했다. 이 말은 누구나 다 부자가 될 수 있다는 뜻이다. 단, 근검절약해야 한다는 전제가 붙어 있다.

나는 어릴 때 밥투정을 하거나 먹던 음식을 조금이라도 버리면 어머니에게 야단을 맞았다. 불벼락이 떨어졌다는 표현이 더 정확할 것이다. 밥알이 한두 개라도 묻어있는 그릇을 설거지통에 넣으면 "사람이 먹는 음식을 함부로 버리면 하늘의 벌을 받는 거야"라며 호통치셨다. 그러시면서 남은 음식을 깨끗하게 잡수셨다. 어쩌면 내 또래 대부분은 이러한 환경에서 자랐을 것이다. 노트에 필기할 때도 낙서를 하거나 몇 줄 건너 뛰면 야단을 치셨고, 구멍 난 양말은 항상 꿰매어 신었다. 우리 5남매는 어머니의 이러한 근검절약 정신을 몸에 익히지 않을 수 없었다.

지금도 나의 책상에는 철 지난 달력을 잘라 메모지로 쓰거나 이면지를 사용한다. 이러한 것을 병원 직원들에게도 실천하도록 이야기하지만 좀체 지켜지지 않는다. 사실 풍요롭게 자란 세대들에게 '근검, 검소, 절약, 저축, 근면'이라는 단어는 고리타분한 옛이야기로 들릴 것이다.

병원의 구내식당에서도 절약 정신이 지켜지지 않는다. 식당이기 때문에 절약이라기보다는 낭비를 막자는 뜻이다. 잘 먹는 것은 매우 중요하다. 그러므로 많이 먹는 것을 낭비라 하지 않는다. 음식을 버리는 것이 낭비이다. 버려지는 음식은 여러 측면에서 우리 모두와 자연에 큰 해를 끼친다.

예전에 TV의 공익광고에서도 음식물쓰레기의 부정적 측면을 강조했다. 1년 동안 우리나라에서 버려지는 음식물쓰레기가 중형 자동차 100만 대를 버리는 것과 같은 낭비라는 지적이었다. 그 낭비에는 당연히 우리 병원도 포함되지 않을 수 없었다. 그래서 식당에 이렇게 큼지막하게 써붙였다.

'잔반殘飯을 남기면 벌금 3,000원과 이름 공개'

안내문을 붙인 후 얼마 지나지 않아 잔반이 사라졌다. 낭비가 없어진 것이다. 이외에도 우리 병원은 '양지그린카드'를 만들어 절약하는 직원에게는 도장을 찍어주었다. 이 도장이 20개가 되면 소정의 선물을 준다. 이른바 포인트카드인 셈이다. 물론 그 선물이 값비싸거나 거창한 것은 아니다. 이는 주는 사람이나 받는 사람 모두 알고 있다. 그러면서도 직원들은 적극 참여한다. 절약을 하면 언젠가는 그 혜택이 반드시 자신에게 돌아온다는 것을 잘 알기 때문이다.

양지그린카드는 소문이 나면서 여러 곳에서 벤치마킹을 해갔다. 지역의 단체와 교회도 우리 병원에 와서 그린카드의 시행법과 절약의 노하우를 배워갔다. 선한 영향력을 끼쳤다는 사실이 나는 매우 기뻤다. 그런데 사실 이 제도는 오래 시행할 필요는 없다. 절약의 마인드가 직원들에게 심어지면 실천이 정착되기 때문이다.

절약의 이익은 우리 모두에게 돌아온다

평범한 사람들은, 부자들이 큰돈을 아무렇지도 않게 척척 쓸 것이라 생각한다. 돈이 많기 때문에 절약이라는 것을 아예 모를 것이라 생각한다. 물론 백화점에서 3천~4천만 원짜리 핸드백을 사는 부자도 있겠지만, 구두 한 켤레를 10년 넘게 신는 부자도 있다. 대부분의 부자들, 기업체 회장이나 설립자들은 돈을 허투루 쓰지 않을 뿐 아니라, 보통 사람들의 눈으로 보았을 때 구두쇠 중에서도 상上 구두쇠다. 결국 부자들의 공통점은 분명하다. 그들은 결코 낭비하지 않는다.

나는 직원들과 야유회(소풍이나 등산)를 가면 출발하기 전에 종이컵 하나와 나무젓가락 하나씩을 나누어준다(지금은 자신의 것을 가지고 오는 사람이 더 많다). 그 컵과 젓가락 봉투에 각자의 이름을 쓰도록 했다. 아침에 한 번 마신 종이컵을 버리지 말고 저녁에 돌아올 때까지 쓰라는 당부였다. 공중목욕탕에 가면 샤워기를 틀어놓고 저쪽에서 머리를 감는 사람이 있다. 나는 곧 그 샤워기를 잠근다. 내 것이 아니어도 낭비는 참지 못한다. 냅킨은 보통 두 번 이상 사용한다. 매월 말일이 지나 다음 달로 넘어가면, 전 달 달력을 뜯어내 손바닥 크기로 잘라 메모지로 쓴다. 달력은 뒷면이 매끄러워 필기감도 좋다.

나는 나름대로 절약을 잘한다고 생각하고 있었는데, 나보다 더한 사람도 적지 않았다. 식품업계의 내로라하는 창업자 A 회장은 휴지를 한 장 빼면 먼저 코를 닦고, 다시 접어 주변에 묻은 먼지를 닦는다. 그 다음 그 휴지로 구두에 묻은 먼지를 닦은 다음에 휴지통에 버린다. 나는 A 회장을 직접 만나지는 못했지만 기사記事를 통해 읽었다. 그 기사를 읽은 순간 '나와 똑같은 생각을 가지고 실천하는 사람이 또 있구나' 하는 반가움이 들었다. A 회장은 여의도에 빌딩 여러 개를 소유하고 있었으며, 90년대 후반 IMF가 닥쳤을 때 대부분의 기업이 어려움을 겪고 여러 회사가 도산했지만, 그의 회사는 쉽게 난국을 헤쳐나갔다. 그 힘은 평소에 근검절약으로 얻은 것이었다고 술회했다.

A 회장뿐 아니라 우리나라 기업의 창업자들은 1950~60년대에 기업을 시작했기 때문에 절약하지 않을 수 없었고, 근면검소하지 않을 수 없었다. 지금의 청소년과 청년들에게 절약이라는 단어는 무척 낯설 것이다. "절약하라, 아껴라, 낭비하지 말라"고 말하면 구석기 시대의 잔소리라고 외면할 것이다. 그러나 우리 사회에 거금을 기부하는 사람들은 대부분 부자들이고, 그 부자들은 평소에 절약하며 살았던 사람들이다.

　나 역시 A 회장처럼 휴지 한 장으로 코를 닦고, 책상 위의 먼지를 닦고, 구두를 닦는다. 여기에 하나를 더 보태 마지막으로 병실 바닥을 닦은 후에야 휴지를 버린다. 네 번을 사용하는 것이다. 내가 가장 질색하는 것은 낭비이다. 낭비의 비용은 결국 그 사람에게 돌아간다.

　근검절약은 평소에 실천하지 않으면 몸에 배기 어렵다. 그러나 '낭비를 줄이자'는 마음가짐으로 꾸준히 실천해 나가다 보면, 절약은 자연스럽게 생활 속에 스며든다. 주위에서 구두쇠, 자린고비, 쪼잔한 사람이라 비웃을 수 있다. 그 비웃음은 웃음으로 넘기면 그만이다. 나 자신을 포함해 나의 가족, 우리 사회, 나아가 지구 전체를 살리는 방법 중의 하나는, 바로 낭비를 줄이는 데 있다는 사실을 잊지 말아야 한다.

60. 올바른 보수

보수의 뜻 이해하기

강병호

배재대학교 미디어콘텐츠학과 교수

우리가 일상에서 참 자주 입에 올리는 '보수'와 '진보'라는 말, 과연 우리 몸에 꼭 맞는 옷일까요? 사실 이 단어들은 서구 정치사라는 먼 나라의 토양에서 피어난 꽃을 그대로 옮겨 심은 번역어에 가깝습니다. 하지만 문제는 그 꽃이 뿌리내린 한국의 역사적·문화적 토양이 서구와는 근본부터 다르다는 점입니다.

인류학적 시선으로 우리를 들여다보면, 한국을 포함한 동아시아 문명은 아주 오랜 시간 '우리'라는 집단주의의 울타리를 가꾸며 살아왔습니다. 이 깊은 뿌리는 오늘날 우리가 세상을 바라보는 시선 속에도 은연중에 스며있지요. 그럼에도 우리는 서구식 '보수'라는 틀을 우리 사회에 기계적으로 맞추려 해왔고, 그 과정에서 '진짜 우리의 모습'이 무엇인지 잊어버리는 정체성의 혼란을 겪게 되었습니다.

우리의 사고방식을 결정지은 소중한 열쇠는 다름 아닌 척박한 땅을 일구던 '쌀농사'에 숨어 있습니다. 사회심리학자 리처드 니스벳을 비롯한 많은 학자는 동아시아의 미작米作 문화가 우리만의 독특한 공동체 의식을 만드는 데 결정적인 역할을 했다고 말합니다. 논에 물을 대고 모를 심는 일은 결코 혼자서 할 수 없습니다. 이웃과 물길을 나누고 논둑을 함께 돌보는 대규모 협동이 필수적이었지요.

2014년 〈사이언스〉에 실린 연구처럼, 쌀을 주식으로 삼아온 이들이 타인과 조화를 이루고 공동체의 규범을 중시하는 성향을 띠는 것은 어쩌면 생존을 위한 따뜻한 선택이었을 것입니다. 삼국시대부터 조선에 이르기까지, 우리는 개인의 도드라짐보다는 공동체의 평화를 우선하며 긴 세월을 걸어왔습니다.

이러한 집단 중심의 정서는 우리의 생활 곳곳에 보석처럼 박혀 있습니다. 서구와 달리 성姓을 이름 앞에 두고, 날짜를 적을 때도 연도라는 큰 단위에서 시작해 일日이라는 작은 단위로 내려가는 방식은 '나'보다 '우리'라는 집단적 질서를 먼저 생각하는 우리만의 예의였습니다. 가족의 의사가 중요하고, 고향과 혈연을 소중히 여기는 정치 문화 또한 그 따뜻한 연장선에 있습니다. 결국, 우리 역사 속에서 서구식의 '개인주의'나 '자유'라는 개념은 자연스럽게 싹트기 어려운 환경이었음을 부인하기 어렵습니다.

여기서 우리는 흥미로운 사실 하나를 발견하게 됩니다. 우리가 흔히 '정통 보수'의 가치라고 여겼던 조선의 질서는, 실상 개인의 자유나 시장경제보다는 국가의 역할과 공동체의 도덕을 중시하는 '국가주의'에 더 가깝다는 점입니다. 조선의 법은 개인의 권리를 지키기보다 공동체의 기강을 세우는 도구였고, 국가는 백성들의 삶에 깊숙이 관여하는 수호자였습니다. 이 논리를 따라가 보면, 우리 역사 속의 오랜 보수적 가치는 역설적이게도 현대 좌파가 주장하는 국가의 개입이나 분배 정책과 묘하게 닮아 있습니다. 즉 우리가 지켜온 '진짜 전통'은 서구식 보수주의와는 전혀 다른 결을 가지고 있었던 셈입니다.

반면, 오늘날 한국 우파가 목소리 높여 지키고자 하는 자유민주주의, 사유재산, 시장경제, 법치주의라는 가치들은 한반도의 역사적 전통과는 사뭇 다른 길에서 왔습니다. 이 소중한 가치들은 영국의 명예혁명이나 미국의 독립혁명 같은 서구 시민사회의 치열한 고뇌 속에서 탄생한 문명의 산물입니다.

그러다 보니 한국의 보수가 '전통'을 지키겠다고 말할 때, 대중들은 이를 조선시대의 권위적인 질서로 오해하거나 '기득권의 고집'으로 받아들이기도 합니다. 사실 그들이 진심으로 지키려 했던 것은 낡은 과거가 아니라, 1948년 제헌 이후 우리가 새롭게 약속한 '근대적 헌정 질서'였음에도 말입니다.

한국 정치에서 '보수'라는 말이 본격적으로 뿌리를 내린 것은 1980년대 미국의 신보수주의 흐름이 한미동맹을 타고 흘러 들어오면서부터입니다. 당시 언론은 이 개념을 적극적으로 소개했고, 한국 우파는 이를 자신들의 정체성으로 받아들였습니다. 하지만 서구의 옷이 우리의 체형에 딱 맞을 리 없었습니다. 역사적 토양과 무관한 정치철학을 '보수'라는 이름표로 달고 있다 보니, 그 진심이 대중에게 닿지 못하고 '수구'라는 억울한 프레임에 갇히게 된 것입니다.

이제 우리는 이 혼란스러운 실타래를 찬찬히 풀어야 합니다. 1948년의 제헌헌법은 단순히 나라를 세운 것을 넘어, 삼권분립과 자유라는 완전히 새로운 세상을 꿈꾼 창조적 결단이었습니다. 이것은 과거의 연장이 아니라, 우리가 더 나은 미래를 위해 선택한 '새로운 전통'입니다. 따라서 대한민국의 헌법 정신을 수호하는 이들을 단순히 옛것을 지키는 '보수'라고 부르기엔 그 의미가 너무 작습니다. 그들이 수호하는 자유와 시민의 권리는 우리가 앞으로 더 넓게 가꾸어 나가야 할 '지향점'이기 때문입니다.

이제는 보수라는 낡은 외투를 벗고, 우리가 지키고자 하는 가치의 본질인 '자유·우파'라는 이름을 당당히 불러야 할 때입니다. 정확한 이름은 정치의 바른 길을 안내하는 이정표가 됩니다. 집단주의라는 거센 물결 속에서도 개인의 존엄과 자유라는 소중한 가치를 지켜내는 일, 그것이 우리 시대가 마주한 진정한 소명입니다.

우리가 지켜온 것이 낡은 성벽이 아니라 모두가 마음껏 꿈꿀 수 있는 광장임을 분명히 할 때, 한국 정치는 비로소 소모적인 갈등을 넘어 맑고 깊은 샘물 같은 새로운 길을 찾게 될 것입니다.

61. 없는 자들의 성녀(테레사 수녀)

만일 내가 그 한 사람을
붙잡지 않았다면

재산이라고는 번갈아 입는 무명옷 두 벌과 낡은 샌들 한 켤레 그리고 십자가 3개뿐인 여자. 세상 사람들은 그녀를 천사라고도 불렀고, 20세기의 살아있는 성녀라고도 불렀다. 그녀의 이름은 마더 테레사였다.

테레사 수녀는 영원한 사상을 지닌 휴머니스트이다. '없는 자의 성녀'라 불리었던 테레사 수녀는 다른 어떤 사람이 수상한 노벨 평화상보다 가장 가치 있고 고귀하게 주어졌다고 평가받는 1979년 노벨 평화상 수상자이기도 하다. 그녀는 배고프고 버림받은 가난한 사람들을 위해 일생을 묵묵히 헌신했다.

1910년 유고슬라비아에서 태어나 12살 때 수녀가 되기로 결심했고, 18살 때 수녀가 되었다. 그후 가난하고 불쌍한 사람을 찾아 인도로 건너가 기아와 질병의 도시로 불리는 캘커타(지금의 콜카타)의 빈민가에 정착했다. 그곳에서 사랑과 봉사의 손길을 펴는 한편 1950년 '사랑의 선교 수녀회Missionaries of Charity'를 만들어 가난하고 불쌍한 사람들 중에서도 가장 가난하고 불쌍한 사람들은 돕는 일을 세계 곳곳에서 펼쳐나갔다. 그녀의 정신은 오늘도 수많은 사람들에 의해 기쁘고 행복한 마음으로 가난한 사람들에게 의료봉사, 죽 한 그릇, 빵 한 조각을 나눠주며 편하게 생을 마감할 수 있도록 깨끗한 곳을 마련해주고 있다.

그러한 테레사 수녀 이름 앞에는 언제나 마더mother가 붙었다. 진정한 어머니와 같은 희생과 봉사 정신의 대명사가 테레사 수녀Terasa of Calcutta, mother였던 것이다.

그러한 마더 테레사에게 사람들은 물었다.

"높고 귀하게 사는 사람이 부럽지 않습니까?"

테레사 수녀는 조용히 대답했다.

"허리를 굽히고 사는 사람은 위를 볼 시간이 없습니다." 빈민, 고아, 한센병 환자 등 세상에서 버려진 사람들보다 더 아래에서 허리를 굽혔던 테레사 수녀는 임종을 앞둔 순간에도 "나를 가난한 이들과 똑같이 대해달라"고 하면서 값비싼 치료를 거부했다.

가난하고 병든 사람을 돌보기 위해 캘커타의 작은 골목을 끊임없이 찾아다니던 마더 테레사는 세상에는 참 많은 고통이 존재하고 있음을 항상 느꼈다. 굶주림의 고통, 집 없음의 고통, 온갖 질병으로부터의 고통 등 물리적 고통뿐 아니라 외로움의 고통, 사랑받지 못하는 고통, 구원의 손길이 전혀 없는 고통 등 물질과 정신적 고통을 위로해주기 위해 한평생을 바쳤다. 그녀는 헌신의 의미에 대해 이렇게 말했다.

나는 결코 대중을 구원하려 들지 않습니다. 나는 다만 한 개인을 바라볼 뿐입니다. 단지 한 번에 한 사람을 사랑할 수 있습니다. 단지 한 번에 한 사람을 껴안을 수 있습니다. 한 사람, 한 사람, 한 사람씩만 해줄 수 있을 뿐입니다. 따라서 당신도 시작하고 나도 시작해야 합니다. 나는 한 사람을 붙잡습니다. 만일 내가 그 사람을 붙잡지 않았다면 4만2천 명을 결코 붙잡지 못했을 것입니다. 모든 노력은 바다에 붓는 한 방울의 물과 같습니다. 하지만 만일 내가 그 한 방울의 물을 붓지 않았다면 바다

마더 테레사
[출처_wikipedia.org]

휴머니즘은 영원한 생명력을 지닌 사상

마더 테레사가 세상을 떠난 지 28년이 지났다. 그녀가 평생을 바쳐 쌓아온 심오한 영성을 우리가 다 헤아리기는 어렵다. 50여 년 동안 그녀가 고통스러운 아픔을 몸소 나누며 실천한 위대한 행적은 나의 가슴에 영원히 아로새겨져 있다. 사람이 가진 성스러운 진실의 양심은 마더 테레사의 행적에서 진정한 휴머니즘이 무엇인지 새삼 일깨워준다.

한 시대를 풍미하는 철학과 사상은 나름대로 그 시대의 정신을 반영한다. 모든 철학과 사상 중에서 휴머니즘처럼 오랜 생명력을 지닌 사상도 드물다. 과학과 기술이 무한대로 발전하는 21세기에는 이질적 문화의 융합이 시대의 화두로 등장하고 있지만 결코 휴머니즘의 본질을 넘어설 수 없다. 그 어떤 종교와 과학, 철학과 원리를 껴안으며 산다 해도 휴머니즘의 잔잔하고도 도도하며 면면한 흐름을 비켜간다면 인간다움을 상실하는 모습으로 귀결될 것이다.

가진 자가 못 가진 자에게 부리는 횡포, 강자가 약자에게 가하는 핍박, 생명을 가벼이 여기고 너의 불행을 나의 행복으로 여기는 극단적 이기주의, 물질의 풍요가 정신의 숭고함을 지배하는 물질 만능주의... 온갖 사회악과 부조리의 극치, 혼돈과 거짓이 판치는 요즘의 세상살이에는 휴머니즘의 결핍 증상이 고스란히 들어있다.

45억 년 전 인류가 생성된 이래 현재에 이르기까지 전쟁과 기아, 질병의 공포 속에서 살아왔다. 지금도 지구촌 어딘가에서는 전쟁이 벌어지고 있으며 선량한 사람들이 총과 폭탄에 의해 목숨을 잃는다. 앙리 뒤 낭이 〈솔페리노의 회상〉에서 기록했던 참상은 166년이 지난 지금도 여 전히 재현되고 있다.

세계의 석학들은 21세기에는 동양적 휴머니즘이 세계의 정치 이념 으로 자리 잡을 가능성이 아주 높다고 예견한다. 인간의 본성은 자연과 도 같다. 준엄한 자연의 명령에 따라 인간 본연의 이성과 감성을 회복해 야 한다. 그리고 인본주의로 돌아가야 한다. 그래야만 마더 테레사가 우 리에게 남겨준 유산인 사랑, 평화, 박애, 봉사 정신의 빛이 찬란하게 발 하게 될 것이다.

62. 로널드 레이건

공산주의를 무너뜨린
자유세계의 탁월한 지도자

2011년은 로널드 레이건Ronald W. Reagan, 1911~2004 탄생 100주년이 되는 해였다. 그해 갤럽 여론조사에서 미국인들은 역사상 가장 위대한 대통령으로 레이건을 꼽았다. 탄생 100주년의 영향이 있었을 것이라고 생각할 수도 있지만, 그는 이미 2001년과 2005년 조사에서도 1위에 오른 바 있다. 10위 안에 드는 대통령으로는 워싱턴, 링컨, 케네디, 클린턴 등이 있다.

레이건은 전 세계적으로 널리 알려진 인물이기에 그의 생애와 업적을 일일이 설명할 필요는 없다. 다만 그가 추구했던 '레이건 일레븐 Reagan Eleven, 11 Principles of a Reagan Conservative'은 오늘의 우리에게도 주는 메시지가 깊고 분명하기에, 다시 한번 되짚어 볼 필요가 있다. '레이건 일레븐'은 미국을 이끌어 간 레이건의 11가지 원칙과 신념을 가리키는 말이다. 그것은 정치의 영역뿐 아니라 가정과 사회 등 어느 곳에서나 지켜야 할 소중한 원칙이기도 하다. 그중에서도 중요한 몇 가지를 되새겨 보자.

첫째는 자유다. 레이건이 분명하게 믿었던 것은, 모든 사람은 예외 없이 자유를 누려야 한다는 신념이었다. 자유는 번영의 동력이며, 사람을 신뢰하고 각자가 자신의 삶에서 무엇을 할지 자유롭게 결정할 수 있어야 한다는 점이 중요하다. 자유는 하나님이 인간에게 부여한 자연적 권리이며, 모든 정치의 목적은 이 자유를 수호하는 데 있다는 것이 그의 생각이었다.

둘째는 신앙이다. 자유는 신앙을 필요로 한다. 레이건은 신이 '모든 지식의 근원'이라고 생각했으며, 신앙의 빛이 인간의 지성과 이성을 일깨울 뿐 아니라 자유민주주의의 토대가 된다고 강조했다. 신앙은 도덕과 질서, 책임 있는 시민정신의 출발점이며, 무신론적 체계와 구별되는 핵심 가치이기도 하다.

셋째는 가정이다. 가정은 이 세계의 가장 중요한 기초다. 사회의 가장 중요한 단위이며 문명의 중심이기도 하다. 좋은 가정과 선한 부모는 선한 시민들로 이루어진 다음 세대를 길러 낸다. 전통적 가정의 역할이 약화되면 범죄 증가, 도덕 해이, 교육 붕괴로 이어질 수 있다. 따라서 모든 정부는 가족을 대체하려 해서는 안 되며, 가정을 지원하고 존중하는 정책을 추진해야 한다.

넷째는 인간 생명의 신성과 존엄성이다. 생명권은 인간의 모든 권리 가운데 가장 근본적인 권리다. 모든 인간은 수태의 순간부터 생명권을 가진다. 낙태나 안락사 같은 문제도 단순한 정치적 관점이 아니라 도덕적 책임과 신앙의 관점에서 인식해야 한다. 생명을 경시하는 사회는 자유와 책임의 기반마저 무너질 수 있기 때문에, 인간 생명의 존엄성은 반드시 지켜져야 한다.

그 밖에도 그는 '미국 예외주의, 국부들의 지혜와 비전, 낮은 세금, 제한된 정부, 힘을 통한 평화, 반공주의, 개인에 대한 믿음'을 중요한 원칙으로 삼았다. 레이건은 보수주의 정치가의 대명사로 불리지만, 그가 강조하고 실천했던 11가지 원칙은 특정 이념이나 정파를 떠나 반드시 필요한 가치들이다. 또한 아무리 많은 시간이 흘러도 인간의 삶을 지탱하는 핵심이라 할 수 있다.

현대사에서 가장 크고 중요한 일을 해내다

레이건의 중요한 업적 중 하나는 소련의 붕괴를 이끌어 낸 일이다. 동서 경쟁이 치열하던 1980년대 초, 그는 소련을 '악의 제국Evil Empire' 이라 규정하며 강력한 대소 정책을 추진했다. 국방 예산을 늘려 군비를 대폭 확장했고, 핵무기와 스텔스 폭격기, 항공모함 등 다양한 전략무기를 개발해 군사적 우위를 확보했다.

특히 1983년에 발표한 전략방위구상(SDI, 이른바 '스타워즈 계획')은 결정적 역할을 했다. 그 실현 가능성에 대해서는 의문이 많았지만, 심리적 측면에서 소련에 막대한 부담을 안겨 준 것은 분명했다. 이미 경제가 쇠퇴하고 있던 소련은 SDI에 대응하기 위해 더 많은 군사비를 지출해야 했다. 결국 이러한 압박은 소련 붕괴를 앞당겼고, 동유럽 여러 나라를 자유주의 국가로 변화시키는 데 영향을 미쳤다. 동독이 무너지고 독일이 통일된 것도 그 흐름 속에 있었다.

레이건은 우리나라의 민주화에도 적지 않은 영향을 끼쳤다. 1987년 6월항쟁 당시 전두환 정권에 압박을 가함으로써 군대가 투입되는 사태가 벌어지지 않도록 하는 데 일정한 역할을 했다. 외교문서에서 밝혀진 바에 따르면, 전두환 정권은 미국의 지지를 얻기 위해 노력했지만 결국 실패했다. 레이건 대통령에게 지지를 호소하는 친서를 보냈으나, 돌아온 답은 오히려 그 반대였다.

레이건은 정치범 석방을 강조했고, "언론의 자유와 TV 및 라디오의 균형 잡힌 보도는 자유선거에 대한 당신의 공약을 실천하는 데 필수적" 이라고 지적했다. 친서를 전달했던 제임스 릴리James R. Lilley 주한 미국대사 역시 "만일 계엄 선포가 임박했음을 발표한다면 한미동맹을 훼손할 위험을 감수해야 할 것이며, 1980년 광주의 재난적 사건이 재발되는 결과를 자초하게 될 것"이라고 말했다. 그런 의미에서 우리나라의 민주화 과정에서 레이건의 역할이 적지 않았다고 말할 수 있다.

아무리 뛰어난 지도자라 해도 반대와 비판은 반드시 있게 마련이다. 일부 정치학자와 역사학자들은 지나친 군비 확장, CIA를 앞세운 제3세계의 정치적 혼란, 사회보장 제도의 축소, 기독교 근본주의의 확산과 그에 따른 폐해, 그리고 양극화 확대 등을 비판했다. 또 소수자와 빈곤층의 인권을 후퇴시켰다고 비난하는 사람들도 있다.

그러나 레이건은 1980년대 신자유주의 체제를 세운 대표적 지도자로 꼽히며, 미국의 보수층에게는 레이거노믹스Reaganomics를 통해 1970년대의 불황을 극복하고 미국의 자존심을 회복시킨 대통령으로 평가받는다. 세계사적 차원에서 보더라도, 레이건은 제2차 세계대전 이후 고착화된 민주주의와 공산주의의 대립 구도를 무너뜨리고 오늘날의 민주 자유 세계를 형성하는 데 결정적 역할을 한 인물이다.

레이건이 대통령에 취임했을 때 그의 나이는 69세였다. 당시로서는 미국 역사상 최고령 대통령이었다. 그럼에도 현대 세계사에서 레이건만큼 크고 중요한 일을 해낸 인물은 드물다.

로널드 레이건
[출처_wikipedia.org]

63. 넬슨 만델라

화해와 용서, 화합으로
노벨평화상을 받은 평화주의자

– 27년 6개월을 감옥에 있었지만 모두를 사랑하다 –

'롤리랄라'Rolihlahla라는 이름을 가진 아이가 있었다. '나뭇가지를 잡아당긴다'는 뜻이다. 1918년 여름에 태어난 롤리랄라의 아버지 음파카니스와는 남아프리카공화국 코사족 부족장이었고, 어머니 노세케니는 그 부족장의 셋째 부인이었다.

기독교 신자였던 어머니의 후원으로 감리교 학교에 입학한 그는 그곳에서 '넬슨Nelson'이라는 이름을 받았다. 이후 16세에 성인식을 치르며 '달리붕가Dalibhunga'라는 이름도 얻었는데, 이는 '새로운 권력자'라는 뜻이다. 이름이 여러 번 변했지만 그의 정식 이름은 넬슨 롤리랄라 만델라Nelson Rolihlahla Mandela이다.

만델라는 1962년, 그의 나이 44살이 되었을 때까지 세계적으로 알려지지 않았다. 남아프리카연방은 그 전해인 1961년 5월에 영연방에서 탈퇴하며 남아프리카공화국으로 독립했다. 그 과정에서 원주민(흑인)들을 억압하고, 학살하는 사태가 빈번히 발생했다. 1960년 3월 샤프빌 사태로 69명이 죽고 200여 명이 부상당하는 비극도 일어났다.

만델라는 1961년에 무장투쟁 조직 '민족의 창uMkhonto we Sizwe, MK'을 결성해 저항운동을 벌였고 해외를 다니며 지원을 요청했으나 결국 체포

되었다. 그에게 내려진 선고는 종신형이었다. 감옥에서 어머니와 맏아들의 사망 소식을 접하는 아픔 속에서도, 그는 자유와 평등을 향한 투쟁을 멈추지 않았다. 이제 그의 이름은 전 세계적으로 알려지게 되었으며, 인종차별, 흑인 탄압, 불평등과 불공정을 타파하라는 요구가 남아프리카공화국 안팎에서 거세게 일어났다. 국내외 압박을 견디지 못한 더클레르크 대통령은 결국 1990년 만델라를 석방했다. 감옥에 갇힌 지 28년이었다. 그 누구라도 28년 동안 감옥에 갇혀 있다면 억압자에게 항복하거나, 감옥 생활에 길들여져 자신의 목표를 잊어버리게 될 것이다. 그러나 만델라는 단 한 순간도 자신의 목표를 잊지 않았다. 출감 후 남아공은 엄청난 변화의 길에 들어서 불공정, 불평등을 없앴으며, 만델라는 용서와 화합, 평화의 상징이 되어 전 세계인의 존경을 받았다.

남아공 대통령으로 선출되어 많은 정책을 실행했는데, 그중에서도 가장 중요한 것은 〈진실과 화해 위원회〉의 설립이었다. 이는 과거의 잘못을 밝히고 바로잡자는 의미이지 누군가를 처벌하는 것은 아니었다. 그는 국민들의 80%에 달하는 압도적 지지를 받았지만 재선에 출마하지 않고 정계에서 퇴임했다.

청년 시절 학업에의 탐구, 인권에 대한 투쟁, 인종차별 철폐, 강인한 인내심, 용서와 화합, 정치 개혁, 준법 퇴임, 도덕성 등 그는 현대의 모든 사람들에게 귀감이 되는 삶을 살았다.

자유는, 다른 사람의 자유를 존중하는 것

만델라는 대통령 재임 기간에도 많은 일을 했지만, 퇴임 이후의 활동 또한 눈부셨다. 아프리카 대륙은 종족 간 갈등과 테러 단체의 폭동, 식량난, 내전, 자원을 둘러싼 분쟁, 인권 유린 등 수많은 문제로 끊임없는 혼란을 겪고 있다. 만델라는 2000년대 초, 아프리카에서 진행된 여러

평화협상에 비공식적으로 참여하며 중재자로 활동했다. 이는 아프리카 연합African Union과 유엔이 그를 '아프리카 평화의 원로'라 부르는 이유이다.

또한 에이즈 퇴치에서도 큰 기여를 했다. 첫 부인 이블린에게서 태어난 큰아들 마가토 만델라가 2005년 에이즈로 사망했다는 사실을 공개하면서 에이즈에 대한 경각심과 퇴치 노력에 모두 동참할 것을 호소했다. 그는 "에이즈는 절대 특별한 병이 아니다. 많은 사람들이 에이즈 감염 사실을 부끄러워하며 숨기려 하지만 이는 잘못된 것이다."라고 말했으며 유엔과 세계보건기구의 에이즈 퇴치운동을 적극 지지했다.

1993년에 만델라는 7대 대통령 프레데릭 데클레르크와 함께 아파라크헤이트 철폐와 민주화 정착에 기여한 공로로 노벨평화상을 받았다. 과거 인종차별 체제를 이끌었던 백인 대통령과 그 체제에 저항한 흑인 운동가가 함께 평화와 인권증진을 실현시켰다는 세계적인 인정이었다.

유엔은 2009년 만델라의 생일인 7월 18일을 '국제 넬슨 만델라의 날'로 지정했다. 이는 개인의 사회적 기여와 봉사의 가치를 되새기자는 의미였다. 인종과 국가, 종교를 넘어 전 세계 시민이 평화와 인권, 사회정의를 위해 행동하는 날로 기념되고 있다.

만델라는 2013년 12월 5일, 95세의 나이로 세상을 떠났다. 아프리카라는 땅에서, 그것도 28년이나 옥살이를 했다는 사실에 비추어 그는 굉장한 장수를 누렸다. 장례식은 같은 해 12월 15일 치러졌으며 전 세계 100여 나라의 대통령과 총리 등이 참석했다. 역사상 한 사람의 장례식에 그처럼 많은 나라의 수반이 참석한 것은 처음이다.

내가 가장 좋아하는 사람이 바로 넬슨 만델라이다. 그래서 나는 만델라의 자서전인 〈자유를 향한 머나먼 길〉을 비롯해, 그에 관한 책은 모두 읽었다. 지금도 내 서재에는 그의 책이 여러 권 꽂혀 있다. 그가 보여준 인내와 화해, 용서, 사랑의 정신에 깊이 공감하기 때문이다.

만델라는 자신의 국가를 위해서 헌신했을 뿐 아니라, 전 세계에 평화와 인권, 정의의 가치를 전파한 세계사적 인물이다. 그는 단지 남아공의 해방 영웅이 아닌 인류 공동의 지도자였으며, 그의 철학은 오늘날까지 국제사회 곳곳에서 살아 숨 쉬고 있다.

넬슨 만델라
[출처_wikipedia.org]

"인생에서 가장 큰 영광은 결코 넘어지지 않는 것이 아니라 넘어질 때마다 일어서는 것이다."
The greatest glory in living lies not in never falling, but in rising every time we fall.

"자유란 자신의 사슬을 끊는 것뿐 아니라 다른 사람들의 자유를 존중하고 증진하는 방식으로 살아가는 것이다."
For to be free is not mwrwly to cast off one's chains, but to live in a way that respects and enhances the freedom of others.

꿈은 좌절 속에 피는 꽃

오늘의 힘겨운 시대를 살아가는 청춘들에게 내가 꼭 권하고 싶은 책이 있다. 미국의 제16대 대통령이었고, 지금도 전 세계인의 추앙을 받는 에이브러햄 링컨의 전기다.

그의 삶을 객관적으로만 보면 지극히 '불쌍한' 사람처럼 보인다. 가난한 집에서 태어나 미국의 여러 곳을 떠돌았고, 어머니는 그가 아홉 살 때 세상을 떠났다. 학교도 제대로 다니지 못해 정규 교육은 초등학교 1학년 수준에 그쳤다. 훗날 여러 선거에 출마했지만 결과는 낙선의 연속이었다. 정치인 가운데 링컨만큼 많이 떨어진 사람도 드물다.

오늘의 젊은이들이 링컨처럼 수많은 실패와 좌절을 겪는다면, 과연 오뚝이처럼 다시 일어나 도전할 수 있을까 하는 의문이 든다. 그의 삶은 죽는 순간까지 시련과 고통의 연속이었다. 그러나 우리가 배워야 할 것은 바로 그 시련을 극복해 가는 과정이다.

링컨은 1809년, 켄터키주의 가난한 개척자 집안에서 태어났다. 먹을 것과 입을 것도 변변치 않은 형편에서 공부를 한다는 것은 사치스러운 꿈에 가까웠다. 그러나 그는 틈만 나면 책을 읽었다. 변호사 공부를 하기 전에는 사업을 하다가 실패했고, 변호사가 된 뒤에는 주의회 선거에 출마했다가 낙선했다.

어려움 속에서도 다시 도전해 당선되었지만, 이번에는 주의회 의장

선거에 나섰다가 또다시 낙선했다. 그 후 연방 하원의원 선거에 출마하려 했으나 공천을 받지 못해, 아예 출마조차 하지 못하는 좌절을 겪었다. 이후 재도전 끝에 하원의원에 당선되었지만, 상원에 출마했을 때는 또다시 낙선했다. 다시 한번 도전에 나서 천신만고 끝에 당선되었으나, 상원에 만족하지 않고 부통령에 출마했다. 그러나 이 역시 뜻대로 되지 않아, 결국 또 한 번 낙선하고 말았다.

링컨의 선거 공식은 마치 '출마-낙선-재도전-당선'으로 정해져 있는 듯하다. 그는 무려 다섯 번이나 낙선했다. 더욱 불행한 것은 그의 첫사랑이 병으로 세상을 떠났고, 두 명의 여자에게 청혼했지만 거절당했다는 사실이다. 어렵사리 메리 토드와 결혼했지만, 그 사이에서 태어난 네 명의 자식들마저 병으로 차례차례 세상을 떠났다.

대통령 선거에 출마해 치열한 접전 끝에 당선되었으나, 흑인 노예 해방령을 반대하는 남부 세력으로 인해 나라는 두 동강이 났다. 그리고 참혹한 전쟁이 벌어졌다. 남북전쟁은 지루한 공방 끝에 북군이 게티즈버그에서 승리하면서 막을 내렸다. 전사자는 61만 명에 이르렀고, 산업 시설은 파괴되었으며, 국론은 분열되었다. 국가는 엄청난 어려움과 혼란에 빠졌다.

이러한 그의 인생 역정歷程과 정치는 온갖 고난을 감내하며 이뤄 낸 것이기에, 인간 승리라고 불러도 지나치지 않다.

좌절과 고통을 이겨낼 수 있는
사람은 자기 자신

내 병원이 있는 관악구 신림동은 이른바 '고시촌'이다. 지금도 작은 방 안에서 책과 씨름하는 젊은이들을 본다. 그들에게 어찌 고통과 좌절이 없겠는가. 그러나 그 길을 먼저 지나온 선배로서 내가 해줄 수 있는 말은 하나다. 고통에 굴복하거나 피하지 말고, 끝내 이겨 내라는 것이다.

나는 시골에서 태어나 부모님을 일찍 여의고, 형님 밑에서 천신만고 끝에 의대에 합격해 의사가 되었다. 의사라는 직업에 만족할 수도 있었지만, 대학원에 진학해 의학 박사, 법학 박사, 행정학 박사를 취득했다. 이것은 결코 자랑이 아니다. 누구든 강인한 정신력으로 현실과 맞서 싸우면 목표를 이룰 수 있다는 말을 하고 싶은 것이다.

링컨이 좌절하려 했다면, 가난한 집안에서 태어난 것만으로도 충분히 좌절할 수 있었을 것이다. 학교에 제대로 다니지 못했던 환경 역시 그를 주저앉게 만들 이유가 되었을 것이다. 몇 번이고 선거에서 낙선했을 때에도 그는 포기할 수 있었을 것이며, 네 아들을 차례로 떠나보냈을 때는 어쩌면 더 이상 삶을 이어가고 싶지 않았을지도 모른다.

한국 최고의 대학 중 하나로 꼽히는 카이스트 학생이 자살했다는 뉴스는 우리 국민 모두에게 큰 슬픔과 충격을 안겨 주었다. 그 뉴스를 듣는 순간, 나는 내 귀를 의심했다. 의학적으로 보면 자살의 원인으로 우울증이 지목되는 경우가 많은데, 전체 자살자의 60~80%가 이에 해당한다. 우울증은 치료가 가능한 질환이다. 그러므로 '우울한 마음이 든다'는 신호가 올 때는 즉시 병원을 찾아야 한다.

한 번은 고시촌에서 구급차에 실려 온 젊은 여성이 있었다. 음독을 해 생사의 갈림길에 놓인 위중한 환자였다. 우리 병원 의사들이 거의 총동원되어 응급처치를 한 끝에 겨우 살려 냈다. 며칠 뒤 병실에 찾아가 보니, 햇볕이 쏟아지는 창가에서 해맑게 웃으며 나를 향해 이렇게 말했다. "살려 주셔서 고맙습니다."

그녀가 어떤 삶을 살아왔는지, 어떤 문제에 부딪혀 음독까지 하게 되었는지는 알 수 없다. 그러나 중요한 것은 그녀가 "살려주셔서 고맙습니다"라고 말했다는 사실이다. 지금쯤 그녀는 어디에선가 자신의 삶을 다시 잘 꾸려 가고 있을 것이다.

누구에게나 좌절은 찾아온다. 삶에서 부딪히는 문제와 고통의 모습도 제각각이다. 그러나 그 좌절과 고통을 이겨 낼 수 있는 사람은 결국 자기 자신이다. 그리고 반드시 이겨 내야 한다. 아무리 급박한 문제이고 큰 고통이라 해도, 인내심을 가지고 버티다 보면 해결의 길은 반드시 생긴다.

그 롤모델로 나는 링컨을 권한다. 물론 세상에는 좌절을 이겨 내고 꿈을 이룬 사람이 많다. 그러나 링컨의 전기를 읽다 보면, 좌절을 극복하는 힘이 무엇인지 조금씩 깨닫게 된다.

링컨은 이렇게 말했다.

"나는 천천히 걸을 뿐, 결코 뒤로 가지 않는다."
I walk slowly, but I never walk backward.

에이브러햄 링컨
[출처_wikipedia.org]

노인을 행복하게 하는 사회는 모든 세대를 행복하게 만든다

'세계 10위의 경제대국'

'노인빈곤 최고 수준'

'자살률 OECD 1위'

이 이질적인 지표는 무엇에 대한 설명일까? 놀랍게도 이것은 모두 오늘의 대한민국을 설명하는 말이다. 이러한 모순된 현실은 특히 노인 세대의 삶에서 가장 선명하게 드러나고 있다.

노인 세대는 대한민국의 산업화와 눈부신 경제성장의 토대를 만든 주역이다. 그러나 사회는 과연 어떤 보상을 해왔을까? 정부의 노인복지 정책은 빈곤과 고립이라는 현실 앞에서 충분한 대안을 제시하고 있을까?

이 글은 노인과 관련된 문제를 단순히 나열하는 것에 그치지 않고, 초고령사회에 진입한 대한민국에서 노인의 삶을 어떻게 이해하고, 사회와 정부는 어떤 역할을 해야 할지, 그리고 노인 당사자는 어떤 태도와 품격을 가져야 할지 함께 생각해 보고자 한다.

초고령사회, 대한민국의 현실

우리나라는 지난 수십 년 동안 세계가 놀랄 만큼 빠른 성장을 이루었다. 경제 규모는 세계 10위권에 이르렀고, 문화·의학·기술 등 여러 분야에서 국제사회가 주목하는 국가가 되었다. '한국의 위상'이라는 말이 더 이상 낯설지 않은 외형적 성장과 달리 우리 사회의 노인복지 현실은 아직도 많은 과제를 안고 있다. 국가의 경제력과 노인복지의 수준이 반드시 비례하지 않는다는 사실을 우리는 이미 여러 지표를 통해 확인하고 있다.

특히 우리가 성찰해야 할 주제는, 고령화가 빠르게 진행되는 상황에서 노인의 삶이 실제로 얼마나 안전하고, 존중되고, 행복한가에 대한 부분이다. 이러한 질문은 결국 우리 사회 전체의 지속가능성을 가늠하는 중요한 기준이 될 것이며, 앞으로의 10년, 20년은 대한민국의 노인복지 수준이 국가의 품격을 결정하는 중요한 시기가 될 것이다.

우리나라는 세계가 인정하는 경제력과 기술력을 갖춘 나라이다. 그러나 안타깝게도 노인복지를 바라볼 때 국가의 위상과 대비되는 넘어야 할 많은 과제를 안고 있다. 유엔의 분류 기준에 따르면, 전체 인구 중 65세 이상 인구 비율이 7%를 넘을 경우 '고령화사회', 14%를 넘으면 '고령사회', 그리고 20% 이상일 경우 '초고령사회'로 구분한다. 이 기준에 따라 우리나라는 2025년에 65세 이상 인구 비율이 20.3%에 이르러 공식적으로 초고령사회에 진입하였다. 이는 인구수로 환산하면 약 1,050만 명으로, 전체 인구 5명 중 1명이 노인인 사회가 되었음을 의미한다.

이러한 변화에서 특히 주목해야 할 점은 고령화의 '속도'이다. 일본은 1970년 65세 이상 인구 비율이 7%를 넘으며 고령화사회에 진입한 이후, 2006년 초고령사회(65세 이상 21%)에 도달하기까지 약 36년의 시간이 걸렸다. 반면 우리나라는 2000년 고령사회(65세 이상 14%)에 진입한 이후, 불과 25년 만인 2025년에 초고령사회에 도달하였다. 이는 주요 선진국과 비교해도 매우 빠른 속도로, 고령화가 사회 전반에 미치는 충격이 그만큼 압축적으로 나타나고 있음을 의미한다.

또한 이러한 수치와 속도는 단순한 인구 통계를 넘어, 향후 노동시장, 복지체계, 지역 공동체의 구조 전반을 근본적으로 변화시키는 중요한 흐름으로 이해해야 한다. 결국 문제의 핵심은 노인의 수가 증가하는 것 자체가 아니라, 이러한 급격한 변화에 비해 우리 사회의 제도적·사회적 준비와 대응이 충분한지에 대한 점검이 시급하다는 데 있다.

빈곤·자살·치매: 하나로 연결된 노인의 삶

국가의 수준은 가장 취약한 계층의 삶에서 보통 드러난다. 이러한 구조적 변화는 이미 노인의 삶의 조건에서 구체적인 문제로 나타나고 있다. 2025년 12월 조선일보 보도에 따르면, 혼자 거주하는 70세 이상 고령층 인구는 약 159만 명으로 전 연령대 중 가장 높은 비중을 차지하고 있다. 이 가운데 74.2%에 해당하는 약 139만 7천 가구가 기초생활수급 1인 가구인 것으로 나타났다. 이는 고령층의 단독 가구화와 빈곤 문제가 동시에 심화되고 있음을 보여주는 단적인 사례라 할 수 있다.

이러한 언론 보도와 더불어 공적 통계 자료를 살펴보면, 한국은 노인 자살률이 OECD 국가 중 가장 높은 수준을 기록하고 있으며, 노인 상대빈곤율 또한 2022년 기준 66세 이상 인구의 39.8%로, 노인 10명 중 약 4명이 기초생활 수준의 소득으로 생활하고 있다(이창숙·김주현·정순둘, 2024). 이는 OECD 국가 중에서도 최상위 수준의 노인 빈곤율로, 대한민국이 초고령사회에 진입한 이면에 놓인 또 다른 현실을 보여준다(이상욱·오영은·이정화, 2024).

경제적 어려움은 노인의 삶에서 단일 문제가 아닌, 여러 위험 요인을 연쇄적으로 증폭시키는 출발점이 된다. 소득이 불안정한 노인은 의료비 부담으로 인해 병원 방문과 치료를 미루게 되고, 이는 만성질환의 악화와 신체 기능 저하로 이어진다. 여기에 혼자 사는 생활이 더해질 경우, 영양 상태 악화와 사회적 고립이 심화되며 우울감과 자존감 저하가 동반되는 경우가 많다. 이러한 조건들은 노인의 자살 위험을 높이는 주요 요인으로 작용한다. 실제로 한국의 노인 자살률은 전체 인구 자살률의 두 배 이상으로, 빈곤·질병·고립이 복합적으로 작용한 결과로 이해할 수 있다.

이와 같은 삶의 환경은 치매 문제와도 밀접하게 연결된다. 경제적·정서적 취약 상태에 놓인 노인은 인지 기능 저하가 시작되더라도 조기 진단과 지속적 관리가 어려운 경우가 많으며, 치매의 빠른 진행으로 이어질 가능성을 높인다. 2024년 기준 대한민국의 치매 환자 수는 약 100만 명에 이르렀으며, 유병률 자체보다도 증가 속도가 매우 빠르다는 점에서 심각한 사회적 과제로 떠오르고 있다.

특히 독거·빈곤 노인의 경우, 치매는 단순한 질병을 넘어 돌봄 공백과 안전 문제, 지역사회 부담으로 확장되는 특징을 보인다. 결국 빈곤, 자살, 치매는 각각 분리된 문제가 아니라 노인의 삶에서 하나의 흐름으로 연결된 구조적 문제이며, 이를 통합적으로 바라보는 시각이 무엇보다 중요한다.

이러한 문제는 단순한 통계 수치가 아니라 우리 사회가 책임지고 해결해야 할 삶의 질의 문제이며, 바로 우리 모두의 이야기이다. 따라서 지금 우리가 준비하는 정책과 서비스는 다음 세대뿐 아니라 우리 모두의 미래를 결정짓는 중요한 선택이 될 것이다.

해외 사례가 보여주는 방향
: 커뮤니티 중심에서 답을 찾다

앞서 언급한 문제들에 대한 해외의 대처는 어떠한지 살펴보면, 복지국가로 평가받는 핀란드 등의 북유럽 국가들은 '공공 돌봄 인프라'를 조기에 구축하여, 수십 년 전부터 노인의 생활지원·의료·주거가 통합된 저비용의 방문간호·방문재활·데이케어·실버주택 등을 통해 고립과 빈곤을 동시에 예방하며 공공의 돌봄 체계를 마련하여 운영 중에 있다(Salin, S., & Laaksonen, H., 2018).

일본은 '지역사회 통합 돌봄'을 도입하여 주거·의료·요양·예방·생활 지원을 하나의 체계로 통합하여 운영한다. 주요 내용은 지역 단위의 생활권을 기준으로 어르신이 지역에서 건강하게 살 수 있도록 지원하며 지자체가 지역 내 의료, 복지기관, 서비스를 하나로 조종하는 체계 마련을 하고 있다는 것이다(Salin, S., & Laaksonen, H., 2018).

미국은 주정부 단위의 고위험군 노인 대상 정신건강서비스를 제공하고 있고, 우울이나 자살 위험군을 조기 발굴하기 위한 지역클리닉 모바일 정신건강팀을 운영한다. 기관 및 비영리기관이 함께 운영하는 협력체계가 특징적이다.

이들 세 나라의 특징 및 공통점은 '지역 안에서 문제를 해결하는' 커뮤니티 중심 체계를 국가에서 책임지고 구축하고 있다는 점이다.

이에 대해 한국도 준비하고 나아가야 할 방향은 '지역기반 통합 돌봄'의 강화이다. 현재도 기초연금으로 인한 최소한의 안정망을 구축하고, 자살 고위험군에 대한 등록 관리를 진행하고 있으며, 치매안심센터를 구마다 두어 사회적 관리를 시도하려 하고 있다. 또한 2018년부터 커뮤니티케어의 추진계획을 발표하고 이를 시도하고 있다. 그러나 이것이 실질적으로 개인과 가족의 돌봄 부담 경감, 삶의 질 개선과 연결될 수 있도록 구체적이고 촘촘한 국가적 시스템 마련과 서비스 구축이 필요하다(황영진, 2020). 그리고 이에 대해 병원, 복지기관, 지자체, 지역사회 주민 모두, 그리고 우리 각 개개인이 관심을 갖고 함께 해야 한다.

노인을 행복하게 하는 사회
: 모든 세대의 미래를 지키는 안전망

빈곤, 자살, 치매는 우리 사회가 반드시 해결해야 할 숙제이다. 먼 미래의 일이 아니라 바로 지금 우리의 일이다. 내가 생각하고 있는 신넘 중 하나는 "노인을 행복하게 하는 사회는 결국 모든 세대를 행복하게 만든다"는 것이다.

평생 열심히 일했지만 노후를 준비할 시간이 부족했던 세대인 지금의 우리, 오늘의 세계적인 한국이라는 위상을 높이는 데 기여하였던 이들, 이제는 국가의 품격을 '노인의 삶의 질'에서 찾아야 할 때이다(김성수, 2024). 우리 지역이, 우리 사회가 이러한 방향으로 변화할 때, 대한민국은 세계 10위권 국가의 위상에 걸맞은 품격 있는 '전 세대에게 모두 좋은 복지국가'로 나아갈 수 있다.

1938년 소설 『대지The Good Earth』로 미국 여성 작가 중 처음으로 노벨문학상을 받은 펄벅Pearl S. Buck은 문학가이면서도 세계적인 인권 사회 운동가였다. 그녀가 70살이 되었을 때 누군가 그녀에게 물었다.

"다시 청춘으로 돌아간다면 무엇을 하고 싶으신가요?" 질문을 한 사람은 멋진 대답을 기대했겠지만 돌아온 답은 뜻밖이었다.

"청춘으로 돌아가고 싶지 않습니다. 내가 여기까지 오는데 치른 값이 얼마인데요! 나는 그것을 되풀이하고 싶지 않아요. 나는 지금이 가장 좋습니다. 지금을 누리기 위해서 살아온 것입니다. 흔히들 나이가 들면 젊었을 때 이루지 못한 것들에 대한 후회와 아쉬움으로 힘들고 서글퍼질 때가 있다는데요, 나는 그렇지 않습니다. 지금이 가장 좋아요." 그녀의 말은 백번 옳다. 지나간 것은 지나간 것이다. 그 지나간 시절을 후회하거나 아쉬워하지 말고 바로 '지금'을 가치 있게, 아름답게, 그리고 활기차게 보내야 한다.

한국인의 기대수명은 2024년 평균 83.7세로, OECD 회원국 중 상위권에 속한다. 이제는 100세 시대를 넘어 120세 시대가 다가올 것으로 예상된다. 기네스 세계기록에 따르면, 역사상 가장 오래 산 인물은 프랑스 여성 잔 루이즈 칼망Jeanne Louise Calment이다. 그녀는 1875년 2월 21일에 태어나 1997년 8월 4일에 사망해 122세 164일을 살았다. 놀라운 기록이지만 이 기록을 뛰어넘을 사람들이 곧 나타날 것이다.

그러나 유병기간을 제외한 건강수명은 65.8세에 그친다. 즉 평균적으로 17년 이상 질병이나 부상 등을 겪으면서 보내야 한다는 의미다. 우리는 여기에 대한 준비를 해야 한다. 노후를 행복하게 보내기 위한 준비를 해야만이 삶을 아름답게 마무리 지을 수 있다.

멘토로서의 노인: 존중받는 어른이 되는 길

글을 마무리하며, 노인을 존중하는 사회를 만들기 위해서는 사회와 제도의 노력뿐 아니라 노인 스스로도 '어른으로 대접받기 위한 역할과 태도'를 함께 고민해야 한다.

존경받는 노인(어른)이 되기 위해서는 일상에서 7가지를 실천해야 한다. 나는 이를 'Seven Up'이라 부른다.

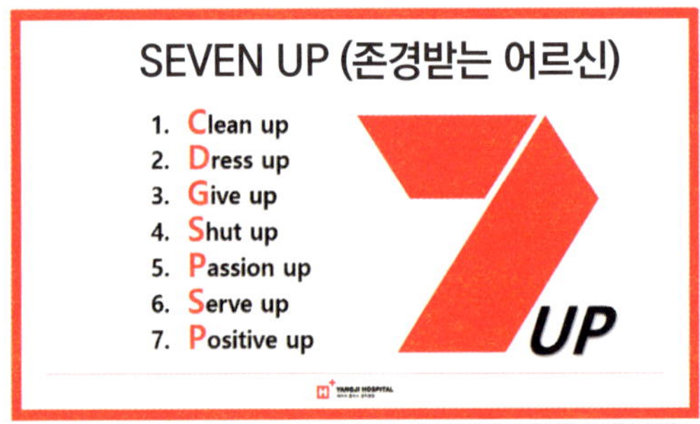

1. Clean up

: 항상 몸을 깨끗하고 단정하게 해야 한다. 노인이 되어 청결하게 하지 않으면 냄새가 날 수 있다. 노인의 냄새는 사람들에게 나쁜 이미지를 줄 수 있기 때문에 항상 청결을 유지하도록 해야 한다.

2. Dress up

: 옷을 잘 입어야 한다. 외출할 때는 장롱에서 가장 좋은 옷을 꺼내 입는다. 자주 빨아 입고, 다려 입어야 한다. Dress up은 비싼 옷을 입으라는 의미가 아니다. 계절에 맞게 깨끗하게 입으라는 권유이다.

3. Give up

: 양보는 미덕이다. 사람은 나이가 들수록 고집을 부린다. 어떤 일이나 의
견에 부딪혔을 때는 나 자신이 먼저 한발 양보하는 것이 좋다.

4. Shut up

: 말이 많은 것은 노인의 단점 중 하나이다. 나이 들수록 자신의 입을 닫고
상대의 말에 귀 기울여야 한다. 그저 들어주기만 하여도 존경을 받을 수
있다. 특히 '라떼는 그랬어'라는 말을 하지 말아야 한다.

5. Passion up

: 모든 일에 열정적으로 임하라. 운동을 하기로 했으면 열정적으로 하고,
독서를 하기로 했으면 역시 열정적으로 하라. 단, 다른 사람들에게 피해
를 주어 보기 흉하다는 말을 들어서는 안 된다.

6. Serve up

: 봉사에 앞장서라. 돈을 써서 봉사하라는 것이 아니다. 집 앞 골목을 쓸
고, 아파트 화단을 청소하고, 종교단체에서 봉사활동을 하는 것이다. 봉
사를 많이 하는 사람이 오래 산다는 통계도 있다.

7. Positive up

: 긍정적인 생각을 가지고 살자. 세상이 왜 이럴까! 요즘 애들은 버릇이 없
어! 저 사람은 은혜를 몰라! 이러한 부정적 생각을 하지 말자. 대한민국
은 더 발전하고 있으며, 나의 노년도 그만큼 더 밝아질 것이라고 긍정적
으로 생각해야 한다. 그래야 노년을 아름답게 보낼 수 있다.

이 7가지를 구호로만 외치지 말고 실천을 해야 어르신으로서 공경과 대
우를 받는다. 대우받기 위해 Seven Up을 실천하라는 것이 아니라 자기
자신을 위해 실천하면 공경을 받게 된다.

우리는 흔히 경험 많은 어른을 '멘토'라 부른다. '멘토Mentor'는 그리스
신화에서 유래한 단어로, 트로이 전쟁에 나간 오디세우스가 아들 텔레
마코스를 맡긴 현명한 조언자 '멘토르(Mentōr)'의 이름에서 비롯되었다

(한국청소년정책연구원, 2022). 즉 멘토란 단순히 나이가 많은 사람이 아니라 삶의 경험을 바탕으로 타인을 이해하고, 책임 있는 태도로 길을 안내하는 존재이다.

반대로 '꼰대'는 권위만 앞세우고 타인의 생각을 존중하지 않는 태도를 비판적으로 지칭하는 단어이다. 두 단어의 의미를 통해 우리는 나이를 먹었다는 사실만으로 자동으로 '어른'이 되는 것은 아니며, '존중'은 직급이나 연령이 아니라 태도와 관계 속에서 형성된다는 점을 발견할 수 있다.

사회가 필요로 하는 노인의 모습은 진정한 어른, 즉 멘토처럼 다음 세대를 이해하고 연결하는 존재일 때이다. 이러한 어른이 존중받고 행복한 사회는 결국 모든 세대가 함께 신뢰하며 살아갈 수 있는 사회로 나아가는 출발점이 된다.

노인 문제를 바라볼 때 우리는 종종 이를 '복지 지출의 증가' 또는 '미래 세대의 부담'으로 여기는 관점이 있으나 노인복지는 단순한 비용이 아니며, 사회 전체의 안정과 신뢰를 높이는 장기적 투자로 이해해야 한다. 그 이유는 노인이 빈곤과 질병, 고립 속에서 방치될 경우, 그 부담은 결국 가족과 지역사회, 그리고 국가 전체로 되돌아오기 때문이다.

반대로 노인이 건강하고 존중받으며 지역사회 안에서 역할을 유지할 수 있다면, 의료비와 돌봄 비용을 줄이는 것은 물론 세대 간 갈등을 완화하고 사회적 연대를 강화하는 효과를 가져온다. 이는 이미 일본과 북유럽 국가들의 경험을 통해 확인된 사실이다. 초고령사회로 접어든 지금, 노인복지를 '지출'이 아닌 '사회 전체의 미래를 지키는 안전망'으로 바라보는 인식 전환이 무엇보다 중요한 시점이다. 그리고 우리 모두는 언젠가 미래의 노인이 되기에, 노인복지는 곧 우리 모두의 삶과 미래를 지키는 안전망이다.

참고문헌

- 김성수. (2024). 품위 있는 사회와 노인의 존엄성: 노인 빈곤의 극복을 위한 교회의 법 윤리적 과제. 선교와 신학, 62.

- 김태훈. (2025, December 10). 노인 1인 가구 70만 시대…70세 이상 1인가구 수 159만명, 조선일보, https://www.chosun.com/economy/2025/12/10/STFZJ5U2VVDBRASD4VI3F43QG4/

- 나무위키. (n.d.). 멘토. Namu Wiki. https://namu.wiki/w/%EB%A9%98%ED%86%A0

- 이상욱, 오영은, & 이정화. (2024). 빈곤 독거노인의 사회적 관계와 지역사회 공동체 의식이 정신건강에 미치는 영향: 전·후기 노인 비교 중심으로. 한국노년학, 44(5).

- 이창숙, 김주현, & 정순둘. (2024). 지역사회 보건·의료·돌봄 인프라가 노인자살률에 미치는 영향: 전기 노인자살률과 후기 노인자살률 비교를 중심으로. 한국인구학, 47(4).

- 황영진. (2020). 인구 고령 사회의 노인복지와 커뮤니티케어. 공공사회연구, 10(2).

- KDI경제교육정보센터.(2015).고령화사회,고령사회,초고령사회.Retrievedfromhttps://eiec.kdi.re.kr/material/clickView.do?click_yymm=201501&cidx=2292

- 국가데이터포털. (2023). 향후 고령인구에 대한 전망은? (통계청 장래인구추계).

- 외교부. (n.d.). 국가데이터 분석: 세계 GDP 현황, https://opendata.mofa.go.kr/lod/countryAnalysis_gdp.do

- 한국청소년정책연구원. (2022). 멘토링의 이론적 기초: 멘토의 기원과 정의 (연구보고서 12-R10). 한국청소년정책연구원.

- OECD. (2020). Suicide rates. Retrieved from https://www.oecd.org/en/data/indicators/suicide-rates.html

- Salin, S., & Laaksonen, H. (2018). Management of nursing homes and sheltered housing in Finland. Athens Journal of Health, 5(1), 21–36, https://doi.org/10.30958/ajh.5-1-2

- Song, P., & Tang, W. (2019). The community-based integrated care system in Japan: Health care and nursing care challenges posed by super-aged society. Bioscience Trends, 13(3), 279–281, https://doi.org/10.5582/bst.2019.01173

사람을 대할 때 높낮이가 없는 50여년 단골손님

관악구 서원동 왕실이용소 김영수 대표

김영수 대표는 50여년 전부터 관악구에서 '왕실이용소'를 운영하고 있는 사장 겸 이발사이다. 나는 1970년대부터 그 이용소에 첫발을 디딘 이래 늘 찾아가는 단골이 되었다. 나는 책을 간행하면서 김 대표에게 글을 요청했는데 그는 쾌히 써주었다. 감사를 전한다.

내 고향은 충북 옥천으로 '기억'하고 있습니다. 부모님은 어렸을 때 돌아가셔서 어떻게 생기셨는지, 어떤 분인지 기억에 없습니다. 어렵사리 이발 기술을 배울 때 고생이 많았지만 "내가 이 이발을 못하면 죽는다"는 절박한 마음으로 기술을 배웠습니다. 그것이 오늘까지 사람들의 머리를 깎아주며 살아가는 삶의 바탕이 되지 않았나 생각합니다.

나 자신의 이발소를 갖겠다는 꿈을 안고 그동안 모은 돈과 처형에게 손을 내밀어 이곳 신림동에 어렵사리 왕실이용소라는 간판을 걸고 개업을 했습니다. 그런데 막상 개업을 하고 보니 주위에 이발소가 많아 살아가기에 힘이 들었으며, 과연 내가 이용업을 하면서 가족을 먹여 살릴 수 있을까 불안감이 들었습니다. 그때 우리 가게에 찾아온 손님이 김철수 양지병원 원장님이었습니다.

원장님은 늘 편안하고 푸근한 모습으로 오셔서 의자에 앉으면 별다른 주문이 없었습니다. 그날 일정이 바쁘시면 손수 머리를 감고 대충 수건으로 닦은 후 의자에 앉아 드라이만 해달라고 합니다.

대부분의 손님들은 머리 스타일을 이렇게 해달라, 저렇게 해달라 주문하지만 원장님은 내가 어떻게 머리를 만지든 관여하지 않았습니다. 그리고 구수하게 사람들의 살아가는 이야기와 자신이 살아온 이야기를 들려주었습니다. 그 덕분에 우리 이발소는 동네 사랑방이 되어 손님들이 차츰 늘어났습니다. 내가 어릴 때 고아가 되어 모진 고생을 했던 것처럼 원장님도 어릴 때 부모님을 여의고 고생했던 이야기도 그때 들었습니다.

어느 날, 가게 앞의 주산학원 원장이 머리를 깎으러 왔다가 딱한 이야기를 꺼냈습니다. 동네 아주머니 한 분이 중병이 들어 수술하지 않으면 곧 죽게 될지도 모른다는 것이었습니다. 워낙 가난해서 치료비는커녕 밥도 겨우 먹는 사람이라 했습니다. 나는 이 이야기를 어렵사리 원장님에게 전했습니다. 원장님은 망설임 없이 "우리 병원에 일단 와보라고 해봐요"라고 말씀하셨습니다.

며칠 지나지 않아 원장님은 그 아주머니를 입원시켜 진단을 했습니다. 당뇨로 인하여 발이 붓고 피부의 일부가 썩어들어가는 병이었습니다. 원장님은 정말 정성을 들여 수술을 하셨습니다. 보름 후에 다행히 아주머니는 건강한 모습으로 퇴원했고 다시 생업으로 돌아갔습니다. 원장님은 일체의 돈을 받지 않고 수술과 치료를 해주셨으며 주의사항도 아주 꼼꼼하게 일러주셨습니다.

그 어떤 말로 김철수 원장님을 칭송해야 할까요? 아무런 말도 필요 없을 것입니다. 다만 그러한 일이 있었다는 사실만을 글로 쓰는 것이 최고의 칭찬이 될 것입니다.

원장님의 또 다른 매력은 사람들을 대하는데 높낮이가 없다는 점입니다. 모든 사람은 평등하다는 것을 말과 행동으로 실천합니다. 누구에게나 존댓말을 쓰고, 병원에 오는 환자는 부자이든 가난한 사람이든 공평하게 대합니다.

또한 원장님은 명절 때면 항상 저한테 꼭 선물을 보내고 전화를 해주십니다. 제가 사위를 얻은 후에는 값진 와인을 보내주셔서 사위와 꼭 같이 한잔하시라고 전화를 해주셨습니다. 퇴근 무렵에 이발소에 오실 때는 막걸리 서너 병과 간단한 안주를 사가지고 오셔서 이발이 끝나면 동네 아저씨들과 저와 함께 막걸리를 마십니다. 거리감 없는 이웃집 아저씨로서 편안한 대화를 나누시곤 하셨습니다.

김 원장님은 대형 병원의 원장님이시자 진정 편안한 이웃집 아저씨이십니다. 김철수 원장님을 사랑하지 않을 수 없는 이유입니다.

영원히 흔들리지 않는
천년의 노거수

문순희 관장은 서울 동작구 상도종합사회복지관 관장이다. 심리치료사로서 대학 강의 및 국민권익위원회 전문 상담위원으로 활동하고 있다. 또 모든 가족이 양지병원의 오랜 고객이기도 하다. 양지병원은 관악구에 있고, 문 관장의 자택은 동작구에 있음에도 언제나 양지병원으로 온다. 다음은 문 관장이 나에 대해 창작한 시이다.

천년의 노거수

문순희

한 줌 흙에 밀알의 꿈을 심어 녹아내린 뿌리 위로
연한 가지를 뻗어 꽃을 피우고 맺어진 열매를
하늘과 땅에 뿌리며 생명을 회복시킨 한 그루 나무가 되어
꽃 침대 뒤로 하고 자갈을 침대 삼아 살아온 걸음걸음 사이로
모진 바람 타고 흐르는 아픔, 슬픔, 절망의 숨결들을
희망의 다리로 한올 한올 엮어내는 연리목이 되셨습니다.
무너지고 쓰러지고 뒤틀린 고난의 시간에도

미래의 꿈과 소원을 걸어놓고 도전을 꽃피우며
이 마음 저 마음 흩어진 생각들을 모아 길을 내고

하늘 높이 뻗어올린 가지와 무성한 잎을 펼쳐
그늘에 머무는 여린 이에게도 겸손관 친근함의 손길로
언제든 누구든 살피며 돌보기를 숨쉬듯 하는 당산목이 되셨습니다.

흐르는 구름과 스며드는 빗물을 벗삼아 살아온 긴 세월
그물에 걸리지 않는 바람처럼 어두운 밤에도 빛으로 길을 내며
낙엽을 이고 홀로 서있는 외로운 고목이 아닌

시냇가에 심어진 노거수 되어 늘어지게 매달린 꽃으로 향을 빚어
길을 묻는 나그네 가슴에 쉼과 행복과 치유의 열매는 나누는
당신은 영원히 흔들리지 않는 천년의 노거수입니다.

- 2023년 8월 1일
김철수 이사장님의 섬김의 삶을 생각하며

---

* 연리목(連理木)은 두 나무가 하나로 붙어 자라는 나무이다. 서로 사랑하는 사이, 즉 남편과
  아내, 연인, 형제, 친구와의 사랑을 의미한다.
* 당산목(堂山木)은 마을의 수호신이 되는 나무이다. 사람들을 지켜주고 보호하는 역할을 한다.

68. 초대 기고

AI와 협력하여
당신의 미래를 확장하라

강요식

전 서울AI재단 이사장 / 현 단국대 초빙교수

최근 모임의 대화 이슈 1순위는 인공지능AI: Artificial Intelligence이다. AI로 시작해서 AI로 끝난다고 해도 과언이 아니다. 저마다 AI의 경험담을 늘어놓고, 감탄이 쏟아진다. 2023년 초기 생성형 AI가 등장할 때는 텍스트 위주였다. 즉문즉답卽問卽答의 속도감에 놀랐다.

당시에는 "찰떡같이 질문을 해도 개떡같이 답을 했다." 요즘은 상황이 다르다. "개떡같이 말해도 찰떡같이 답을 한다." AI가 학습을 통해 인턴 수준에서 말귀를 잘 알아듣는 박사가 된 것이다. 이 'AI 박사'를 개인 비서로 잘 활용하면 일상과 업무에 얼마나 효율적일까?

소셜미디어 시대, 빅데이터 시대, 메타버스 시대를 넘어서 AI 시대가 도래할 때, 생소한 용어들도 자주 듣고 사용하면 매우 익숙해진다. 챗GPT에서 시작된 모델들이 하루가 다르게 진화하고 있다. AI가 사람의 의도를 잘 알아차리고 '원하는 대로' 척척박사가 되고 있다.

챗GPT(오픈AI), 제미나이(구글), 코파일럿(MS), 클로드, 젠스파크, 그록 등 다수의 거대언어모델(LLM)이 출시되면서 텍스트를 넘어 이미지, 오디오, 비디오 등이 경쟁적으로 고도화되고 있다. 또한 코딩을 손쉽게 하는 AI 코딩까지 등장하여 다시 한번 탄성을 자아낸다.

나는 AI 바다의 어디에 있는가?

AI 시대가 본격적으로 열렸다. ChatGPT의 등장으로 시작된 생성형 AI의 대중화는 기술적 혁신을 넘어 인간의 사고와 업무 방식, 나아가 삶 자체를 근본적으로 바꾸고 있다. 이제 AI는 더 이상 공상과학 소설 속의 이야기가 아니라 현실이 되었다. 바로 우리 곁에 와 있다.

이런 패러다임의 전환 과정에서 "나는 어디에 있는가"를 확인해야 한다. 강 건너 불구경하다가는 여러 가지 측면에서 뒤처질 수 있다. 나의 잘못이 아니라 경쟁자, 경쟁회사가 AI를 적극 활용하기 때문이다. AI가 대세라는 이 시대적 흐름에 합류하고 리딩해야 한다.

AI는 말을 잘 듣는 성실한 일꾼이다. 24시간 답을 하면서도 말대꾸도 하지 않고 친절하고 빠르게 응대를 한다. 무엇보다도 실행이 중요하다. 직접 AI 모델에 가입하여 질의응답하고, 수차례 반복하다 보면 요령이 생긴다. 궁금한 것을 AI와 함께 해결하면 재미를 더할 수 있다.

현재 AI는 사회 시스템의 핵심 축으로 진화하고 있다. 법률 분야에서는 수천 장의 판례 분석, 교육 현장에서는 학생 개개인의 성취도에 맞춘 'AI 튜터'가 맞춤형 학습을 제공한다. 금융권의 이상거래 탐지나 공공 행정의 자동화 등 AI는 복잡한 사회 문제를 해결하는 파트너가 되었다.

특히 의료 분야에서 AI의 활약은 눈부시다. 과거 의사의 경험과 육안에 의존하던 진단 방식은 이제 AI의 데이터 분석 능력과 결합하여 한층 정밀해졌다. AI는 엑스레이, MRI 등 수만 장의 의료 영상을 학습해 육안으로 찾기 힘든 미세한 병변을 조기에 발견한다.

또한 환자의 생체 데이터 분석, 신약 후보 물질 발굴, 개인의 유전체 정보를 분석해 개인 맞춤형 처방을 가능케 한다. 이처럼 의료 AI는 의사의 진료를 보조하는 수준을 넘어, 의료 공백을 메우고 환자의 생존율을 획기적으로 높이는 '생명의 수호자' 역할을 톡톡히 해내고 있다.

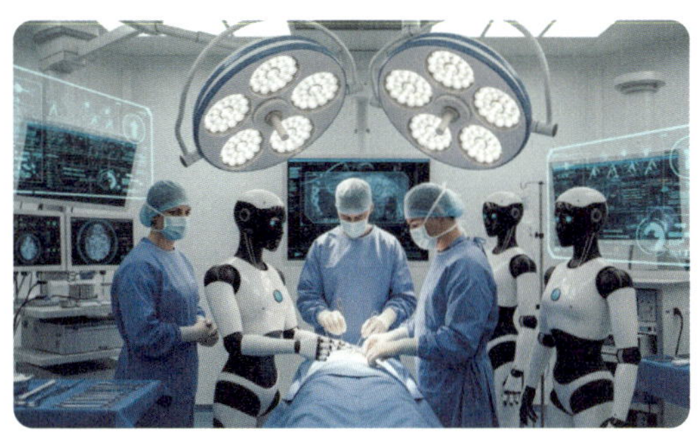

　필자는 AI로 텍스트, 이미지, 영상 등을 만들어 유튜브를 운영하고 있다. 과거에는 카메라 앞에서 직접 방송하는 것이 대부분이었다. 이제는 AI 도구를 통하여 손쉽게 대본을 작성하고, 이미지를 만들고, 적합한 영상까지 거뜬하게 짧은 시간에 콘텐츠를 완성할 수 있다.

　감탄하지 않을 수 없다. 최근에는 바이브Vibe 코딩이 등장하여 그야말로 프롬프트로만으로 프로그램을 개발할 수 있다. 과거에 시스템 개발은 기술자들의 영역이었지만, 이제는 누구나 아이디어와 기획력만 있다면 "말로써" 자신이 원하는 시스템을 개발하고 서비스화할 수 있다.

　AI는 학습을 통하여 더욱 똑똑해지고 확률, 추론과 메모리 기능까지 탑재하여 우리와 협업하는 or 인간과 협업하는 최고의 동반자가 되었다. 과거에는 인간의 지능만을 사용했지만, 이제는 인공지능이 결합하여 듀얼 브레인Dual Brain이 된 것이다. 듀얼 브레인을 장착하게 되면 천하무적이다.

AI와 인간이 협력하는 시너지 창출
- AI 뉴리더십

산업혁명, 인터넷 혁명보다도 강력한 혁명이 바로 AI 혁명이고, 혁명을 넘어서 하나의 새로운 문명의 패러다임으로 전환하고 있다. 이런 거센 파도의 물결 속에서 어떤 준비와 대비를 하느냐에 따라서 개인과 조직의 미래 운명이 놀라울 정도로 확연히 달라질 것이다.

하지만 이러한 변화의 물결 속에서 가장 중요한 질문은 기술 자체가 아니라 그것을 어떻게 활용하느냐이다. 특히 조직과 사회를 이끌어나가야 할 리더들에게는 AI 시대에 걸맞은 새로운 리더십이 요구되고 있다. 즉, 전통적인 리더십으로는 AI 환경을 다룰 수 없기 때문이다.

리더십이란 무엇인가? 구성원에게 목표와 비전을 제시하고, 자발적으로 그 목표에 도달하도록 영감을 주고 동기를 부여하여 함께 성장하는 과정이다. 시대와 상황에 따라 그 형태는 변하지만 사람들의 마음을 움직여 더 나은 결과를 만들어내는 본질은 변하지 않는다. AI 뉴리더십은 단순히 AI 기술을 잘 아는 리더십이 아니다. 그것은 AI와 인간이 협력하여 시너지를 창출하고, 기술의 혜택을 인류 전체가 공유할 수 있도록 이끌어가는 통합적 리더십이다. AI 뉴리더십의 핵심은 개인의 성공과 사회적 책임의 균형을 찾아가는 것이다.

필자의 저서인 2011년 『소셜 리더십』에서 시작해서 2023년 『디지털 혁신 리더십』을 거쳐 2025년 『AI 뉴리더십』으로 이어지는 여정은 우연이 아니라 시대 변화가 요구한 필연이었다. 사회 트렌드가 변하면 리더십도 함께 진화해야 한다는 것이 나의 일관된 소신이다.

"알아야 면장을 한다"는 속담이 있다. AI 시대에 AI를 모르고 리더가 된다는 것은 어불성설이다. AI에 대해서 개인에 따라 다르겠지만, 어려워할 필요가 없다. AI의 활용은 스마트폰을 잘 활용하듯 하면 된다. 궁금증을 해결하는 방법조차도 AI 또는 유튜브가 해결해준다.

2010년대 소셜미디어 시대에는 참여와 공유, 개방과 집단지성이 키워드였다. 2023년 디지털 전환 시대에는 비파괴적 혁신과 포지티브섬 전략이 중요했다. 그렇다면 2026년 AI 대전환 시대에는 무엇이 필요한가. 바로 인간과 AI가 균형 있게 공존하는 조화로운 협업이다.

AI와 함께하는 미래는 우리 모두가 함께 만들어가야 할 새로운 이야기다. 그 이야기의 저자는 바로 여러분이다. 나 혼자가 아닌, 기존의 방식이 아닌, AI를 파트너로 함께 협업하여 개인과 조직의 효율성과 생산성을 향상시켜 성공하고 당신의 미래를 무한하게 확장하길 바란다.

이제 단순한 AI 시대에서 새롭게 AI 에이전트, 피지컬 AI 시대를 맞이하고 앞으로 AGI(범용인공지능), ASI(인공초지능) 시대가 점점 다가오고 있다. AI가 인간의 수준을 뛰어넘는 시대가 언젠가 올 것이다. 글로벌 차원의 또 한번의 'AI 혁명'에 대비하는 혜안을 준비해야 한다.

타인의 아픔에 머물며 치유할 때
피어나는 꽃

성취라는 이름의 신기루를 넘어

사람들은 흔히 행복을 높은 명예나 넉넉한 부, 혹은 고통 없는 안락함, 또는 쾌락에서 찾곤 한다.

젊은 시절의 나 또한 앞만 보고 달리며 남들보다 앞서가는 성취가 곧 행복이라 믿었던 적이 있었다. 하지만 의사로서 수많은 생사의 갈림길에 서고, 적십자의 붉은 표지 아래 소외된 이들을 마주하며 나는 행복의 정의를 다시 써 내려가야만 했다.

진정한 행복은 화려한 조명 아래가 아니라 죽어가던 환자의 맥박이 다시 힘차게 뛸 때, 그리고 재난의 현장에서 절망에 빠진 이의 손을 맞잡을 때 찾아왔다. 의사로서 누군가의 고통을 덜어줄 수 있다는 것, 인간의 존엄을 지키기 위해 기꺼이 나의 시간을 내어줄 수 있다는 사실 자체가 내게는 가장 큰 보상이고 기쁨이었다.

그것은 찰나의 짜릿한 쾌락이 아니라 가슴 깊은 곳에서 차오르는 묵직한 평온함이었다. 나를 위한 삶이 아닌 남을 위한 삶을 살 때, 역설적으로 나의 영혼은 비로소 온전해지면서 감사함과 행복감을 느꼈다.

대한민국, 풍요 속의 빈곤을 앓다

돌이켜보면 우리 대한민국은 기적과도 같은 세월을 지나왔다. 전쟁의 폐허에서 해외의 원조를 받던 가난한 나라가 이제는 매년 31억 달러를 원조하는 세계 경제 10위권의 당당한 선진국이 되었다. 의사로서, 그리고 이 사회의 일원으로서 이 극적 성장을 지켜본 것은 커다란 자부심이었다.

하지만 화려한 경제지표 이면에 드리운 그림자는 짙다. 객관적인 삶의 질은 높아졌으나 우리가 체감하는 행복지수는 여전히 낮기만 하다. 단순히 소득이나 경제성장만으로는 설명되지 않는 '행복의 결핍' 현상 앞에 우리는 서 있다. 물질적 풍요가 곧 마음의 평화로 이어지지는 않는다는 사실을 목격하며, 나는 행복에 대한 과학적이고도 철학적인 성찰에 집중하게 되었다.

행복의 두 얼굴: 안녕(安寧)과 의미(意味)

심리학자 에드 디너 Ed Diener 교수는 행복을 '주관적 안녕감' Subjective Well-being이라 정의했다. 이는 타인의 시선이 아닌, 내 스스로가 자신의 삶을 어떻게 평가하느냐에 달린 문제이다. 일상에서 기쁨과 감사라는 긍정적 정서를 자주 경험하고 불안과 슬픔을 덜 느끼는 상태가 행복의 기초가 된다.

그러나 나는 현장에서 수많은 인생을 마주하며, 감정적 즐거움만으로는 행복을 온전히 설명할 수 없음을 깨달았다. 디너 교수가 제시한 '유데모니아적 안녕감' Eudaimonic Well-being은 바로 그 지점을 짚어준다. 이는 삶의 목표와 가치 실현, 즉 '내가 왜 사는지'에 대한 답을 찾는 과정이다. 어떤 숭고한 가치에 헌신하고 스스로의 존재 가치와 연결될 때 우리는 더 큰 행복을 느낀다. 우리 사회의 행복지수가 낮은 이유는 물질적

조건 때문이 아니라 삶의 의미와 인간관계의 질, 사회적 신뢰 같은 '유데모니아'적 요소가 충분히 충족되지 못했기 때문일 것이다.

행복한 공동체를 위한 제언

세계행복보고서에는 GDP 외에도 사회적 지지, 관용, 부패의식 등을 행복의 요인으로 꼽는다. 아리스토텔레스가 말한 '선한 영혼의 상태'가 곧 행복이라는 통찰은 현대에도 유효하다. 이제 국가는 국민이 유데모니아적 삶을 추구할 수 있도록 제도적 기반을 마련해야 한다. 이탈리아나 프랑스처럼 공공정책의 효과를 '웰빙지수'로 평가하고 예산에 반영하는 구체적인 노력이 필요하다.

인도주의란 거창한 구호가 아니다. 내 앞의 고통받는 사람을 나와 다르지 않은 한 인간으로 바라보는 따뜻한 시선이다. 적십자의 길을 걸으며 배운 것은, 내가 준 도움보다 그들의 미소에서 얻은 위안이 훨씬 컸다는 사실이다. 나눔은 내 것을 떼어주는 손실이 아니라 내 마음의 빈자리를 사랑으로 채우는 고귀한 투자다.

내가 찾은 행복의 길잡이

돌이켜보니 우리가 살아가는 이 시대는 거대한 격랑 속에 있다. 과도한 경쟁과 교육, 취업, 직장으로 이어지는 쉼 없는 스트레스는 우리의 삶의 질을 갉아먹는다. 장시간 근로에 매몰되어 일과 삶의 균형이 무너질 때, 우리가 사랑하는 사람들과 나누어야 할 여가와 관계의 시간은 속절없이 줄어들고 만족도는 바닥을 친다.

타인에 대한 신뢰가 낮고, 남의 시선을 과도하게 의식하는 문화는 우리의 자유를 옥죄는 보이지 않는 감옥이 되곤 한다. 특히 SNS의 확산은 타인과의 비교를 일상화시켰고, 그 속에서 우리는 상대적 박탈감과 자존감의 하락을 경험한다. 여기에 부족한 사회적 안전망과 양극화, 치솟는 집값과 경제적 불평등은 우리의 내일을 불안하게 만든다. 체면을 중시하는 문화 속에서 우리는 자신의 진솔한 감정과 취향보다는 주변의 평가에 목을 매며 스스로의 행복지수를 깎아먹으며 살아왔을지 모른다.

인생의 긴 여정을 지나온 지금, 내가 내린 행복의 결론은 명확하다. 행복은 멀리 있는 무지개가 아니라 오늘 내가 선택한 마음의 방향이다.

"행복이란 자신의 삶이 가치 있고 만족스럽다고 느끼는 마음의 상태이며, 그 가치는 오로지 사랑과 섬김을 통해서만 완성된다."

돌이켜보면 내 인생에서 가장 빛나던 순간들은 모두 타인의 눈물을 닦아주던 시간 속에 있었다. 내가 이룬 성취는 세월과 함께 바래지겠지만, 누군가에게 건넸던 따뜻한 온기만은 영원히 나의 우주에 별처럼 남을 것이다.

이 글을 읽는 여러분도 밖으로 향하는 시선을 잠시 안으로 돌려보길 바란다. 내 뇌 속의 긍정 에너지를 깨우고, 삶의 의미를 발견하며, 타인과 연대하는 그 길에 진정한 행복의 길잡이가 서 있을 것이다.

젊음은 바로 지금이다

태평양 전쟁이 끝나갈 무렵 종군기자 프레더릭 팔머Frederick Palmer는 필리핀 마닐라에 주둔하고 있던 미군 총사령관 맥아더 장군을 찾아갔다. 맥아더와 이런저런 이야기를 나누던 팔머는 우연히 책상 위의 액자 속에 쓰여있는 시를 보았다. 그리고 한순간에 그 시에 빠져들어 갔다.

그 시는 팔머의 손을 거쳐 1945년 12월호 〈리더스 다이제스트〉에 '어떻게 젊게 살 것인가?'라는 제목의 기사로 소개되어 세상에 널리 알려지게 되었다. 바로 그 시가 사무엘 울만Samuel Ullman 1840~1924이 쓴 '청춘'이라는 시이다.

맥아더 장군이 몇 살 때 한국전쟁에 참전했을까? 그는 1880년생이다. 포탄이 난무하는 한국 땅을 누비고 다닐 때 그는 만70세였다. 그가 집무실 벽에 걸어놓고 즐겨 읽었던 '청춘'을 읽어보자.

청 춘

사무엘 울만

청춘이란 인생의 어떤 한 시기가 아니라
마음가짐을 뜻하나니

장밋빛 볼, 붉은 입술, 부드러운 무릎이 아니라
풍부한 상상력과 왕성한 감수성과 의지력
그리고 인생의 깊은 샘에서 솟아나는 신선함을 뜻하나니

청춘이란 두려움을 물리치는 용기
안이함을 뿌리치는 모험심
그 탁월한 정신력을 뜻하나니
때로는 스무 살 청년보다
예순 살 노인이 더 청춘일 수 있네.
누구나 세월만으로 늙어가지 않고
이상을 잃어버릴 때 늙어가나니

세월의 피부의 주름을 늘리지만
열정을 가진 마음을 시들게 하진 못하네
근심과 두려움, 자신감을 잃는 것이
우리 기백을 죽이고 마음을 시들게 하네

그대가 젊어 있는 한
예순이건 열여섯이건 가슴속에는
경이로움을 향한 동경과
아이처럼 왕성한 탐구욕과
인생에서 기쁨을 얻고자 하는 열정이 있는 법
그대와 나의 가슴속에는 이심전심의 안테나가 있어
사람과 신으로부터
아름다움과 희망
기쁨, 용기, 힘의 영감을 받는 한
언제까지나 청춘일 수 있네.

영감이 끊기고 정신은 냉소의 눈에 덮이고
비탄의 얼음에 갇힐 때
그대는 스무 살이더라도 늙은이가 되네
그러나 머리를 높이 들고 희망의 물결을 붙잡는 한
그대는 여든 살이어도 늘 푸른 청춘이네.

맥아더는 이 시를 벽에 걸어놓고 읽으면서 젊음을 유지했다고 한다. 우리의 청춘도 마음속에 있음을 상기하고, 오늘은 어제보다 새롭고 신명나는 날이며 내일보다 젊은 날이라는 사실을 간직하자.

오늘도 힘찬 희망의 호흡으로 '나는 아직도 젊다'는 긍정의 정신을 가지고 매 순간 삶을 아름답게 가꾸어 나가기를 진심으로 응원한다.

---

* 사무엘 울만은 독일 출신의 미국 시인, 사업가, 인도주의자이다. 그의 작품과 정신을 기리기 위해 앨라배마주 버밍햄에 Samuel Ullman Museum이 설립되었다. 그가 이 시를 쓴 것은 78세 때였다.

71. 감사의 하루

언제나 어디에서나 누구에게나
감사하며 살자

나는 매일 새벽 3시 즈음이면 잠에서 깨어난다. 내 인생 행로가 의료인으로 결정된 뒤부터 50여 년 넘게 지켜온 생활습관이다.

"일찍 일어나는 새가 벌레를 잡는다"는 서양 격언처럼 무엇이든 남보다 많이 해내려면, 나아가 자신의 꿈을 이루기 위해서는 무조건 일찍 기상해야 한다고 믿기 때문이다. 또 어릴 적 나의 어머니가 노래처럼 일러주시던 말씀 "부지런하라, 정직하라"라는 교훈 때문이다. 나아가 일찍 일어나는 것은 건강을 지키는 첫걸음이다.

새벽의 상큼한 공기를 가르며 서둘러 빠른 걸음으로 병원에 도착하면 나의 하루는 본격적으로 시작한다. 진료실 책상 위 노트에는 전날 하루 종일 만났던 사람들에 관한 사항이 메모되어 있다. 아침 회진 전에 모두 한 번 더 검토하면 메모가 추가되기도 하여 정리된다.

그 메모 중에는 진료차트 외에 증세의 변화에 따라 특별히 관심을 두어야 할 환자와 관계된 것도 있으며, 병원 경영에 관한 것 혹은 나의 인생에 직·간접으로 영향을 미치는 사람들과의 대화와 논의, 토론도 있다. 때로는 문득 떠오르는 시詩 한 구절을 적기도 한다. 한 구절로는 시가 되기 어렵지만 그것이 모이면 시 한 편이 되기도 한다. 다음은 2025년 〈耆老文學〉(기로문학)에 발표한 시이다.

세월

가슴이 터질 듯한 그리움
계절에 밀린 슬픈 낙엽처럼

가슴이 터질 듯한 외로움
바람에 쏠린 뭉게구름처럼

가슴이 터질 듯한 서러움
부질없이 밀려오는 파도처럼
나를 아프게 하네

그리움 외로움 서러움 앞에
서 있는 것은 나의 빈 몸이네

- 〈耆老文學〉 창간호 2025년 6월

이 모든 기록들은 소중한 기록일뿐 아니라 고마운 사람들과의 관계에서 나오는 기록이다. 이렇게 하루가 시작되면 나의 '감사感謝의 하루'가 출발한다. 감사하는 하루하루가 모여 나의 삶을 이룬다고 생각하면 나는 언제나 감사하는 삶을 살아가는 것이다. 성경에서 말하는 것처럼 "범사에 감사하라"고 해서만이 아니다. 나는 정말 끝없는 감사의 마음으로 살아왔고, 살고 있으며, 살아갈 것이다.

사람들은 언제나 큰 것을 동경한다. 무엇인가 대단한 것을 꿈꾸는 것이다. 지금 내가 하고 있는 일이 많은 사람들의 박수를 받고, 노벨상, 오스카상을 받기를 바란다. 세계적으로 유명한 큰 상은 아니라 해도 한국내에서만 주어지는 작은 상이라도 받으면 행복하리라 생각한다. 복권에 당첨되어 큰돈이 굴러들어 왔으면 한다.

그러나 작은 것이 우리에게 주는 큰 행복감을 잊지 말아야 한다. 그리고 얼른 보아 작아보이는 것들이 우리에게 주어져 있음에 감사해야 한다. 김이 모락모락 피어나는 물주전자, 무릎 위로 기어오르는 강아지, 봄날 예쁘게 피어나는 꽃 한 송이, 마음이 통하는 사람이 내게 전해주는 장미 한 송이는 우리를 행복하게 해주지 않는가!

가슴을 열면 음지가 양지로 바뀐다

최초의 인간인 아담은 빵을 먹기까지 밭을 갈고, 씨를 뿌리고, 키우고, 거두어들이고, 빻아서 가루를 만들고, 반죽하고, 굽고 하는 등의 15단계를 밟아야 했다. 그러나 오늘날에는 돈만 있으면 빵가게에서 맛있는 빵을 얼마든 살 수 있다. 옛날에는 혼자서 해야 했던 15단계의 일을 오늘날에는 여러 사람들이 나누어서 하고 있는 것이다. 따라서 빵을 먹을 때는 그 많은 사람들에게 감사하는 마음을 가져야 한다.

나는 매일매일, 숨돌릴 틈도 없이 수많은 환자들과 마주 앉는다. 수심 가득한 얼굴로 병원 문턱을 넘어온 환자가 돌아갈 때면 환한 표정과 씩씩한 걸음으로 병원을 나서는 모습을 보며 행복감을 느끼고 감사하는 마음을 갖는다.

눈을 들어 주위를 보자. 온통 감사해할 것으로 가득 차 있음을 보게 된다. 가슴을 열고 보는 세상은 온통 양지뿐이다. 행여 그늘이 남아있다면 그곳은 곧 양지가 되어야 할 곳이다.

모두가 가슴을 열면 음지가 양지로 변하는 역사를 보게 될 것임을 나는 믿는다. 나눔의 마음, 더불어 사는 마음은 찬바람 부는 겨울도 따뜻한 바람이 부는 봄날로 만든다. 봄날의 강물을 보았는가. 따뜻한 햇

살이 내리는 강물을 보았는가. 투명하고 깨끗하다. 강심이 들여다보일 만큼 맑다.

　　나는 매일 새벽, 눈을 뜰 때마다 감사를 느낀다. 그리고 오늘은 어떤 환자를 만나 어떤 도움을 줄 것인지 생각한다. 새벽 공기를 마시며 병원으로 향하는 나의 가슴에는 환자들을 만날 생각에 저절로 설레인다. 그들의 아픔을 치유해 줄 수 있는 힘을 하나님이 나에게 주실 것이라 믿는다. 그러하기에 나는 매일 새벽 감사의 마음으로 집을 나선다.

"오늘도 누구에게 봉사할 것인가,
그 질문이 나를 움직입니다."

남은 생애 동안
더 베풀며, 더 배우며, 더 겸손하게

일곱 살에 아버지를 여의고, 고등학교 1학년 때 어머니마저 떠나보낸 제 인생은 늘 질문 속에서 시작되었습니다.

왜 나에게 이런 길이 주어지는가!

황혼기가 되어 이제야 그 답을 조금은 알 것 같습니다. 그 모든 시간은 저를 사람들 곁으로, 고통받는 이들 곁으로 이끄시기 위한 하나님의 뜻이었음을 알게 되었습니다.

무너질 때마다 저를 일으켜 세워주신 하나님!

또 그 손과 발이 되어주신 형님과 형수님, 누님과 동생, 그리고 수많은 선후배님 감사합니다. 여러분들의 격려와 가르침이 없었다면 저는 의사가 될 수도 없었고 의료와 사회를 섬기는 이 자리까지 올 수도 없었습니다.

병실에서 만난 환우분들 그 모든 인연에도 깊이 감사드립니다. 병마와 싸우는 절망 속에서도 인간의 존엄과 사랑을 보여주신 그 눈빛과 손길은 제 인생의 큰 교과서였습니다. 사실은 제가 그분들을 치료한 것이 아니라 그분들이 제 영혼을 치료해 주셨습니다.

그리고 함께 일했던 서울효천의료재단과 대한적십자사 임직원분들께도 감사합니다. 의료 현장의 고단함 속에서도 오직 환자만을 생각하며 서로 의지하며 걸어온 모든 시간과 인연을 잊지 않겠습니다.

글로 담기에는 쑥스럽지만, 가장 가까운 자리에서 함께해 준 가족에게도 감사의 인사를 전하고 싶습니다. 제 사랑하는 아내의 이해와 헌신,

믿음직한 두 아들과 며느리의 성실함과 책임감은 오늘의 저를 있게 한 큰 힘이었습니다.

대한병원협회장, 대한적십자사 회장, 대한에이즈예방협회장, 한국 항공우주의학협회장으로, 그리고 지금도 서울효천의료재단 이사장으로 일할 수 있게 해주신 것 또한 하나님의 은혜이며, 삶에서 만난 모든 인연이 있었기에 가능했습니다.

하나님! 부족한 저를 이토록 큰 쓰임 받게 해주셔서 감사드립니다. 남은 생애 동안 그 은혜를 갚는 마음으로 더 베풀며 더 배우며 더 겸손하게 살아가겠습니다.

제 삶의 궤적을 글로 남기는 일이 부끄러워 주저하기도 했습니다만 지금도 우리 사회 어딘가에서 삶의 무게에 길을 잃고 있을지 모를 사회 후배들에게 아주 작은 이정표 하나라도 건네고 싶은 마음에 조심스레 시작한 글쓰기가 어느덧 〈맺음말〉에 이르렀습니다.

끝으로 이 책을 내는 데 도움을 주신 문혜정 특보, 대한적십자사 주희조 홍보팀장, 김정주 강원혈액원장, 김선희 제주혈액원장, 비서실 장윤정 실장, 홍노을 팀장, 임영석 대리, 그리고 H+양지병원 박혜림 홍보팀장, 부속실 장경애 실장님께 감사드립니다. 이외에도 많은 사람들에게 고마움을 전해야 함에도 그 성함을 일일이 기록하지 못하는 점을 널리 해량海量하여 주시기 바랍니다.

이 책을 끝까지 읽어주신 독자 여러분들께, 깊은 감사를 드립니다.

2026년 봄

효천(曉泉) 김철수

감사하며

사랑하고

1965년 익산 큰 형님댁 정원에서 두 형님과 형수, 누님과 동생, 매형, 조카들

아내의 부모님과 형제 자매

曉泉

어느 날, 중증 환자 한 분이 치료를 마치고
퇴원하시면서 제 손을 꼭 잡고
이렇게 말씀하셨습니다.
"원장님, 제 병을 고쳐주신 것보다
살아갈 용기를 주셔서 감사합니다."
그때 저는 다시 한번 깨달았습니다.
의료는 단순히 병을 고치는 일이 아니라,
사람을 살리는 일이라는 것을 말입니다.

치유하다

373

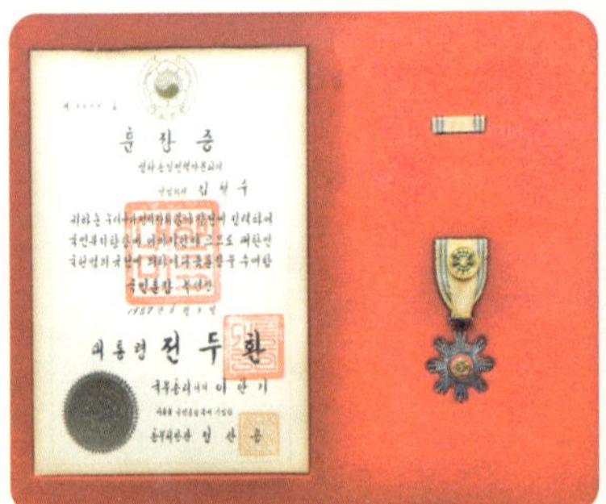

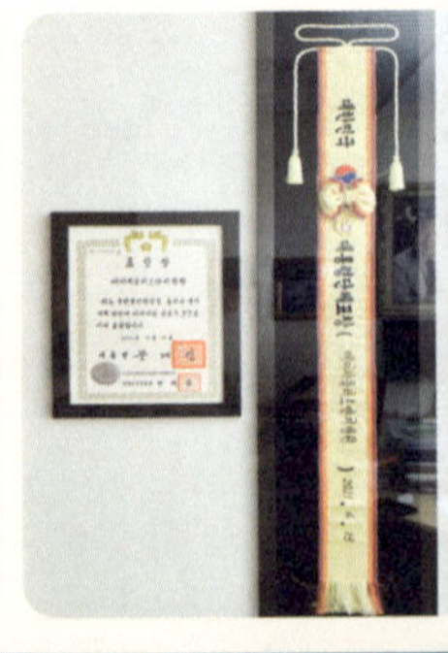

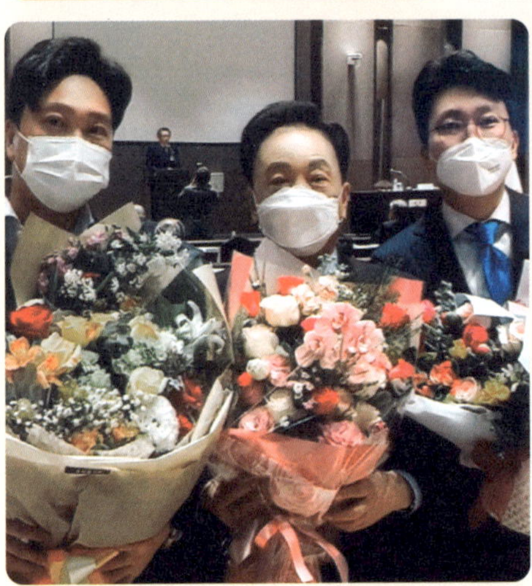

제3회 연세를 빛낸 행정인상에 김철수 동문 수상

김철수동문 제3회 연세를 빛낸 행정인상 수상

올해 「제3회 연세를 빛낸 행정인상」은 제16대 동창회장을 역임하면서 동창회 발전에 크게 기여하였고 행정학박사, 의학박사, 법학박사를 취득하신 전문인으로서 국가발전과 지역사회발전에 크게 공헌한 업적이 뚜렷하고 행정 및 기업관리능력과 리더십이 탁월하여 국가경제발전과 지역사회발전에 이바지한 공로를 인정받아 서울시장, 보사부장관, 재무부장관, 국세청장으로부터 공로상과 표창장을 받은바 있으며 정부로부터 국민훈장 목련장을 수여받았고 지금도 젊은 후학 양성을 위해서 전문지식을 전파하는 교수로서 크게 공헌하여 모교와 동창회를 빛낸 김철수(석사34회·고위4기)동문이 수상했다.

또한 동창회 활동에 적극 참여해온 김만기(석사33회)동문에게 총장공로패를, 이환근(고위34기)동문과 노상부(석사57회·고위27기)동문에게 대학원장공로패를, 김용준(석사34회)동문과 김장민(석사64회)동문, 김영준(석사7회)동문, 김윤곤(석사60회)동문, 김태온(석사63회)동문에게 동창회장공로패를 각각 수여하였다. 공로패 수여에 이어 임인배총동창회장은 모교장학금 일천만원을 박우서행정대학원장에게 전달하였다. 또한 참석 내빈 및 협한 동문에 대한 소개에 이은 만찬 순서를 통해 동문들은 오랜만에 만남의 회포를 풀었다.

만찬 이후 방송인 허참씨의 진행으로 시작된 2부 행사에서는 안성민 건국대 교수팀의 성악공연과 가수 김세레나씨의 축하공연이 펼쳐졌다. 이어 동문장기자랑, 행운권 추첨 등으로 이어졌다. 이번 행사에서 가장 관심을 끈 대상경품... 지했다. 이해돈 동문은 매년 ...반으로 참석하여 노래실력을... 로 동창회에 대한 애정이 큰... 를 받았다. 이날 「2004 연세...친분과 결속을 다시 한번 다지는 정겨운 시간이었다.

러시아&중앙아시아(몽골.CIS) 나눔진료
H+ Больница Янди и ЕМС Россия проводит
бесплатный прием
обследование лечение больных
Дата : 29 МАЯ 2016 ГОДА В ВОСКРЕСЕНЬЕ С 10-16 ЧАСОВ
Обследование : Нейрохирургия, Ортопедия, Гинекология, Терапия.

일동의료법인사회공헌상
일동의료법인
봉사대상
금 일천만원 정
ILDONG

보건의날 대통령 표창
일시 : 2021년 4월 7일(수)   장소 : 1관 9층 대강

제18회
치매극복의 날 기념행사
유공자 포상
대통령 표창

IHF 2007
INTERNATIONAL HOSPITAL FEDERATION
35th WORLD HOSPITAL CONGRESS
SEOUL 2007
IHF 35th WORLD HOSPITAL CONGRESS

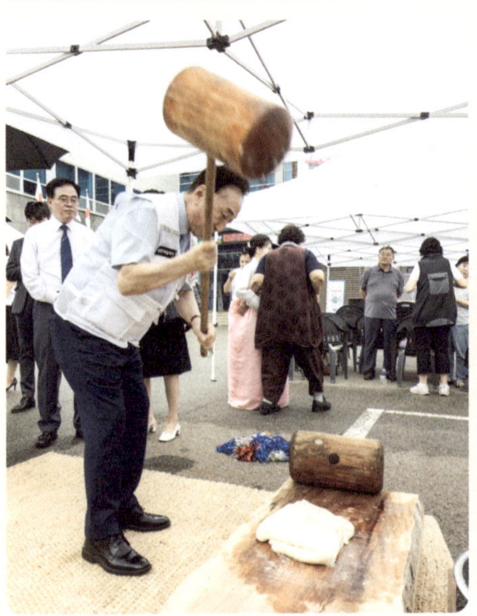

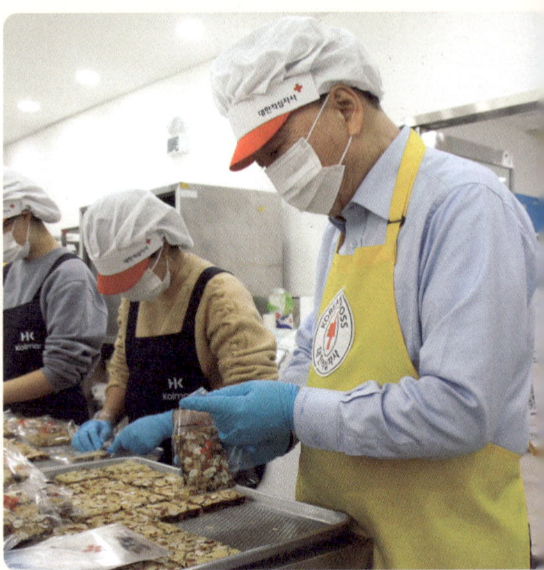

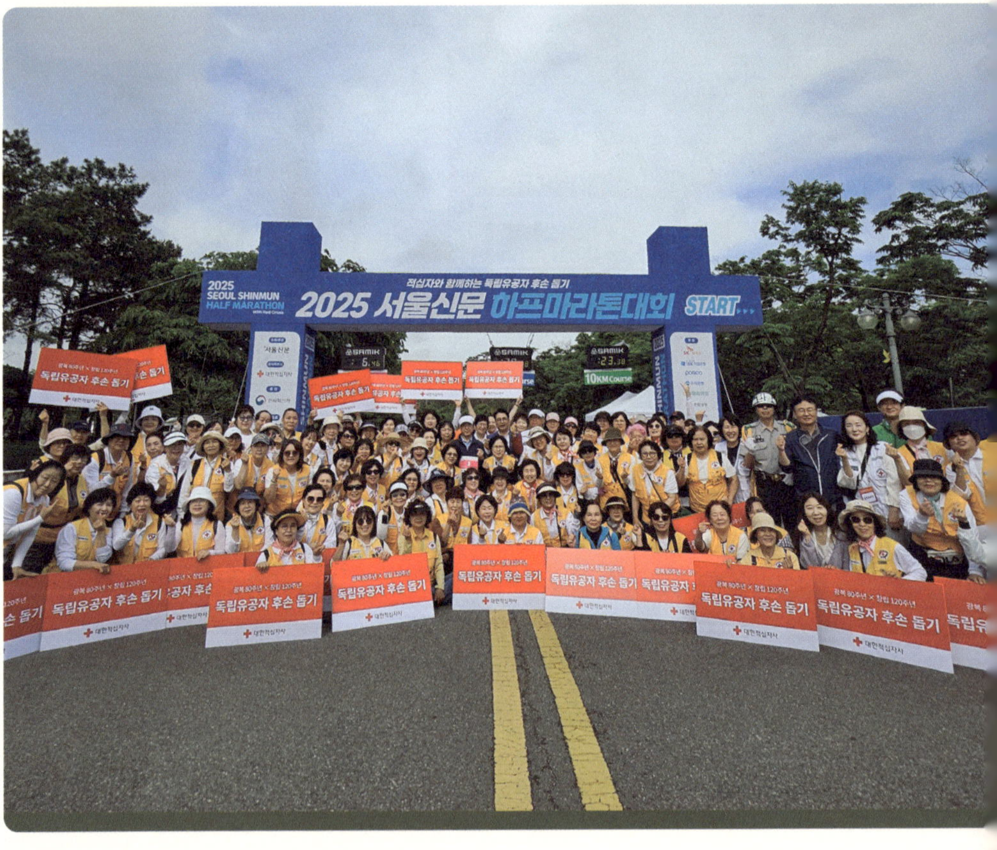
적십자와 함께하는 독립유공자 후손 돕기
2025 SEOUL SHINMUN HALF MARATHON
2025 서울신문 하프마라톤대회
START
10KM Course
광복 80주년 × 창립 120주년
독립유공자 후손 돕기
대한적십자사

세계를 품은 인도주의의 발걸음

호 효천(曉泉)
1944년 3월 23일 전북 김제 출생
(공군 소령 예편)

■ 학   력
이리고등학교 졸업
전남대학교 의학사
서울대학교 의학 석사
고려대학교 의학 박사
연세대학교 행정학 석사
단국대학교 행정학 박사 (복지행정)
경희대학교 법학 박사
미국 조지워싱턴대학교 AMDP 과정 수료
일본 동경대학교부속병원 연수

■ 주요 경력
(現) 의료법인 서울효천의료재단 이사장
고려대, 경희대, 한양대, 한림대, 가톨릭대 의과대학 외래교수
서울중소병원장협회 회장
한국병원경영학회 부회장
서울시병원회 회장
전국중소병원협의회 회장
한국항공우주의학협회 회장 겸 아시아태평양협회 부회장
제33대 대한병원협회 회장
한국의학교육협의회 회장
대한에이즈예방협회 회장
한국자유총연맹 부총재
민주평통자문회의 운영위원, 의료봉사단장
UN 피스코 의료봉사단장
의계신문사 발행인
대한노인회 부회장
이리고등학교 총동창회 회장
연세대 행정대학원 총동창회 회장
제31대 대한적십자사 회장
아시아투데이 상임고문

■ 주요 수상
1987년 국민훈장 목련장
2009년 국민훈장 모란장

"인술은 기술이 아니라 사람을 향한 마음입니다."
- 김 철 수-

새벽의 옹달샘

감사하며, 사랑하고, 치유하다

초판 1쇄 발행	2026년 5월 1일
지 은 이	김 철 수
출 판 기 획	H+양지병원 홍보팀
펴 낸 곳	나이스에듀
디 자 인	나이스에듀
주 소	인천 부평구 부평대로 283, A동 B115-12
전 화	1660-0848
출 판 등 록	제2024-000001
이 메 일	jinronedu@daum.net
홈 페 이 지	www.jinron.kr

ISBN 979-11-996636-3-3

값 22,000원